8° Le 1 85 11

Paris
1885

Gambetta, léon

Discours et plaidoyers politiques

Volume 11

DISCOURS

ET

PLAIDOYERS POLITIQUES

DE

1313

M. GAMBETTA

XI

1

12

25

PARIS

TYPOGRAPHIE GEORGES CHAMEROT

19, RUE DES SAINTS-PÈRES, 19

MÉDAILLON DE GAMBETTA PAR J.-C. CHAPLAIN

DISCOURS

ET

PLAIDOYERS POLITIQUES

DE

M. GAMBETTA

PUBLIÉS PAR M. JOSEPH REINACH

XI

NEUVIÈME PARTIE

(10 Mai 1882 — 18 Juillet 1882)

ÉDITION COMPLÈTE

PARIS

G. CHARPENTIER, ÉDITEUR

13, RUE DE GRENELLE, 13

1885

DISCOURS

Prononcé le 10 mai 1882

La mission de former une administration, après la chute du ministère Gambetta, avait été confiée par le président de la République à M. de Freycinet. Après quatre jours de négociations assez pénibles, les hommes politiques suivants acceptèrent d'entrer dans la nouvelle combinaison : MM. René Goblet (intérieur), Léon Say (finances), Humbert (justice), Jules Ferry (instruction publique), Billot (guerre), Jauréguiberry (marine et colonies), Varroy (travaux publics), Tirard (commerce), de Mahy (agriculture) et Cochery (postes et télégraphes). M. de Freycinet s'était réservé, avec la présidence du conseil, le portefeuille des affaires étrangères.

Le cabinet du 30 janvier, qui débuta par l'ajournement du vote de revision, était un ministère de réaction contre la politique suivie par M. Gambetta, pendant son court passage aux affaires. D'une part, au ministère des finances, M. Léon Say prenait pour devise la fameuse négation : « Ni émission, ni conversion, ni rachat, » et M. Goblet inaugurait, au ministère de l'intérieur, la politique de décentralisation et de déférence. M. de Freycinet, d'autre part, abandonnait dès le 2 février la diplomatie prévoyante et fière dont la note identique sur les affaires d'Égypte avait été la principale expression. (Conversation avec lord Lyons et dépêche à M. Challemel-Lacour.) — M. Jules Simon, peu suspect de partialité pour M. Gambetta, ne tarda pas à juger en ces termes sévères, mais justes, le ministère du 30 janvier : « A l'intérieur, pas de gouvernement ; à l'extérieur, pas de France[1]. »

Cependant la campagne de calomnies et d'outrages contre M. Gambetta suivait son cours. Comme le vote du 26 janvier avait produit dans la grande masse du parti républicain une impression de douloureuse surprise[2], la coalition qui avait triomphé resta unie et redoubla de violence. Intransigeants, réactionnaires, néo-libéraux, tous emportés par une même haine contre le patriote renversé, le poursuivirent des plus cruelles injures avec un acharnement sans exemple. Les *Actes des Apôtres* furent le modèle de vingt journaux.

Que faire contre un pareil débordement d'ingratitude et de bas esprit? M. Gambetta pensa qu'il suffisait d'attendre avec sérénité que les événements justifiassent sa politique, et il attendit, dédaigneux, impassible, confiant dans l'équité de l'histoire. Il avait repris la direction de la *République fran-*

---

1. *Dieu, Patrie et Liberté — in finem.*
2. M. Gambetta reçut, au lendemain du 26 janvier, des centaines d'adresses signées par les plus vieux lutteurs de la République. L'adresse du groupe positiviste de Paris fut très remarquée : « Dès votre arrivée aux affaires, disait-elle, vous avez été attaqué avec une insigne mauvaise foi par la presse entière, à de rares et honorables exceptions près. Quelques semaines après, les hommes politiques qui vous avaient poussé frénétiquement au pouvoir vous ont mis dans l'obligation d'y renoncer, au moyen de manœuvres hypocrites et en invoquant de vains prétextes tirés d'une métaphysique démodée. La France, qui honore toujours la franchise et la loyauté, jugera sévèrement la conduite de ses mandataires. Au fond, vous avez été renversé parce que vous vouliez mettre en pratique cette maxime qui est la caractéristique du régime républicain, « faire prévaloir le mérite sur la faveur, » et parce que vous apportiez un plan de réformes sérieuses, pénibles et utiles. » — La presse des départements avait été presque unanime à blâmer le vote de la Chambre: *Courrier de Lyon* : « On vient de l'élever si haut au-dessus du gouvernement et des Chambres qu'on fait de lui désormais et pour longtemps le pôle des aspirations nationales. » *Lyon Républicain, Petit Lyonnais, Progrès de la Côte-d'Or* : « Nous considérons la chute du cabinet Gambetta comme une défaite pour la démocratie radicale. » *Gironde, Progrès de Nantes, Indépendant Rémois, Avenir du Loiret* : « La coalition hybride et bâtarde qui a cru le frapper n'a frappé que la République. » *Union Républicaine de Saône-et-Loire, Progrès de Saône-et-Loire, Charente, Indépendant de la Charente-Inférieure, Sarthe, Midi de Nîmes, Constitution d'Agen, Messager de la Marne* : « M. Gambetta sort

çaise. Il acheva et fit achever la rédaction des divers projets préparés pendant son ministère et il les déposa sur le bureau de la Chambre. C'était les propositions sur le recrutement de l'armée, la réforme de l'organisation judiciaire, la relégation des récidivistes, la liberté d'association, les rapports des Compagnies de chemins de fer avec leurs agents commissionnés, l'organisation administrative de l'enseignement primaire, la retraite assurée aux instituteurs et institutrices, la suppression des Facultés de théologie catholique, l'exercice public du culte catholique en France, les caisses de retraite pour les vieillards, les caisses d'assurances en cas de décès et d'incapacité de travail, et les associations de secours mutuels[1]. En même temps, comme président de la commission chargée de reviser la loi sur le recrutement de l'armée, il consacra à cette tâche toute son énergie. — Les procès-verbaux de cette commission, jusqu'à la mort de M. Gambetta, ont été résumés dans la *République française*, le *Temps* et le *Journal des Débats* des mois de mars, avril, mai et novembre 1882.

de cette lutte inconcevable plus grand que jamais. » *Courrier de l'Aisne, Progrès de l'Oise, Patriote de l'Ouest, Moniteur du Puy-de-Dôme, Progrès de la Somme :* « Cette politique d'intrigues et de couloirs n'est pas de la politique républicaine. » *Libéral et Républicain de Seine-et-Oise, Progrès du Nord :* « Ce qu'il y a dans tout ceci, c'est l'assaut des rancunes inassouvies, des vengeances mesquines, des ambitions rentrées, des susceptibilités froissées, des envies dissimulées, des intérêts lésés, des désirs non satisfaits : c'est la revanche des médiocres. » *Éclaireur de Lunéville, Impartial de Dieppe, Phare de la Manche, Journal du Havre :* « On dira le 26 janvier, comme on dit le 24 mai : M. Gambetta a été sacrifié par une coalition monstrueuse à la peur, à l'envie, à la haine et à la convoitise. » *Progrès de la Meuse, Libéral de l'Aisne, Républicain de Dreux, Union républicaine de l'Eure, Nièvre républicaine :* « Jamais on n'avait si bien senti combien l'homme qui vient d'être arraché du pouvoir tenait de place dans notre vie politique ; il faudrait une loi de sûreté générale qui permit de faire préparer à Charenton des places de choix aux soixante-deux députés qui se sont déjugés à une demi-heure d'intervalle. » *Espoir de Rethel, Indépendance et Républicain de l'Est, Sentinelle du Jura, Journal de Beaune :* « La Chambre s'est condamnée elle-même. » *Savoie, Républicain de la Loire, Avenir de la Vendée, Intérêt public des Charentes, Républicain du Sud-Ouest, Avenir de la Dordogne, Union républicaine du Tarn, Républicain de Tarn-et-Garonne, Petit Vauclusien, Progrès de l'Ardèche, Patriote Albigeois, Petit Méridional, Sémaphore de Marseille, Républicain de l'Isère*, etc., etc.

1. Ces projets ont été publiés à l'*Appendice* du tome X.

Nous publions, d'après la *République française*, le compte rendu d'un banquet offert au mécanicien Grisel, qui avait été nommé chevalier de la Légion d'honneur par le ministère du 14 novembre. M. Gambetta, invité à ce banquet, y prit la parole pour la première fois depuis le 20 janvier.

« Hier soir a eu lieu, dans les salons de l'Élysée-Montmartre, le banquet offert par les mécaniciens et employés de chemins de fer à M. Grisel. Près de quinze cents personnes, parmi lesquelles trois cents sénateurs et députés, représentant divers groupes de souscripteurs, assistaient à ce banquet démocratique.

« Sur l'estrade d'honneur se trouvaient M. Victor Hugo, président, ayant à sa droite M. Grisel et à sa gauche le ministre des travaux publics M. Raynal, qui a décoré le courageux mécanicien; MM. Gambetta, Madier de Montjau, Waldeck-Rousseau, Margue, de Janzé, Nadaud, Yves Guyot et Nublat. A leur entrée, M. Victor Hugo et M. Gambetta ont été salués par des applaudissements et des acclamations. Des bannières flottaient au-dessus de l'estrade : la bannière du comité du personnel des trains l'Union française; un drapeau tricolore avec ces mots : « Le Moniteur des employés de chemins de fer »; enfin, la bannière de la délégation anglaise. Plusieurs délégués de la Société anglaise de chemins de fer et des délégués belges étaient venus au banquet.

« Deux musiques, l'*Union française* et l'*Harmonie de Montmartre*, ont fait entendre des morceaux très applaudis. Un allegro militaire dédié à M. Grisel a obtenu, en particulier, un vif succès.

« Au dessert, M. Victor Hugo s'est levé. Pendant quelques minutes, les acclamations ont empêché le grand poète de prendre la parole. Les cris de : Vive Victor Hugo! éclataient de toutes parts.

« Au milieu des bravos de l'assistance entière il a prononcé le discours suivant :

« Je ne veux dire qu'un mot.

« Il y a deux sortes de réunions publiques : les réunions « politiques et les réunions sociales.

« La réunion politique vit de la lutte, si utile au progrès; « la réunion sociale a pour base la paix, si nécessaire aux « sociétés.

« La paix, c'est ici le mot de tous. Cette réunion est une
« réunion sociale; c'est une fête.

« Le héros de cette fête se nomme Grisel. C'est un
« mécanicien. Grisel a donné toute sa vie. Cette vie, qui
« unit le bras laborieux au cerveau intelligent, il l'a donnée
« au grand travail des chemins de fer. Un jour, il dirigeait
« un convoi. A un point de la route il s'arrête. — Avancez!
« lui crie le chef de gare. — Il refuse. Ce refus, c'était sa
« révocation, c'était la radiation de tous ses services, c'était
« l'effacement de sa vie entière. Il persiste. Au moment où
« ce refus définitif et absolu le perd, un pont, sur lequel il
« n'a pas voulu précipiter le convoi, s'écroule. Qu'a-t-il
« donc refusé? Il a refusé une catastrophe.

« Cet acte a été superbe, cette protection donnée par
« l'humble et vaillant ouvrier, n'oubliant que lui-même, à
« toutes les existences humaines mêlées à ce convoi; voilà ce
« que la République glorifie.

« En honorant cet homme, elle honore les deux cent
« mille travailleurs des chemins de fer de France, que
« Grisel représente.

« Maintenant, qui a fait cet homme? C'est le travail. Qui
« a fait cette fête? C'est la République.

« Citoyens, vive la République! »

« Après ce discours, qui a produit une profonde impression, M. Grisel a remercié ses anciens collègues.

« Puis Mlle Dufailly a dit d'une voix émue « la Mort du
« mécanicien Lavergne. »

« Dans une improvisation chaleureuse, M. Nadaud a rappelé les progrès sociaux accomplis depuis 1789. Au cours de
son discours il a cité les noms de M. Raynal et de M. Gambetta. Quelques jeunes intransigeants qui paraissaient
attendre l'occasion de soulever un tumulte ont à ce moment
interrompu bruyamment. Une altercation s'est élevée
entre plusieurs commissaires du banquet, des délégués et
ces jeunes intransigeants, qui se croyaient sans doute dans
une réunion publique et avaient oublié que les mécaniciens
et employés de chemins de fer étaient là chez eux[1].

1. Nous empruntons au *Temps* du 10 mai un compte rendu
plus détaillé de cet incident :

« ... Puis M. Nadaud a pris la parole pour exposer que, si les

« M. Gambetta a alors pris la parole :

Je demande à tous ceux qui sont réunis dans cette
salle, tous, sans distinction, de vouloir bien maintenir à cette fête républicaine son caractère essentiel,
qui est un caractère de paix sociale, comme le disait
tout à l'heure notre maître à tous : Victor Hugo.
(*Applaudissements unanimes.*)

Je le demande pour vous-mêmes, Messieurs, et pour
la pensée d'où est née cette réunion, laquelle est une
pensée de fraternité et d'alliance. Je vous demande
de ne pas terminer dans le tumulte une fête qui doit
porter tous ses fruits; on en attend. Cette fête, qui
sera mise demain sous les yeux du pays, doit finir
avec le calme qui l'a inaugurée. (*Très bien! très bien!*)

Je sais quelles aversions et quelles antipathies se
sont manifestées à l'occasion de cette réunion, et je
m'étais promis de rester à ma place, — à la place qui
m'appartient et qui me convient dans les rangs de la
démocratie, — jugeant que c'était un assez grand hon-

ouvriers ont encore aujourd'hui le droit de se plaindre, il ne
faut pas cependant qu'ils oublient les immenses progrès déjà
réalisés en leur faveur. Comme il exprimait le regret de la propagande qui se fait pour semer la désunion entre les diverses
classes de la société et se plaignait de ce que, dans ces derniers
temps on en était arrivé à jalouser même l'aristocratie de la
nature, on a cru sentir dans ces paroles une allusion à des
événements récents, et des murmures se sont élevés dans la salle.
Avec assez peu de convenance, il faut le reconnaître, quelques-
uns des assistants ont essayé de l'interrompre, tantôt par des
cris de : Vive Grisel! tantôt par des cris de : Assez! assez! Le
nom de M. Gambetta étant venu sur les lèvres de M. Nadaud a
fait éclater l'orage qui grondait sourdement. Un rédacteur de la
Justice et M. Clovis Hugues se sont levés et ont crié : « Pas de
« manifestation gambettiste! Nous ne tolérerons pas qu'on trans-
« forme le banquet en une manifestation politique! »

« Des voisins ont fait observer avec animation qu'il serait souverainement ridicule qu'on ne pût plus même prononcer le nom
de M. Gambetta. On leur a répondu avec non moins de vivacité.
Des commissaires sont accourus et se sont mêlés à la querelle;
beaucoup de convives se sont levés de table et se sont approchés
à leur tour, et un tumulte s'est produit. Sous le prétexte de réta-

neur d'être votre invité et le commensal des hommes
méritants ou illustres qui sont à cette table, et qu'il
n'était pas besoin de discours pour donner la signification de cette réunion.

A tous ceux qui peuvent être en dissentiment avec
moi sur certains sujets, je demande de conserver à
cette réunion, parce qu'ils le doivent, le caractère
auguste et solennel qu'elle a emprunté à la récompense nationale et corporative que le gouvernement
de la République a décernée au travail, au courage et
à la probité. (*Oui! oui! Très-bien!* — *Vifs applaudissements.*)

Quant à moi, Messieurs, je m'estimerai suffisamment heureux si je profite de cette occasion, non pour
prononcer un discours, mais pour porter à mon tour
un toast qui me paraît résumer votre pensée à tous,
quelles que soient les divergences personnelles; je
porte un toast au génie, au travail, à Grisel et à Victor
Hugo! (*Salve d'applaudissements.*)

Je pense qu'il ne peut se produire ici ni tumulte ni

---

blir l'ordre, tout le monde criait, et, plus on criait, plus on
s'échauffait. Des commissaires empoignent M. Clovis Hugues et
le menacent de le faire sortir. Le jeune député de Marseille se
défend avec l'exubérance de gestes qu'on lui connaît : « Je suis ici
« au même titre que M. Gambetta, je représente le groupe des
« employés du chemin de fer de Saintes, et comme leur délégué
« et comme député; de plus, je suis membre de la Société de
« patronage des employés de chemin de fer, et je ne sortirai
« pas, et vous défie de me faire quitter la salle! »

« M. Tony Révillon saute sur une table la canne levée pour
défendre son ami : d'autres députés se joignent à lui pour protéger M. Clovis Hugues. C'est un désordre inouï. Les deux
musiques entonnent la *Marseillaise* et on se calme un peu. Quelques-uns de ses collègues entraînent M. Clovis Hugues vers la
tribune, et, le principal acteur de l'incident éloigné, les groupes
se dispersent et chacun reprend sa place. Cependant on restait
très agité, ce que voyant, M. Gambetta se lève. Les employés de
chemins de fer l'acclament de toutes parts avec l'intention évidente de marquer leur désapprobation pour les interrupteurs de
M. Nadaud. M. Gambetta prend la parole. Ses premières
phrases, toutes de conciliation, sont bruyamment applaudies;
Victor Hugo bat des mains. »

protestations : la France démocratique, toujours
pleine de sollicitude pour les intérêts politiques et
sociaux que je ne sépare jamais, apprendra avec une
joie profonde que l'homme qui personnifie dans ce
siècle toutes les grandeurs que peut atteindre le génie
national a voulu donner la véritable consécration à
cette fête en venant la présider, en venant mettre sa
main dans la main de ce glorieux travailleur qui
pouvait rester anonyme, puisqu'il attendait sa récompense depuis vingt-cinq ans, récompense non solli-
citée, ainsi qu'il vous l'a dit lui-même. (*Applaudissements.*)

Et il ajoutait : « J'ai fait simplement mon devoir ce
jour-là. » Messieurs et chers concitoyens, emparons-
nous de cette parole, et qu'elle reste notre devise :
faire son devoir, le faire à travers tous les obstacles,
à travers toutes les difficultés. Il serait bien étrange
que dans une société en travail d'un enfantement
aussi gigantesque, qui consiste à terminer et à réaliser définitivement la Révolution française, on ne
rencontrât pas dans l'accomplissement d'une pareille
tâche des difficultés à résoudre, des obstacles à renverser, des inimitiés à braver, des calomnies à
dédaigner; mais la conscience du devoir accompli a
suffi à cet homme de courage et de vertu : elle suffira
à d'autres. (*Salves répétées d'applaudissements. — Cris
nombreux : Vive Gambetta!*)

Messieurs, cette réunion d'aujourd'hui, je veux la
célébrer à mon tour; car si, dans la politique contemporaine, où je suis entré depuis vingt-cinq ans, une
passion m'a animé, — celle-là durable et invincible,
— ç'a été de poursuivre par les moyens légaux, par
une politique méthodique et systématique, l'alliance
indissoluble de ceux qui travaillent et de ceux qui
possèdent, et que j'ai caractérisée par ces mots :
l'alliance du prolétariat et de la bourgeoisie. Et qui
donc pourrait s'y refuser dans ce pays, quand on voit

ici l'alliance du travail manuel et du génie? Y aurait-
il quelqu'un pour protester? (*Applaudissements prolongés.*)

Oui, c'est dans cette pensée de conciliation supérieure et nécessaire, entendez-le bien, que nous
devons agir, — car la société moderne ne trouvera son
équilibre, son repos, sa stabilité et son progrès indé-
fini dans l'ordre continu, qu'à une condition, c'est
que les uns sachent abjurer ce qu'il y a de faux et de
chimérique dans leurs ambitions, et que les autres,
ceux qui possèdent, sachent aussi s'assouplir à la
règle du contrat, à la discussion, sachent supporter la
liberté d'association dans sa plénitude, afin qu'on ne
marchande pas plus longtemps à ceux qui sont véritablement des citoyens, des producteurs, le droit de
s'associer pour la défense de leurs intérêts. (*Bravos.*)

Il est temps de reconnaître à ces associations la
personnalité civile, de leur donner le droit d'acquérir, de posséder et de transmettre. Et j'entends par
là non ces associations qui confisquent l'individu, non
ces associations qui le suppriment et l'absorbent, car
je ne reconnais comme légitimes que les associations
où l'homme conserve la plénitude de son individualité libre et agissante. (*Bravos et applaudissements
prolongés.*)

Il existe dans ce pays une immense collection
d'hommes à qui nous devons la rapidité et la sécurité
des transports. Vous connaissez tous, on vous les
redisait tout à l'heure, ces légendes d'héroïsme dont
le récit fait pâlir les autres légendes; non pas, Messieurs, qu'il faille amoindrir l'héroïsme militaire, qui
doit toujours rester en honneur parmi nous; mais,
comme on vous le disait, la gloire vient illuminer et
couronner le courage du combattant sur le champ de
bataille, ou du marin sur son navire aux prises avec
les flots.

Et quant à ces morts obscurs qui font leur devoir

sur l'étroit palier d'une locomotive, ils tombent, et nul n'apprend leurs noms! (*Salves d'applaudissements et bravos répétés.*)

Ce n'est pas seulement dans ces crises terribles, où il faut en quelques secondes prendre un parti décisif d'où dépend la vie de quantité d'êtres humains qu'ils traînent derrière eux; c'est tous les jours dans leur tâche ordinaire, qu'ils doivent faire preuve de discipline, de ponctualité, de souplesse, d'intelligence, qu'ils sont obligés de payer pour ainsi dire pour ceux qui commettent des oublis ou des erreurs! (*Applaudissements.*)

Ah! Messieurs, dans ce monde d'ouvriers, ou plutôt dans ce monde du travail, — car ce mot « ouvrier » me déplaît, et je voudrais, comme Michel L'Hospital le disait au milieu des guerres de religion, supprimer toutes ces dénominations, toutes ces distinctions qui divisent quand il faudrait rapprocher, — dans ce monde du travail, qui comprend dans son immensité tous ceux qui font œuvre d'intelligence, de labeur et de probité, il est une pratique du travail peut-être plus dangereuse et aussi plus importante que les autres, c'est celle qui tient à l'industrie des chemins de fer.

On vous disait tout à l'heure qu'on devait lui donner des lois : il est certain qu'il faudra en donner à cet immense peuple de travailleurs; mais ces lois, vous les connaissez : on les avait préparées, elles avaient déjà reçu la sanction de plusieurs délibérations législatives, et, à coup sûr, j'en atteste la dernière expérience, ce ne sera plus le Sénat qui sera une entrave. (*Applaudissements unanimes.*)

Grisel nous disait tout à l'heure : Protégez-nous. C'est là un mauvais mot. Je lui en dirai un autre, que j'adresse non seulement à ceux qui sont ici, mais encore aux absents qui nous ont envoyés à cette fête. A cette collection de travailleurs qui, à l'heure qu'il est, pensent à ce qui se passe ici et attendent la parole qui en sortira, je dis : Non, ce n'est pas de la protection qu'il vous faut, c'est de la collaboration. (*C'est cela! — Très bien! — Vive adhésion et applaudissements.*)

C'est par la collaboration avec chaque branche du travail national que l'on pourra peu à peu résoudre les difficultés. C'est en faisant appel à la science sociale qui a une solution pour chaque problème, et non pas une solution unique pour tous les problèmes. C'est dans ce sens que je dis, que je répète, que je répéterai toujours, parce que c'est la vérité, qu'il n'y a pas de question sociale : il y a des questions sociales. (*Très bien! très bien! — Marques d'assentiment.*)

Oui, il y a une multitude de difficultés qu'il faut résoudre une à une, à force d'études, à force de bonne foi, à force, entendez-le bien, d'amour du peuple. (*Vive approbation.*) Et cet amour du peuple, on ne l'apprend pas : en dépit de toutes les injures, de toutes les calomnies, on le porte dans ses entrailles... (*Salves d'applaudissements et cris répétés de : Vive Gambetta!*)

Vous pouvez prendre acte de mes paroles : quels que soient les hasards ou les accidents de la politique parlementaire, il y a une politique qui domine et surpasse toutes les politiques parlementaires, c'est la politique du suffrage universel, c'est-à-dire d'une démocratie militante, vivante, agissante et souveraine. (*Oui! oui! — Nouveaux applaudissements.*) C'est à cette politique-là que je vous convie. Et, quand vous le voudrez, vous n'aurez qu'à prendre le chemin que vous avez connu, le chemin que vous n'avez pas oublié, le chemin qui mène chez vos amis sincères et dévoués : il vous sera ouvert et il vous sera répondu. (*Mouvement.*)

Je ne veux pas terminer sans associer à notre reconnaissance tous ceux qui avant nous ont lutté pour

cette cause de l'émancipation des travailleurs et en
particulier de l'affranchissement des travailleurs de
l'industrie des voies ferrées : et ici j'associe publiquement le nom de Delattre, qui a été leur avocat... (*Vifs
applaudissements*) et de Janzé (*Vifs applaudissements*),
qui, depuis vingt-cinq ans, bien avant tous les autres,
a fait des employés et des ouvriers des Compagnies
de chemins de fer ses pupilles de prédilection; qui,
à travers des difficultés, quelquefois bien cruelles, —
car on peut le dire sans blesser ni son amour-propre
ni ses sentiments, — a dû lutter autour de lui, j'en suis
sûr, pour devenir le protagoniste des intérêts de
toute une classe de travailleurs. (*Vifs applaudissements.*)

J'y associerai aussi la presse. On a dit un mot pour
la caractériser; on a dit : La presse libre; eh bien, je
désire que dans la question des chemins de fer, toute
la presse soit libre. (*Hilarité. — Bravos.*)

Je ne dirai rien de plus. Je ne vous parlerai pas de
Nadaud. Vous le connaissez : il vous appartient tout
entier, corps et âme. Vous l'avez entendu tout à
l'heure, dans cette langue franche et simple qui coule
de ses lèvres, de son âme tout entière, vous dire, avec
quelle véhémence! que tout ce qu'il a d'intelligence,
d'activité et d'honneur, il l'a consacré à votre cause.
(*Vifs applaudissements!*)

Pour terminer, je veux remercier ici de leur présence parmi nous, comme d'un gage de bon rapport
d'un internationalisme véritablement fécond, utile et
non détestable, les délégués des mécaniciens anglais
et belges qui ont répondu à votre appel. Bien qu'ils
vivent sous des monarchies, ils ont trouvé des oligar-
chies intelligentes et avisées qui depuis longtemps
leur ont constitué un état légal : ce qui signifie que,
dans notre pays républicain, si on veut l'ordre et le
progrès dans la paix, nous devrons établir une législation libérale et complète. (*Vifs applaudissements.*)

Je vous demande pardon de vous avoir retenus si
longtemps. (*Non! non! Parlez!*) Il m'a semblé que
nous étions sur le point de mal finir, et j'ai tenu à ne
pas manquer d'être ici ce que j'ambitionne d'être partout : un agent de concorde et d'union toujours fidèle
à la parole : Tout pour la France par la République
et pour la République! (*Applaudissements prolongés
et cris de : Vive Gambetta!*)

Après ce discours, M. Raynal a remis à M. Grisel une
croix en brillants, qui lui était offerte par ses anciens collègues, et la réunion s'est séparée aux cris de : Vive la
République!

DISCOURS

SUR

LA POLITIQUE DU GOUVERNEMENT EN ÉGYPTE

Prononcé le 1ᵉʳ juin 1882

A LA CHAMBRE DES DÉPUTÉS

On a vu (tome X, appendice) comment le président du ministère du 14 novembre avait compris la politique de la France en Égypte : l'entente étroite avec l'Angleterre pour maintenir les arrangements de 1879 et 1880 contre les tentatives de la soldatesque du Caire avait été, à l'extérieur, le principal article du programme de M. Gambetta ; la note identique du 7 janvier 1882 avait été l'acte décisif par lequel le ministre français avait cimenté cette alliance, amorcé le cabinet de Londres et intimidé les rebelles égyptiens. — M. de Freycinet, à peine arrivé au ministère des affaires étrangères, avait abandonné la politique de M. Gambetta. Non seulement il était revenu sur la note identique en déclarant spontanément à lord Lyons que le Foreign Office ne lui paraissait point engagé avec la France pour une action commune ultérieure en Égypte (dépêche du 5 février à M. Challemel-Lacour) ; mais interpellé à la Chambre des députés par M. Delafosse, il avait rompu avec tous les précédents de la diplomatie française en Égypte, en proclamant que la politique du concert européen serait désormais substituée à l'entente franco-anglaise, prépondérante jusqu'alors dans la vallée du Nil (23 février). Une vive réplique de M. Francis Charmes, qui s'était concerté avec M. Gambetta, avait été laissée sans réponse.

Pendant ce temps, la situation au Caire devenait tous les

jours plus grave. Arrêtés un instant par la note menaçante du 7 janvier, les chefs de la mutinerie militaire, Arabi-Bey, Ali-Fehmy et Abdel-Al, avaient relevé la tête à la première nouvelle de la chute du ministère Gambetta, et ils reprenaient hardiment l'offensive. Le 17 janvier, le consul général de France écrivait à M. Gambetta « qu'une nouvelle manifestation de l'armée n'était plus à redouter ». Le 31, au lendemain de la constitution du cabinet Freycinet, Arabi rentrait en maître au palais d'Abdin pour imposer au khédive le renvoi de Chérif-Pacha, dicter à la Chambre des notables le vote des résolutions les plus révolutionnaires et s'emparer du ministère de la guerre. Désormais, la dictature des prétoriens est souveraine en Égypte. Le double contrôle désorganisé par la démission de M. de Blignières qui n'a pas voulu rester en fonctions après l'abandon de la note identique, l'élément européen chassé des bureaux du ministère de la guerre, l'installation d'une cour martiale au Caire, le khédive menacé sans cesse par les sicaires des colonels, la mosquée fanatique d'El-Azar proclamant la mission prophétique d'Arabi, les ulémas et les officiers indigènes constitués en « parti national » pour l'expulsion des Européens et la destruction radicale de l'ordre de choses établi en 1879, telles étaient les conséquences de la faiblesse de M. de Freycinet et de l'indécision de lord Granville. Pour n'avoir point persévéré dans la menace collective du 7 janvier, on avait transformé en révolution une émeute de caserne, et l'on s'imaginait, à Londres comme à Paris, que cette révolution était profonde et redoutable. Les amis de M. Gambetta eurent beau démontrer qu'il n'y avait pas en Égypte d'éléments sérieux pour un régime parlementaire, que le prétendu parti national n'était composé que de moines fanatiques et de soldats mutinés; que cinq ou six régiments, promptement débarqués à Alexandrie, disperseraient cette horde en quelques minutes. A Londres, le Foreign Office avait cette arrière-pensée qu'en prônant la théorie de « l'Égypte aux Égyptiens », il finirait par accaparer l'Égypte pour la seule Angleterre. A Paris, le président du conseil n'avait qu'une idée : opposer à la politique *belliqueuse* de M. Gambetta la politique de la paix à tout prix. Tout ce que purent obtenir, après trois longs mois, les réclamations indignées de l'opposition et le cri de détresse des colonies européennes dans le Delta, ce fut l'envoi d'une escadre franco-anglaise, sans troupes de débarquement, devant Alexandrie (14 mai). Encore M. de Freycinet avait fait conseiller la veille au khédive Tewfik de transiger avec Arabi, et plusieurs membres du cabinet anglais se prononçaient pour une intervention turque.

L'arrivée des vaisseaux alliés dans les eaux d'Alexandrie aurait pu suffire, au mois de février ou de mars, pour intimider les colonels et le soi-disant parti national. Au mois de mai, la démonstration parut dérisoire. Persuadé que le ministère français n'oserait pas se décider à un acte de guerre, Arabi répondit à l'envoi de l'escadre par de nouvelles insolences et de nouvelles usurpations. Le khédive ayant accepté une note des consuls généraux qui lui proposaient timidement, « comme moyen unique de mettre un terme à l'état troublé du pays, » l'éloignement temporaire d'Arabi « qui conserverait son grade et ses traitements » (25 mai), Arabi et Mahmoud-Samy déclarèrent que l'intervention franco-anglaise portait atteinte aux droits du sultan, et les régiments reprirent le chemin du palais. Non seulement le khédive dut rappeler Arabi, mais, du coup, l'entente anglo-française fut rompue au Caire. Le consul anglais, M. Malet, contrairement à l'avis formel du consul de France, engagea alors le malheureux Tewfik à demander à la Porte l'envoi d'un commissaire ottoman, et cet envoi fut accordé (30 mai). Le lendemain, à bout d'expédients, M. de Freycinet accédait à l'idée anglaise de convoquer à Constantinople une conférence d'ambassadeurs pour régler la question égyptienne.

La *République française* apprécia dans l'article suivant (31 mai) la nouvelle évolution de M. de Freycinet :

« Vers la fin de l'Empire on rencontrait des jeunes gens dépourvus de préjugés qui, n'ayant pas été témoins du coup d'État, ne savaient trop, disaient-ils, qui avait eu tort, au 2 décembre, des républicains ou du Bonaparte ; se vantant d'une impartialité qui leur coûtait peu, ils déclaraient vouloir agir comme si l'histoire de France avait commencé le jour même de leur majorité. Clément Duvernois fut le plus illustre de ces sages et magnanimes jeunes gens. Ce qui se

passe et ce qui se dit depuis quelques jours nous rappelle,
hélas! Clément Duvernois. A chaque pas, on entend dans
le monde politique, bien plus que dans le monde des
affaires, des hommes importants, qui ne sont pas tous
jeunes, s'écrier avec dédain : « L'Égypte? Qu'est-ce que
l'Égypte? Nous datons, nous, de 1870, et par conséquent
nous ne connaissons en fait d'affaires étrangères qu'une
question : celle de la frontière de l'Est. Pourvu qu'elle ne
soit pas menacée, pourvu que M. de Bismarck ne nous
désigne pas à ses Allemands comme une proie sur laquelle
ils peuvent se ruer, nous nous soucions du reste de la
planète autant que de cela! » Et ils font le geste bien
connu d'Orgon, le digne père de famille.

« Faut-il donc raconter à ces Orgons de la politique ce
qu'est l'Égypte pour la France depuis bientôt un demi-
siècle? Lorsqu'en 1840 Méhémet-Ali leva contre le sultan
l'étendard de la révolte, prétendant se créer un empire qui
aurait annexé à la vallée du Nil et la Syrie, et l'Arabie, et
l'île de Crète, l'Égypte était déjà une terre fécondée par le
travail et l'industrie d'une colonie française. Sa cause était
si bien notre cause, que depuis l'opposition républicaine
jusqu'à Thiers, alors ministre, et Guizot, alors ambassadeur à Londres, jusqu'à Louis-Philippe, le pays tout entier
se prononça en sa faveur. S'il avait triomphé, notre influence devenait absolument prépondérante en Orient.
Cela était évident, et voilà précisément ce qui inquiéta
l'ambition russe, qui voulait se tailler dans la dépouille de
la Turquie la part du lion, et la caduque Autriche qui,
craignant tout ébranlement dans son voisinage, tenait à
retarder la chute de l'empire ottoman, et l'Angleterre, toujours jalouse de la France dans la Méditerranée. Elles s'en-
tendirent à notre insu pour défendre le sultan contre son
sujet. M. Thiers, avec un vif sentiment du rôle que doit
jouer la France dans le monde, voulait relever le gant. Il fut
abandonné par Louis-Philippe, trahi par Guizot, et la France
eut l'humiliation de voir l'Europe expulser notre protégée
de toutes ses conquêtes. Louis-Philippe, il faut avoir le courage de le dire, commit une faute énorme. A partir de ce
moment, l'établissement de Juillet perdit tout son prestige au
dedans comme au dehors, et les hommes d'État intelligents,
tels que lord Palmerston, se mirent à compter ses jours.

« Et pourtant, telle était la nécessité de l'indépendance de
l'Égypte, que Méhémet-Ali, quoique abandonné par nous
et vaincu par les escadres combinées de l'Angleterre et de
l'Autriche, finit par obtenir une paix honorable qui lui
donnait la vallée du Nil à titre héréditaire et transformait
la souveraineté ottomane en une suzeraineté presque nomi-
nale. C'est que l'Angleterre se rangea à la fin de notre
côté. Elle, qui redoutait Méhémet-Ali à la tête d'un empire
s'étendant jusqu'au golfe Persique, elle le préférait, simple
gardien de la mer Rouge, au chef trop puissant et à la fois
trop peu sûr des Osmanlis. Il en résulta entre elle et nous
une communauté d'intérêts qui fut parfois une alliance
intime et qui, sauf de très rares et très courtes exceptions,
ne laissa jamais de place à un mauvais vouloir de part ni
d'autre. C'est l'indépendance de l'Égypte qui depuis quarante ans forme le lien le plus puissant entre le gouvernement de la reine Victoria et les divers gouvernements qui
se sont succédé en France.

« Ainsi, très grands intérêts de très nombreux Français en
Égypte et occasion continuelle de relations cordiales avec
l'Angleterre, voilà d'abord ce qui donne à cette question
une importance considérable. Mais il y a plus. L'Égypte
est, géographiquement parlant, le centre du monde musulman, le pont qui joint les Turcs d'Europe ou d'Asie et
les Arabes d'Arabie et les Maures d'Afrique. Ce n'est guère
que par l'Égypte que ces trois groupes communiquent.
Rien ne peut passer de l'un à l'autre que par l'isthme de
Suez et la vallée du Nil, pas plus les mots d'ordre du fanatisme que les germes du choléra. Que l'Égypte retombe
aux mains du sultan, et le flot du panislamisme dont
Abdul-Hamid est le représentant passionné s'étend immédiatement sur toute l'Afrique. Le désert entre en ébullition
et se précipite sur la Tunisie et l'Algérie. Donc, de deux
choses l'une : ou bien il faut maintenir l'indépendance de
l'Égypte, en interdire l'entrée aux commissaires aussi bien
qu'aux troupes du sultan; ou bien il faut nous préparer
à faire face en Afrique au plus redoutable soulèvement
dont nous ayons encore été témoins. Que de troupes il
faudra mobiliser parce que nous aurons eu peur de débarquer à Alexandrie quelques compagnies d'infanterie de
marine !

« En perdant l'Égypte, car la livrer aux Turcs c'est la perdre, nous perdons en outre notre influence dans la Méditerranée. Au delà de Gabès, on cessera de compter avec nous. L'Angleterre, qui est si loin de la Méditerranée, y possédera Gibraltar, Malte, Chypre ; elle aura la haute main sur le canal de Suez, jusqu'au jour où la dislocation de l'empire ottoman lui donnera bien plus et bien mieux. Ce jour-là, condamnés à une irrémédiable décadence, nous nous demanderons s'il ne faut pas évacuer Constantine et Oran pour nous concentrer à Alger...

« S'il est des Français que cette perspective laisse indifférents, nous avouons que nous, elle nous exaspère. Quoi ! après les désastres de 1870, juste expiation peut-être du régime impérial, nous devons voir, sans raison aucune, notre pays dépouillé de ce qu'il lui reste de plus précieux en dehors de ses étroites frontières continentales ! Il va perdre son alliance unique, car qu'est-ce donc qui nous attachera encore l'Angleterre ? Il va perdre les droits très certains qu'il possède en Égypte et dont M. Waddington avait exigé, le 4 juin 1878, la reconnaissance formelle avant de se rendre au Congrès de Berlin. Il va perdre son principal boulevard contre les agressions du fanatisme musulman, et par conséquent la sécurité de ses possessions africaines qui lui ont coûté tant de sang. Il va perdre son influence légitime sur la mer dont il possède douze cents kilomètres de côtes. Il va tomber au rang de dernière ou avant-dernière grande puissance. Et il se trouve des publicistes anglais pour nous dire que la question d'Égypte n'a pour nous qu'un intérêt sentimental, et, ce qui est odieux, il se trouve des Français, jusque dans la Chambre, dit-on, qui répètent ce propos méprisant !

« Qu'a donc fait notre pays pour mériter un pareil sort ? Cette fois-ci, il n'est vraiment pas coupable, ou, s'il l'est, c'est d'avoir accordé sa confiance à un ministre imprévoyant, irrésolu, incapable. »

L'article de la *République française* fut l'objet des plus vifs commentaires. Le lendemain (1ᵉʳ juin), M. Delafosse, député bonapartiste, prenait l'initiative d'une interpellation sur les affaires d'Égypte. M. Gambetta, répondant à M. de

Freycinet, intervint dans ce débat que nous reproduisons
(sauf le discours de M. Delafosse) *in extenso.*

Séance du 1er juin

PRÉSIDENCE DE M. HENRI BRISSON

M. DELAFOSSE développe son interpellation sur la politique du gouvernement en Égypte. Il reproche à M. de Freycinet d'avoir continué la politique d'hostilité de ses prédécesseurs contre le gouvernement turc, tout en lui fournissant
l'occasion de rentrer en maître au Caire. L'orateur termine
son discours par ces paroles :

M. JULES DELAFOSSE. — *Nous direz-vous, monsieur le
ministre, que l'envoi de l'escadre était dirigé, non contre
Arabi, mais contre la Turquie ? Alors je vous répondrai que
la déconvenue est plus complète encore, car, à l'heure qu'il
est, vous vous écartez spontanément devant la Turquie,
vous lui ouvrez vous-même l'accès de l'Égypte que vous
aviez prétendu lui fermer.*

*Par cela même que vous faites appel à l'Europe, vous
sollicitez une délégation qui lui sera donnée, et j'ai le droit
de dire que la diplomatie de la Porte, sans qu'elle ait fait
un geste, sans qu'elle ait dit un mot, a vaincu la vôtre ;
elle vous précède, elle vous domine, elle s'installe en Égypte,
et je me demande comment elle en sortira. (Approbation à
droite.)*

*Quant à moi, partisan déclaré de l'accord intime avec
elle, je suis inquiet de la façon dont cette intervention va
se produire ; car il y a une différence capitale entre le concert exclusivement turc et français, que j'avais souhaité,
et la délégation anti-française qu'on nous prépare.*

*La Turquie interviendra, non pour nous, mais contre nous,
et je partage dès lors les inquiétudes de ceux qui redou-
tent la force d'expansion que l'on va donner à l'islamisme,
lorsque la Turquie va rentrer en puissance victorieuse en
Égypte ; j'ai le droit de craindre que cette rentrée n'ait un
contre-coup sur toute la côte de l'Afrique et n'y ruine notre
domination. (Très bien ! à droite.)*

*Voilà ce que j'avais à dire de la politique passée du
cabinet ; quant à sa politique ultérieure, j'attendrai ses expli-*

cations pour la juger. Il y a des négociations engagées, et j'espère que M. le ministre des affaires étrangères voudra bien faire violence à sa discrétion professionnelle pour éclairer un peu l'avenir.

Je souhaite que sa diplomatie nous vienne en aide, mais je doute qu'elle ait les ressources suffisantes pour racheter les fautes accumulées en quelques semaines, et corriger l'effet de tant d'imprévoyance, d'impéritie et de témérité. (*Vifs applaudissements à droite.* — *L'orateur est félicité par ses collègues.*)

Un membre à droite : La *République française* avait dit : « incapacité ! »

M. LE PRÉSIDENT. — La parole est à M. le ministre des affaires étrangères, président du conseil.

M. DE FREYCINET, *président du conseil, ministre des affaires étrangères.* — Messieurs, l'honorable M. Delafosse a bien voulu rappeler les paroles que j'avais prononcées devant vous le 11 de ce mois, et auxquelles il a déclaré que vous aviez, avec raison, fait ce jour-là un accueil sympathique. Eh bien, j'ai la prétention qu'il n'a pas été fait une seule chose, qu'il n'a pas été écrit une seule ligne, qui ne soit le développement logique de ce qui avait été dit à ce moment.

Quelle avait été, en effet, notre déclaration ? Nous avions dit qu'en présence des événements tumultueux qui s'accomplissaient au Caire et des dangers que nos nationaux pouvaient courir, nous prendrions les mesures nécessaires pour les protéger ; que, d'autre part, nous ne perdrions pas de vue cet objet, dont jamais nous ne nous sommes écartés, de faire en sorte, quelques crises que l'Égypte eût à traverser, qu'elle n'en sortît pas moins libre, moins indépendante et avec des immunités moindres que celles dont elle jouit aujourd'hui.

Et pour arriver à ce résultat, que disions-nous encore ?

L'honorable M. Delafosse le rappelait, il n'y a qu'un instant ; il a dit que nous nous étions engagés à nous servir d'abord de l'alliance avec l'Angleterre, et ensuite du concert européen.

Je me demande, en vérité, lui-même ayant admis que nous avions indiqué ces deux procédés, je me demande sur quoi peuvent reposer les critiques qu'il a adressées tout à l'heure à la politique du Gouvernement.

L'alliance anglaise? Est-ce qu'il s'est élevé ici une seule voix, au moment où j'en ai parlé, pour protester, pour venir porter sur cette alliance les jugements qu'a formulés tout à l'heure l'honorable M. Delafosse? Est-ce que quelqu'un, à ce moment, s'est levé pour stigmatiser notre allié, comme vient de le faire l'honorable préopinant?

Je ne crains pas de dire qu'il vient d'accomplir là un acte bien téméraire et bien inopportun! (*Applaudissements à gauche et au centre.*) C'est bien mal servir la politique de son pays que de s'exprimer en ces termes sur le compte d'une grande nation qui marche avec nous et dont en ce moment les navires sont à côté des nôtres... (*Applaudissements sur les mêmes bancs*), car si, par malheur, il n'y avait pas eu dans cette Chambre, — mais il était impossible qu'il n'y en eût pas, — les protestations que vous venez d'entendre, qu'aurait pu donc penser notre alliée de l'accord que nous avions fait avec elle? (*Très bien! très bien! à gauche et au centre.*) Je suis heureux de vous entendre protester encore contre les paroles qui ont été prononcées, et j'espère bien qu'au dehors il n'en restera aucune impression. (*Applaudissements à gauche et au centre.*)

M. Delafosse nous a dit: Mais en vertu de quel droit avez-vous envoyé des vaisseaux à Alexandrie? Et pour un peu M. Delafosse aurait trouvé que nous avions sans doute dépassé les limites de la Constitution, comme s'il n'entrait pas dans le droit du Gouvernement, dans son devoir même de se porter partout où ses nationaux peuvent être menacés! (*Nouvelles marques d'approbation à gauche et au centre.*)

Voulez-vous que, lorsque des Français peuvent courir des périls au loin, nous rassemblions le Parlement, que nous délibérions, que nous ne fissions pas usage des navires que le Parlement lui-même a mis à notre disposition? (*Très bien! très bien!*) A quoi serviraient donc les flottes que nous avons sur l'Océan, si ce n'est pas pour être employées au profit de la sécurité de nos nationaux... (*Très bien! très bien!*)... et, quand les circonstances l'exigent, au profit de l'honneur de notre pays? (*Vives marques d'assentiment à gauche et au centre.*)

Nous aurions été souverainement imprévoyants et coupables si nous ne l'avions pas fait, et nous aurions compris alors que l'honorable M. Delafosse, — c'eût été son droit, —

fût venu nous interpeller. C'est alors que ses reproches auraient pu s'appliquer et qu'en présence de périls imminents il nous eût dit : Comment ! vous aviez des navires à votre disposition, et vous avez perdu un jour, une heure, pour aller au secours de nos nationaux et les protéger ! (*Très bien ! très bien ! à gauche et au centre.* — *Rumeurs à droite.*)

Je m'attendais aujourd'hui, je l'avoue, à recevoir, par exception, de ce côté (*la droite*), les éloges de l'honorable M. Delafosse. Oui, nous sommes allés à Alexandrie, conjointement avec l'Angleterre, non pour y faire une occupation armée, je vous supplie de le croire (*Très bien ! très bien ! à gauche*), mais pour protéger nos nationaux, pour témoigner que nous ne reconnaissions pas le mouvement révolutionnaire qui tendait à s'établir dans ce pays, et pour montrer surtout que la France et l'Angleterre étaient unies.

De quoi pouvez-vous vous plaindre, et en quoi pouvez-vous regretter que la France et l'Angleterre aient fait une pareille manifestation ? Trouvez-vous que notre considération dans le monde y ait perdu ?...

Voix à droite. — Oui ! oui !

Un grand nombre de membres à gauche. — Non ! non !

M. LE PRÉSIDENT DU CONSEIL. — Croyez-vous que ce grand acte d'avoir fait flotter à côté l'un de l'autre les drapeaux de la France et de l'Angleterre n'ait pas une immense portée ? Croyez-vous donc que notre situation en soit amoindrie ? Je vous demande à vous-même, mon honorable interpellateur, je vous demande si, au fond de votre cœur, vous n'aimez pas mieux savoir que nous sommes dans cette situation, que de penser qu'au contraire nous serions isolés en Europe.

Vous nous reprochez de faire appel au concert européen ; vous dites que c'est un manque de logique. Non ; c'est le développement naturel du plan que nous vous avions indiqué.

Nous avions dit que nous allions commencer par faire l'accord avec l'Angleterre ; cet accord s'est réalisé ; il s'est manifesté, il est devenu public ; nous vous avions dit ensuite que nous ferions appel au concert européen. Et pourquoi devons-nous faire appel au concert européen ? Parce que nous n'avons pas la possibilité, nous n'avons pas le pouvoir de résoudre par nous-mêmes les questions qui peuvent surgir en Égypte. (Très bien! très bien! à gauche.)

Quelles sont les questions qui peuvent être soulevées en Égypte? Elles sont de deux sortes : il y a celles qui, comme je le disais tout à l'heure, intéressent la sécurité de nos nationaux ; l'ordre matériel peut être troublé et les intérêts de nos compatriotes peuvent être directement atteints. Ces questions-là ne regardent que nous; lorsque nos nationaux peuvent souffrir, peuvent être compromis, c'est à nous de les protéger.

Mais il y a d'autres questions d'un ordre plus général, pour lesquelles nous n'avons, nous, jamais revendiqué une compétence exclusive : ce sont les questions politiques qui touchent à la situation de l'Égypte dans l'équilibre européen.

Plusieurs membres à gauche. — C'est très vrai!

M. LE PRÉSIDENT DU CONSEIL. — Vous avez dit, vous-même, que l'Égypte faisait partie intégrante de l'empire ottoman. Eh bien, si l'Égypte fait partie intégrante de l'empire ottoman, il existe entre l'Égypte et l'empire ottoman des liens qu'il ne dépend pas de nous de détruire : est-ce que vous pouvez admettre, lorsque de pareilles questions surgissent, que nous ayons la témérité, la folie de vouloir les résoudre seuls contre le vœu de l'Europe? (*Vifs applaudissements au centre et à gauche.*)

Ah! vous nous reprochez notre incohérence! Mais c'est notre imprudence que vous nous auriez reprochée si nous avions suivi la prétendue logique que vous venez d'indiquer à cette tribune, si en présence de ces difficultés grandissantes nous avions affirmé la prétention de les résoudre seuls. Je dis qu'alors nous aurions manqué à tous nos devoirs envers la patrie! (*Nouveaux applaudissements à gauche et au centre.*)

Voilà pourquoi nous en avons appelé au concert européen : parce qu'il est le seul compétent pour résoudre ces questions.

Vous avez prétendu qu'il fallait simplement appeler la Turquie à régler ces questions. Vous semblez croire que seule elle les a réglées depuis le commencement du siècle. Mais c'est une erreur historique absolue. (*C'est cela! à gauche.*) Toutes les fois que l'empire ottoman a été secoué par ces agitations intérieures dont nous avons eu si souvent le spectacle, en Grèce, en Roumanie, en Serbie, en Herzégovine, en Bulgarie, en Égypte, en Syrie, constamment l'Europe est intervenue, et nous manquerions à toutes les traditions de la diplomatie européenne et de la diplomatie française si, dans les circonstances, dans les conjonctures qui s'ouvrent aujourd'hui, nous avions eu la prétention de confisquer ces questions et de vouloir les faire exclusivement françaises. Nous nous sommes souvenus des traditions prudentes qui, à travers certaines témérités passagères, sont la forme et le fond de la diplomatie française depuis le commencement de ce siècle; nous nous sommes rappelé que l'heure avait sonné de faire appel au concert européen qui garantit des solutions pacifiques. (*Vives marques d'approbation à gauche et au centre.*) Car, pour se passer de ce concours dont vous paraissez faire un si bon marché, dont vous parlez si dédaigneusement, il faudrait avoir la force d'imposer des solutions que nous aurions cherchées seuls. Eh bien, je ne conseillerai pas à la France, — et je ne crois pas que la France soit d'humeur à le vouloir aujourd'hui, — de se lancer dans de pareilles aventures. (*Bravos et applaudissements prolongés à gauche et au centre.*)

Quant à moi, je suis ici d'accord avec le cabinet tout entier.

Sur les bancs du ministère. — Oui ! oui !

M. LE PRÉSIDENT DU CONSEIL. — Il n'y a pas un seul des ministres qui sont ici, qui contredise mon langage et qui sympathise avec la politique d'aventures dans laquelle on voudrait nous pousser. (*Nouvelles marques d'adhésion au banc des ministres. — Vifs applaudissements à gauche et au centre. — Bruyantes protestations à droite.*)

A droite. — Qui, on ? Expliquez-vous !

Un membre à droite. — Est-ce nous qui avons fait l'expédition de Tunisie ?

M. DE BAUDRY D'ASSON. — Nous demandons que M. le ministre retire l'expression dont il vient de se servir !

M. LE PRÉSIDENT. — Monsieur de Baudry d'Asson, vous n'avez pas la parole.

Je vous prie tous, Messieurs, et particulièrement les amis de l'interpellateur, de laisser M. le président du conseil fournir les explications qui lui ont été demandées.

M. DE BAUDRY D'ASSON. — Qu'il n'accuse personne alors!

A gauche. — N'interrompez donc pas!

M. LE PRÉSIDENT. — Monsieur de Baudry d'Asson, je vous rappelle à l'ordre.

M. DE LA ROCHEFOUCAULD, DUC DE BISACCIA. — Nous ne reconnaissons pas à M. le président du conseil le droit de nous accuser et de nous prêter des intentions que nous n'avons pas!

M. DE BAUDRY D'ASSON. — Non! nous n'accepterons jamais de telles accusations!

M. LE PRÉSIDENT. — M. le président du conseil ne vous a pas accusé, ni vos amis ni personne dans cette enceinte, monsieur de Baudry d'Asson.

A droite. — Si! si!

A gauche. — Mais non!

M. LE PRÉSIDENT. — Il s'est servi d'une expression générale qui ne s'adressait ni à vous ni à personne.

A gauche. — C'est cela!

M. LE PRÉSIDENT. — Je vous prie donc, encore une fois, de faire silence.

M. LE PRÉSIDENT DU CONSEIL. — La sténographie a recueilli mes paroles. Je n'ai désigné personne; j'ai dit seulement que nous n'accepterions pas de servir la politique aventureuse dans laquelle certains voudraient nous pousser. (*Nouvelles réclamations à droite. — Nouvelles marques d'approbation à gauche et au centre.*)

Voix diverses à droite. — C'est du jésuitisme! Nous demandons que vous disiez qui vous entendez désigner par « on ».

Un membre à gauche. — Les interpellateurs!

M. DE BAUDRY D'ASSON. — De qui voulez-vous parler?

D'autres membres à droite. — Est-ce que c'est nous qui avons fait la guerre de Tunisie?

M. ANATOLE DE LA FORGE. — Silence au Mexique! (*Applaudissements à gauche et au centre.*)

Voix à droite. — Silence à la Tunisie! (*Agitation.*)

M. LE PRÉSIDENT. — Messieurs, j'adjure tous mes collègues de garder le plus profond silence et de ne pas continuer ce procédé d'interpellation de bancs à bancs qui empêcherait ce débat de conserver la dignité qu'il doit garder, et d'aboutir au résultat auquel il doit parvenir. (*Applaudissements à gauche et au centre. — Le silence se rétablit.*)

Continuez, monsieur le président du conseil.

M. LE PRÉSIDENT DU CONSEIL. — Je disais, Messieurs, quand j'ai été si violemment et si inopinément interrompu, — car j'avoue que ces interruptions m'ont parfaitement surpris, — je disais que jamais nous ne consentirions, et je parlais ici non pour moi seul, mais pour le Gouvernement tout entier sans exception, — je dis cela pour ceux qui ont tant de sollicitude pour l'homogénéité du cabinet; — je disais que ce Gouvernement est unanime à ne pas vouloir se faire le serviteur d'une politique aventureuse.

M. LE COMTE DE MAILLÉ. — Et nous aussi! (Oui! oui! à droite.)

M. LE PRÉSIDENT DU CONSEIL. — Je ne parle pas pour vous, mon honorable interrupteur; je parle pour moi et pour mes collègues.

Vous me donnerez alors un vote de confiance, si vous êtes de mon avis.

Et j'ajoutais que la garantie, la condition de cette politique pacifique et prudente, tout en étant digne, que nous poursuivons, c'est précisément la consultation européenne.

Je disais que dans les questions de l'ordre général qui vont surgir, dans les conjonctures telles que celles de la question égyptienne, lorsque des questions de cet ordre général s'élèvent, c'est le concert européen, c'est-à-dire les consultations de toutes les puissances, y compris la Turquie, que nous n'excluons pas, ce sont des consultations souveraines qui dictent les solutions et qui au besoin les imposent; mais ce n'est pas la France isolément qui revendique un pareil rôle, et je le dis ici hautement, jamais nous ne souscrirons dans ces conditions à une expédition militaire française en Égypte! (Vifs applaudissements à l'extrême gauche et sur plusieurs bancs à gauche.)

M. HAENTJENS, à la gauche. — Il fallait nous applaudir aussi quand nous disions cela pour la Tunisie!

M. LE PRÉSIDENT DU CONSEIL. — Parmi tous les moyens auxquels il pourrait être nécessaire de recourir, et sur lesquels je ne veux pas m'expliquer, conservant cette discrétion diplomatique...

M. LE COMTE DE DOUVILLE-MAILLEFEU. — Parfaitement!

M. LE PRÉSIDENT DU CONSEIL. —...que l'honorable M. Delafosse vent bien concéder aux diplomates de profession... (*Sourires*), faisant usage de ces prérogatives des diplomates de profession, je ne m'expliquerai point à la tribune sur les divers moyens auxquels on pourrait être conduit, mais il y a un moyen que j'exclus : ce moyen, c'est une intervention militaire française en Égypte. (*Applaudissements répétés à l'extrême gauche et sur divers bancs à gauche. — Interruptions à droite.*)

A droite. — On ne dit pas qu'il faut faire cela !

M. DE BAUDRY D'ASSON. — Arabi-Pacha va être heureux !

M. GAMBETTA. — Alors, qu'est-ce que vous direz au congrès, si on ne vous écoute pas.

Je demande la parole, monsieur le président. (*Applaudissements sur plusieurs bancs à gauche. — Mouvement.*)

M. LE PRÉSIDENT DU CONSEIL. — Ce moyen-là, je le répète, nous ne l'emploierons pas...

A droite. — Ne le dites pas, au moins.

M. PRAX-PARIS. — Vous serez joué, voilà tout.

M. LE PRÉSIDENT DU CONSEIL. — Je ne veux pas tromper cette Chambre... (*Murmures et interruptions à droite.*)

M. LE PRÉSIDENT. — Croyez-vous, Messieurs, qu'il soit possible de continuer une discussion dans de pareilles conditions ? Veuillez écouter M. le président du conseil ; des orateurs sont inscrits qui développeront d'autres points de vue.

M. LE PRÉSIDENT DU CONSEIL. — J'ai peu de chose à ajouter, Messieurs.

Nous n'emploierons pas ce moyen, et s'il est quelqu'un qui pense que cette politique n'est pas la bonne, et que la vraie politique que commande l'intérêt de la France est d'aller à cette heure faire en Égypte une expédition militaire...

Un membre à droite. — Il est trop tard !

A gauche. — Silence ! silence !

M. LE PRÉSIDENT DU CONSEIL. — Il est des heures où il ne faut pas d'équivoque... (*Très bien! à l'extrême gauche.*)

M. GAMBETTA. — Très bien !

M. LE PRÉSIDENT DU CONSEIL. — Et au moment où je parle, il ne peut y avoir que deux politiques, celle qui consiste à faire intervenir la France les armes à la main, ou la politique que nous suivons. (*Très bien! très bien! à l'extrême gauche, sur divers bancs à gauche et au centre.*)

M. GAMBETTA. — Du tout ! du tout !

M. DE FREYCINET. — La Chambre prononcera entre les deux. (*Très bien ! et applaudissements à l'extrême gauche et sur plusieurs bancs à gauche et au centre. — Dénégations sur divers bancs.*)

M. LE PRÉSIDENT. — Veuillez écouter.

M. LE PRÉSIDENT DU CONSEIL. — J'attendrai donc pour entrer dans de plus grands développements, s'il est nécessaire, les contradictions qui viendront se produire à cette tribune, et si une politique différente de celle du Gouvernement s'y affirme, j'indiquerai les considérations d'ordre supérieur qui empêchent le Gouvernement de s'y rallier. (*Vifs applaudissements à l'extrême gauche et sur plusieurs bancs à gauche et au centre.*)

[Après une courte réplique de M. le comte de Colbert-Laplace, qui parle au milieu du bruit général, M. Gambetta monte à la tribune.]

M. LE PRÉSIDENT. — La parole est à M. Gambetta. (*Mouvement d'attention.*)

M. GAMBETTA. — Messieurs, j'affirme à la Chambre que je n'avais nullement l'intention (*Oh ! oh ! à l'extrême gauche*), — je vais en donner la preuve tout à l'heure en ne lui présentant que quelques observations, — je n'avais nullement l'intention d'entrer dans ce débat. J'estimais, en effet, qu'en dépit de certaines allusions à ce que l'on décore du nom de politique d'aventures, il n'était pas bon, il n'était pas expédient, ni pour les affaires de la France ni pour les affaires du cabinet, de pousser jusqu'au bout la comparaison entre la politique suivie par le cabinet dont j'ai eu l'honneur de faire partie, et celle du ministère qui siège sur ces bancs.

Je ne monte donc à la tribune que pour justifier l'interruption qui m'est échappée au cours des explications fournies par l'honorable président du conseil.

Oui, quand j'ai entendu dire que, non content d'avoir abandonné la position spéciale, exclusive, que la tradition et les firmans faisaient à la France et à l'An-

gleterre en Egypte; que, non content de transporter
au concert européen, — c'est-à-dire aux adversaires
de cette politique du concert anglo-français, — le
jugement et le règlement d'un différend où il n'est
pas question de démembrer l'empire ottoman, mais
de défendre le *statu quo* établi par les traités; — quand
j'ai entendu dire que, non content d'abandonner cette
position, et pour sortir de ces difficultés, où, avec un
peu plus d'audace, et sans aller jusqu'à la guerre, —
car il n'y a pas que la guerre dans les ressources de
la diplomatie d'un grand pays, — pour sortir de ces
difficultés, à travers lesquelles s'est maintenue une
situation qui, quoi qu'on en ait dit, n'a jamais été
abandonnée, pas plus sous l'empire que sous la
monarchie, dans la question égyptienne, depuis
quatre-vingts ans; — quand j'ai entendu qu'on affirmait
une résolution absolue, prise d'avance, c'est que,
quelles que fussent les circonstances, jamais! jamais!
la France n'interviendrait militairement... (*Applaudissements prolongés sur un grand nombre de bancs.*)

M. LE PRÉSIDENT DU CONSEIL. — Non! non! je n'ai pas
dit cela!

Je demande la parole!

M. GAMBETTA. — ... je me suis rappelé qu'un jour,
Berryer montait à cette tribune dans une circonstance analogue, et disait un mot que j'emprunte sans
hésiter à la plus grande éloquence qui se soit fait
entendre dans cette enceinte; il disait : « Ne parlez
pas ainsi! On ne parle pas ainsi de la France! » (*Sensation.*)

M. DE LANESSAN. — Vous exploitez une équivoque, mais
vous n'osez pas répéter à la tribune ce qui se dit dans votre
journal.

M. LE PRÉSIDENT. — Monsieur de Lanessan, vous n'avez
pas la parole.

La parole est à M. le président du conseil.

M. LE PRÉSIDENT DU CONSEIL. — Mon discours tout entier

proteste contre l'interprétation qu'on est venu lui donner.
Je n'ai jamais dit...

M. TONY RÉVILLON. — Vous voyez bien qu'on exploite une équivoque! (*Applaudissements à l'extrême gauche.*)

M. LE PRÉSIDENT. — Messieurs, veuillez laisser M. le président du conseil répondre.

M. LE PRÉSIDENT DU CONSEIL. — Messieurs, je m'étonne et je regrette profondément que l'honorable M. Gambetta ait pu me prêter le sentiment contre lequel il est venu s'élever à cette tribune.

M. GAMBETTA. — J'atteste la Chambre tout entière!

Plusieurs membres à l'extrême gauche. — Tout le monde l'a entendu!

M. LE PRÉSIDENT. — Veuillez laisser répondre M. le président du conseil.

M. LE PRÉSIDENT DU CONSEIL. — Est-ce qu'il est défendu au président du conseil d'expliquer la politique du Gouvernement? Comment! lorsqu'une équivoque de cette importance s'établit, vous qui vous montrez si jaloux de la dignité de la France, qui couvrez de vos applaudissements l'orateur qui descend de cette tribune, vous ne voulez pas que le chef du Gouvernement, au nom du pays auquel il s'adresse, rétablisse la vraie pensée du cabinet qu'il préside! (*Applaudissements.*)

M. DE BAUDRY D'ASSON. — Les applaudissements viennent des mêmes collègues qui ont tout à l'heure applaudi M. Gambetta.

M. LE PRÉSIDENT DU CONSEIL. — Je n'ai jamais dit, je n'ai jamais voulu dire qu'en aucun cas, dans aucune circonstance, la France ne serait pas amenée à intervenir militairement.

M. DE BAUDRY D'ASSON. — Vous retirez vos paroles; mais vous l'avez dit.

M. LE PRÉSIDENT. — Veuillez bien, Messieurs, laisser parler M. le président du conseil.

M. LE PRÉSIDENT DU CONSEIL. — Ce que j'ai dit, ce que je maintiens, c'est que nous n'accepterons pas de trancher nous-mêmes par la force la question égyptienne. (*Applaudissements à gauche.*) Je l'ai dit et je le maintiens. Nous ne trancherons pas isolément la question égyptienne. (*Nouveaux applaudissements.*)

J'ai dit en même temps que nous allions dans le concert européen pour trancher cette question collectivement.

Nous entrons dans le concert européen, nous acceptons, dès lors, notre part dans les charges, les responsabilités, les décisions et les moyens d'action qui pourront sortir du concert européen.

M. GAMBETTA. — D'avance!... C'est la même chose.

M. LE PRÉSIDENT DU CONSEIL. — Je n'ai pas dit autre chose. (Très bien! très bien!)

M. GAMBETTA. — Je demande la parole.

M. LE PRÉSIDENT. — La parole est à M. Gambetta.

M. GAMBETTA. — Messieurs, je n'ai à ajouter qu'un seul mot. C'est qu'en voulant atténuer ses premières déclarations, que le *Journal officiel* mentionnera, M. le président du conseil les a aggravées. (*Dénégations sur divers bancs à gauche et au centre.*)

A l'extrême gauche. — Si! si! — Personne ne s'y trompe! — Personne! personne!

M. GAMBETTA. — Je constate avec plaisir que, seule une fraction de l'extrême gauche sert de garant à la parole de M. le président du conseil. (*Interruptions à l'extrême gauche.*)

Je dis que, en dépit de ses atténuations, la pensée ministérielle exprimée par M. le président du conseil, et que je n'ai pu m'empêcher de relever, est tellement au fond de son esprit, que, en terminant ses rectifications, il vous disait qu'on était prêt à accepter les voies, les moyens, les solutions qui sortiraient du concert européen. (*Mouvements divers.*)

M. LE COMTE DE DOUVILLE-MAILLEFEU. — Cela va de soi!

M. GAMBETTA. — Eh bien, Messieurs, j'ignore si cette politique aura la sanction du Parlement, j'ignore si elle sera suivie et pratiquée devant les diplomates réunis du concert européen; ce que je sais, c'est qu'elle est déjà inefficace, car vous venez de livrer à l'Europe le secret de vos faiblesses. Il suffira de vous

intimider pour vous faire tout consentir. (*Applaudissements sur plusieurs bancs à gauche. — Exclamations
sur divers autres bancs.*)

M. RIBOT. — Messieurs, je n'avais aucune intention de me
mêler à ce débat. (*Interruptions et mouvement prolongé.*)

J'ajoute que personne ici ne pensera que je veuille apporter dans cette discussion ni un intérêt de parti, ni une
préoccupation autre que celle de l'intérêt de la France, qui
se trouve en ce moment si gravement engagé. (*Très bien!
très bien!*)

Mais il m'a semblé que, dans les dernières paroles de
M. le président du conseil, il y avait un mot qui méritait
une explication à cette tribune.

Nous devons, — on vient de l'annoncer, — participer aux
délibérations d'une conférence.

La France sera appelée à y prendre position. Quels sont
nos intérêts? Quelle sera notre attitude?

Nous y allons, j'en suis heureux, après la déclaration
que vous venez d'entendre, nous y allons assurément avec
le parti pris de ne jamais compromettre la France dans une
aventure, mais aussi avec le sentiment de notre dignité et
des devoirs qui peuvent peser sur nous. (*Très bien! au
centre.*) Nous allons à cette conférence dans des conditions
qui ont besoin d'être précisées.

De toutes les nations européennes, celle qui a les intérêts
les plus graves engagés dans ce débat, c'est assurément la
France. On disait tout à l'heure que la France et l'Angleterre avaient des intérêts rivaux et opposés. Assurément il
n'en est rien, et M. le président du conseil, avec son autorité, avait raison de dire que l'accord permanent, prolongé,
soutenu, était la garantie d'une bonne politique dans la
question d'Égypte.

Ce n'est pas le moment de rechercher pour quelle raison,
à la suite de quelles circonstances, cet accord, qui paraissait
très ferme à un certain moment, a pu s'atténuer, s'affaiblir,
et, à l'heure qu'il est, paraît moins solidement assis et
offrir une garantie moindre de nos intérêts communs;
mais je reconnais que, si les intérêts de l'Angleterre ne
sont pas le moins du monde opposés aux nôtres, ils sont
différents par certains côtés.

XI. 3

Si l'Angleterre a dans les Indes, au delà des mers, des populations musulmanes parmi lesquelles il serait dangereux de laisser pénétrer certains germes, certains ferments de fanatisme, la France peut encore moins oublier qu'elle est la plus directement intéressée dans les questions de cet ordre, et que, depuis 1830, depuis cette date qui l'a constituée le peuple musulman par excellence, la France a une situation, des droits et une politique qui lui sont tracés. Ce n'est pas une politique d'hostilité contre l'empire ottoman ; non, certes! Mais il faut toujours, quand on parle de la Porte, distinguer deux situations complètement différentes.

En Europe, — oui, monsieur Delafosse, vous avez raison, — la France est la vieille et traditionnelle alliée de l'empire ottoman, parce qu'il lui importe plus qu'à aucune autre nation du monde que le démembrement de l'empire ottoman n'amène pas un bouleversement dont nous aurions les premiers à souffrir. (*Marques d'assentiment.*) Et si, pour ma part, j'ai un regret rétrospectif, c'est qu'à une époque récente nous ne nous soyons peut-être pas assez souvenus des ménagements que nous devions garder, en Europe, sur ce terrain que j'ai défini, vis-à-vis de la puissance ottomane... (*Très bien! sur divers bancs*), c'est que, peut-être, nous ayons trop sacrifié à une politique qui ne nous était imposée ni par notre passé, ni par nos intérêts.

Mais, dans l'Afrique du Nord, notre situation a un caractère particulier, et nous devons considérer comme imprudente, comme pouvant contenir certaines éventualités périlleuses, toute politique qui laisserait prendre pied trop solidement à la Turquie sur la terre d'Égypte.

Tous les hommes d'État qui ont successivement dirigé nos affaires l'ont compris. Leur politique, constante dans ses principes, a eu ses alternatives, ses phases heureuses ou malheureuses; en 1840, elle a peut-être été imprudente, et cependant elle a empêché que l'indépendance de l'Égypte vis-à-vis de l'empire ottoman ne fût compromise et affaiblie. Et depuis lors, toute notre diplomatie s'est attachée à maintenir le plus possible cette indépendance du pacha d'Égypte vis-à-vis de son suzerain le sultan.

Et quand je soutiens cette politique, j'ajoute qu'une politique différente serait contraire aux véritables intérêts de l'empire ottoman lui-même.

Je voudrais que mes paroles pussent être entendues ; car
ce serait rendre à l'empire ottoman, qui tend à s'égarer
aujourd'hui sur une pente qui lui sera fatale, ce serait,
dis-je, lui rendre un mauvais service que de le pousser à
s'étendre ainsi, à éparpiller ses forces, alors qu'il aurait au
contraire besoin de les concentrer pour faire face, en
Europe, à toutes les ambitions dont il est l'objet. (*Applaudissements.*)

Messieurs, il est possible que ce soit la politique d'autres
nations qui n'ont pas en Afrique les mêmes intérêts que
nous, de pousser l'empire ottoman dans cette voie, de le
porter ainsi à déserter l'Europe, en lui montrant l'Égypte
comme un refuge, au lieu de l'Asie, où des ministres autrefois voulaient l'expulser ; il est possible, je le répète, que
cette politique soit bonne pour certaines puissances ; mais
pour nous ce serait une politique qui ne serait ni dans nos
traditions ni dans nos intérêts. (*Nouveaux applaudissements.*)

S'il en est ainsi, et sans vouloir revenir sur le passé, car
je crois que l'heure de ce débat n'est pas venue...

M. GAMBETTA. — Non, il faut avoir les pièces !

M. RIBOT. — ... je crois que nous ne pouvons pas ici, équi-
tablement, loyalement et sincèrement étudier et comparer
les politiques qui se sont succédé à propos de cette question
d'Égypte ; et, d'ailleurs, les circonstances pressent, il ne
s'agit pas de récriminer, de faire intervenir l'esprit de parti
ni d'opposition... (*Très bien ! à gauche et au centre*) ; il
s'agit de voir le présent, de prévoir l'avenir et de sauvegarder l'intérêt du pays. (*Applaudissements.*)

Messieurs, je ne sais pas pourquoi l'accord, qui paraissait
solide, entre la France et l'Angleterre n'a pas suffi à dénouer
les difficultés qui existent au Caire ; je ne le sais pas, je ne
veux pas le rechercher. Ce qui me paraît presque inévitable,
à l'heure qu'il est, c'est l'intervention turque ! C'est là un
fait ; il faut le constater ; il faut avoir le courage de le
constater ; c'est un fait qui n'est pas pour notre diplomatie
une victoire. (*Non ! non ! sur divers bancs.*)

Il n'y a que M. Delafosse ici qui pourrait le soutenir.

C'est une situation que nous devons subir, mais c'est une
situation que nous n'avons pas faite, que nous n'avons pas
dû vouloir faire. (*Très bien ! très bien !*)

Eh bien, à la veille d'aller à une conférence, où nous arriverions, nous, avec les intérêts que je viens de rappeler, intérêts si considérables, si précis; où l'Angleterre apportera, avec un intérêt égal, je le veux bien, une certaine indécision qui se trahit dans toute son attitude depuis quelques mois, une certaine résignation à voir la Turquie prendre pied en Égypte; où le reste de l'Europe apportera, je ne dis pas de la malveillance à notre égard, non, je ne le crois pas, mais, ce qui est bien naturel, son intérêt propre qui est absolument distinct du nôtre; je ne dis pas à M. le président du conseil : N'allez pas à la conférence, si vous avez accepté d'y aller! Mais je lui demande : Quelles garanties avez-vous prises?

Au centre. — C'est cela! — Très bien!

M. RIBOT. — Quand vous avez dit, à cette tribune : Nous allons à la conférence, décidés à accepter la solidarité de toutes les décisions qui y seront prises, sans doute l'expression a dépassé votre pensée. (*Rires à l'extrême gauche.* — *Approbation au centre.*)

Si par exemple, des décisions de la conférence il devait sortir quelque chose qui fût en opposition avec les firmans qu'on a rappelés, qui fût contraire à l'indépendance de l'Égypte, qu'on a affirmée à cette tribune, assurément M. le président du conseil serait d'accord avec moi, lui qui a déclaré si solennellement à cette tribune, et avec tant de raison, qu'il ne laisserait pas porter atteinte à l'indépendance de l'Égypte.

M. LE PRÉSIDENT DU CONSEIL. — C'est la base même de la conférence !

M. RIBOT. — Dès lors, monsieur le président du conseil, je serais charmé que vous puissiez dire que, si nous allons à la conférence, nous n'y allons pas sans avoir stipulé des garanties. Ces garanties, nous aurions besoin de les connaître. Non pas que je regarde comme possible de prévoir absolument toutes les éventualités qui peuvent se produire; mais je voudrais du moins avoir l'assurance que nous n'endossons pas d'avance la responsabilité des décisions de la conférence, quelles qu'elles soient.

M. GAMBETTA. — C'est nous qui la sollicitons !

M. RIBOT. — Nous pouvons y assister, parce que nous ne voulons pas nous isoler et pratiquer la politique de mauvaise humeur, qui est la plus stérile de toutes ; mais ce n'est pas à nous à prendre l'initiative, à conduire pour ainsi dire par la main la Turquie sur la terre d'Égypte.

Si l'Europe ne devait pas tenir compte de nos intérêts, si l'Angleterre, oubliant le concours que nous lui avons donné loyalement, constamment, dans cette question, devait nous laisser seuls avec nos intérêts, notre dignité, notre force ; j'aimerais encore mieux constater notre isolement que de nous compromettre dans une politique qui nous ferait illusion sur notre situation en Europe... (*Vifs applaudissements*), qui pourrait nous faire croire que c'est nous qui menons les événements, alors que ce sont les événements qui nous mènent ; de cette façon, au moins, nous aurons l'avantage de voir venir les événements, de prendre nos garanties, et, le jour où cela serait nécessaire, si nous étions menacés dans notre colonie algérienne, par le contre-coup des événements qui se passeraient en Égypte... (*Très bien ! très bien !*) nous ne serions pas compromis, nous aurions toute notre liberté, non pas pour en faire un usage téméraire ou aventureux, — personne n'est plus que moi opposé à une politique d'aventures, et je considère, avec M. le président du conseil, comme une politique d'aventures celle qui voudrait aujourd'hui nous obliger, contre l'avis de l'Europe, à débarquer des troupes en Égypte...

Un membre. — Mais personne n'en parle !

M. RIBOT. — Une politique patriotique prudente, c'est de regarder en face la situation, quels que soient les événements qui l'ont faite, et de dire : Nous irons à la conférence, si cela est nécessaire, mais nous irons les mains libres, et nullement décidés à accepter, les yeux fermés, les décisions qu'il plairait à l'Europe de nous imposer. (*Vifs applaudissements sur un grand nombre de bancs.*)

M. LE PRÉSIDENT. — La parole est à M. le président du conseil.

M. LE PRÉSIDENT DU CONSEIL. — Messieurs, je m'empresse de fournir à l'honorable M. Ribot les éclaircissements qu'il a bien voulu me demander.

Quand nous avons projeté d'aller à une conférence, il n'a jamais pu entrer dans notre pensée d'y aller sur une autre base que celle de la conservation de l'indépendance actuelle de l'Égypte. Je l'avais déjà dit le 11 mai, et je l'ai répété au commencement de ma première allocution : j'ai dit que l'objectif que nous ne perdons jamais de vue, c'est de maintenir les immunités et les libertés qu'ont accordées à l'Égypte les firmans reconnus de l'Europe.

C'est la base *sine qua non*, sans laquelle nous n'accepterons aucune solution. (*Très bien! très bien!*)

Je l'avais dit et répété, et je ne croyais pas qu'il pût subsister le moindre doute à cet égard. Mais, puisque l'honorable M. Ribot a pu se méprendre sur ma pensée, je tiens à le déclarer de la façon la plus explicite, et j'ajoute que l'Europe s'est depuis longtemps expliquée sur ce point.

Dès le mois de février, à la suite d'un échange de communications qui a eu lieu entre la France et l'Angleterre d'une part, et les grandes puissances de l'autre, chacune a pris pour base le maintien du *statu quo*, en le définissant, le maintien des firmans reconnus de l'Europe, c'est-à-dire le firman de 1873 et celui de 1879 ; ce sont là les éléments fondamentaux qui font partie du droit européen.

M. FRANCIS CHARMES. — Et celui de 1866 ?

M. LE PRÉSIDENT DU CONSEIL. — Celui de 1866 n'existe plus. C'est celui de 1873 qui l'a remplacé.

Le firman de 1873 porte expressément dans son intitulé qu'il complète et remplace tous les firmans antérieurs.

Dans les communications qui ont été faites au mois de février, les puissances étaient d'accord pour vouloir le maintien du *statu quo*, et la Turquie l'a réclamé elle-même de son côté.

Par conséquent, si la conférence s'ouvre, ce n'est pas pour détruire le *statu quo*, à l'égard de l'Égypte, c'est, au contraire, pour le consolider.

Les événements qni se déroulent en Égypte échappent, comme on l'a fait remarquer avec raison, à la volonté de la France comme ils échappent à la volonté de l'Angleterre ou à la volonté de toute autre puissance. Ils peuvent aboutir, — ils ont failli aboutir il y a une quinzaine de jours à peine, — à ce résultat d'amener l'abdication ou la déposition immédiate du khédive actuel.

Or, la disparition subite du khédive actuel, sur lequel repose le firman de 1879, — car, vous le savez, les libertés accordées à l'Égypte sont liées, en droit strict, au maintien sur le trône de la famille de Méhémet-Ali, dont le khédive est un des représentants,— la disparition subite du khédive pourrait amener des résultats considérables, des résultats désastreux, surtout si ses héritiers légitimes étaient exclus avec lui ; alors les firmans se trouveraient mis en question.

C'est le fait qui s'est produit déjà en 1879, ou qui a failli se produire, car il a été arrêté avant sa consommation. Lorsque le khédive de cette époque-là, Ismaïl-Pacha, fut dépossédé par le sultan ; lorsqu'à la suite des demandes d'abdication qui lui avaient été adressées par la France et l'Angleterre, la Porte révoqua de son autorité privée Ismaïl-Pacha, le firman de 1873 fut du même coup ébranlé.

Si, aujourd'hui, le khédive actuel disparaissait par un fait de force majeure, absolument indépendant de notre diplomatie comme de la diplomatie de n'importe quelle puissance ; s'il avait été déposé il y a quinze jours, — comme il faillit l'être,—on serait en présence de ce danger de voir du même coup contester les firmans qui assurent l'indépendance de l'Égypte. Et c'est en prévision d'éventualités de ce genre qu'il était absolument nécessaire, comme moyen de parer aux événements, d'en appeler à un concert européen avec la Turquie. Nous avons le devoir de veiller, quelles que soient les éventualités qui se produiront en Égypte, à ce que les firmans actuels ou une dose d'immunités, de libertés au moins égales à celles qui sont contenues dans ces firmans soit maintenue à l'Égypte.

A gauche. — Les mêmes.

M. LE PRÉSIDENT DU CONSEIL. — Mais cela est certain ; il ne peut y avoir aucune espèce de doute à cet égard. Je le répète, si des précautions n'étaient pas prises en temps opportun, et si on se laissait aller à la merci des événements, la disparition subite du vice-roi actuel porterait un coup ou du moins pourrait servir de prétexte à porter un coup aux firmans qui assurent l'indépendance de l'Égypte.

Le but essentiel de la réunion de la conférence est d'arrêter à l'avance des dispositions qui donnent la certitude que, en tout état de cause, on n'ait pas à redouter cet ébranlement, cette mise en question des firmans sur lesquels reposent les institutions et les libertés de l'Égypte. (*Très bien ! très bien !*)

Vous voyez donc bien que la conférence européenne a sa raison d'être...

M. Léon Journault. — Je demande la parole.

M. le président du conseil. — ... et une raison d'être telle que si cette conférence ne se réunissait pas, vous courriez le risque de n'avoir pas une base solide et des moyens d'action certains pour parer aux éventualités qui viendraient à se produire.

Je le dis encore, nous n'allons à cette conférence que parce que les puissances ont déjà accepté, ainsi qu'il résulte de nos communications du mois de février, la base du maintien du *statu quo.*

Ces bases seront de nouveau spécifiées avant l'ouverture de la conférence et nous serons ainsi certains, quoi qu'il arrive, — même si la Turquie était conduite à fournir une sorte d'intervention en Égypte, — que jamais les avantages acquis à ce pays ne risqueront d'être compromis; de toute façon, je le répète, l'indépendance de l'Égypte sera sauvegardée.

Voilà les résultats essentiels que nous avons en vue, et c'est ce qui nous a guidés dans tous les pourparlers qui ont précédé la conférence qui, j'espère, va s'ouvrir. (*Applaudissements à gauche et au centre.*)

M. le président. — La parole est à M. Gatineau.

M. Gatineau. — Messieurs, après les explications qui viennent d'être échangées à la tribune, et dont l'abondance n'est peut-être pas absolument profitable aux intérêts français... (*Exclamations sur divers bancs.*)

A droite. — Vous avez bien raison!

M. Gatineau. — ... je crois que la discussion peut être considérée comme épuisée. (*Sourires.*)

Je viens seulement signaler à la Chambre le phénomène politique qui se passe sous ses yeux en ce moment et qui doit recevoir son dénoûment dans un ordre du jour.

Vous venez de voir se heurter à cette tribune deux politiques : la politique du cabinet et la politique d'aventures dont le masque est tombé tout à l'heure. (*Vives réclamations et rumeurs sur plusieurs bancs.*)

M. Viette. — C'est votre manière de terminer la discussion !

M. Gatineau. — Si une expression blessante m'est échappée, c'est contre mon intention et je m'empresse de la retirer. La Chambre aura vu la pensée, je la prie d'oublier la forme. (*Rires sur divers bancs.*)

M. GAMBETTA. — Vous pouvez tout maintenir, allez ; tout est également sérieux dans ce que vous dites, comme le reste.

M. GATINEAU. — Et moi, je tiens votre observation comme pouvant faire partie de ce reste.

M. GAMBETTA. — Parfaitement ; elle y sera jointe, en effet.

M. GATINEAU. — Je dis, Messieurs, que vous venez de voir se heurter deux politiques : la politique du cabinet, et une autre politique qui nous conduit fatalement à la guerre, quelles que soient les périphrases dont on l'entoure.

Un membre. — Il ne faut pas de parti pris.

M. GATINEAU. — Il ne s'agit pas en ce moment de parti pris, comme me le dit un de mes collègues.

Quelques voix. — C'est la politique de la paix à tout prix !

M. GATINEAU. — Quand nous appliquons les traités, quand le gouvernement français fait appel à l'Europe, en prenant pour base l'état de choses existant, les firmans qui doivent s'exécuter, je me demande comment on peut trouver incorrecte une pareille politique, qui sauvegarde à la fois notre dignité... (Exclamations ironiques sur divers bancs à droite et à l'extrême gauche)... et en même temps la sécurité de notre avenir. Je ne comprends pas que certains membres de cette Chambre fassent cette protestation au lendemain de l'expédition de Tunisie.

M. HAENTJENS et d'autres membres à droite, ironiquement. — Ah ! très bien ! très bien !

M. DE BAUDRY D'ASSON. — Ce n'est pas nous qui l'avons votée, l'expédition de Tunisie ; c'est la majorité !

M. GATINEAU. — N'oubliez pas que si aucune équivoque n'avait existé, si les explications avaient été complètes et loyales comme celles d'aujourd'hui, nous n'aurions pas à la regretter. (Très bien ! sur divers bancs.)

M. RENÉ GAUTIER. — Mais il y a encore un ministre d'alors qui est assis sur les bancs du Gouvernement.

M. JULES FERRY, ministre de l'instruction publique et des beaux-arts. — De qui parlez-vous, Monsieur ? Il n'y a jamais eu d'équivoque pour la Tunisie !

M. LE PRÉSIDENT. — La parole est à M. Journault.

M. LÉON JOURNAULT. — Messieurs, au point où en est le débat, dans l'état d'agitation de la Chambre, je ne veux lui présenter que quelques courtes observations.

Mais puisqu'il s'agit aujourd'hui d'un congrès, puisque ce
congrès apparaît comme une nécessité inévitable, il est bon,
Messieurs, que les ministres du Gouvernement s'y présentent avec toute la fermeté que comporte la défense des intérêts de notre pays. Or, je dois le dire, Messieurs, je ne
suis nullement rassuré sur l'attitude que tiendra le cabinet
dans ce congrès ; et cela, Messieurs, par la raison fort simple que le congrès dont parle M. le président du conseil, ce
congrès qu'il regarde comme la seule solution efficace, ce
congrès qu'il réclame aujourd'hui, dont il a pris lui-même
l'initiative devant les puissances européennes, ce congrès, il
était loin de l'accepter au début de la crise, dans les termes
où il va se tenir aujourd'hui ; j'en atteste les paroles prononcées par M. le ministre dans sa réponse à M. Villeneuve,
à la date du 11 mai dernier. Voici comment s'expliquait
M. le ministre à cet égard :

« N'ayez nul souci, Messieurs, des conséquences que peut
avoir cette consultation européenne. » — Car il la prévoyait
dès ce moment. — « Les grandes puissances sont unanimes
à reconnaître que la situation de la France et de l'Angleterre est prépondérante en Égypte ; elles le reconnaissent,
elles le proclament et elles ne font aucune difficulté d'abandonner... »

Écoutez ceci :

« ... aux deux cabinets de Londres et de Paris la direction
de cette politique. C'est donc un fait qui est aujourd'hui acquis,
— et ce fait a une immense portée au point de vue de la
tranquillité future, — c'est un fait acquis dis-je, dans la solution de la question égyptienne, que l'avis de la France et
de l'Angleterre, d'accord entre elles, devra prévaloir. »

Veuillez reconnaître, Messieurs, qu'il y a loin de ce langage au langage que tient aujourd'hui M. le président du
conseil, quand il déclare qu'il s'en réfère à la volonté du
congrès qui va se réunir à Constantinople.

M. le président du conseil ajoute que, de ce congrès, il
ne sortira rien de contraire au *statu quo*.

Comprend-il dans les éventualités qui peuvent sortir de
ce congrès la possibilité d'une intervention turque ?

Eh bien, Messieurs, je le déclare : après l'intervention
turque, si elle est acceptée par le congrès, et par le seul
fait de cette intervention, la situation de la France sera sin-

gulièrement amoindrie, et ses intérêts en recevront un grave dommage.

Croyez-vous que la Turquie puisse intervenir dans ce pays, sans réveiller chez les musulmans l'explosion de ce fanatisme qui est pour nous un danger permanent ?

Messieurs, la seule idée que la Turquie reprend son influence en Égypte créerait l'agitation la plus dangereuse parmi ces populations musulmanes qui relèvent de notre domination, parmi ces populations faciles aux illusions, faciles aux bruits qui flattent leur orgueil et leurs espérances, toujours ajournées, jamais lassées... (*Bruit.*)

M. LE PRÉSIDENT. — Messieurs, je vous prie de faire silence.

M. LÉON JOURNAULT. — ... et le jour où nous verrions la Turquie intervenir en Égypte, soit par une intervention armée, — et l'intervention armée serait la conséquence fatale de l'intervention diplomatique, — vous verriez ce qui en résulterait pour la sécurité de nos possessions africaines.

Je ne veux pas insister sur ces considérations; mais j'adjure le cabinet d'apporter, dans les négociations qui vont s'ouvrir, un esprit de fermeté inspiré par le sentiment des traditions de la politique nationale en Orient. (*Marques d'approbation sur plusieurs bancs.*)

M. LE PRÉSIDENT. — Plusieurs ordres du jour motivés m'ont été remis.

Le premier, signé par M. de Baudry d'Asson, est ainsi conçu :

« La Chambre, considérant que le blanc-seing donné, il y a deux ans, au Gouvernement, pour la répression des Kroumirs, a coûté à la France sept mille hommes et des millions... » (*Exclamations et rires à gauche*);

« Considérant que cette aventure, dont le cabinet d'alors revendiquait déjà hautement toute la responsabilité, nous oblige à tenir sur pied une armée de plus de cent mille hommes en Afrique;

« Passe à l'ordre du jour. »

Un second ordre du jour, proposé par M. Pieyre est ainsi formulé :

« La Chambre, répudiant comme par le passé toute politique d'aventures, et ne pouvant, d'un autre côté, en présence des événements d'Égypte, s'associer complétement à la politique extérieure du gouvernement, passe à l'ordre du jour. » *(Mouvements divers.)*

Enfin, MM. Carnot, Logerotte et Langlois, ont déposé l'ordre du jour suivant :

« La Chambre, confiante dans les déclarations du gouvernement, passe à l'ordre du jour. »

M. CLÉMENCEAU. — Je demande l'ordre du jour pur et simple.

M. LE PRÉSIDENT. — M. Clémenceau demande l'ordre du jour pur et simple ; il a la parole.

M. CLÉMENCEAU. — Messieurs, je suis de ceux qui regrettent que la question ait été soulevée, à cette heure précise, devant le Parlement. Je ne crois pas que les intérêts de la France aient beaucoup gagné à la discussion qui s'est engagée aujourd'hui à cette tribune.

Divers membres. — C'est vrai ! — Très bien !

M. CLÉMENCEAU. — J'ai entendu souvent reprocher aux membres de ce côté de la Chambre *(l'orateur désigne l'extrême gauche)* de ne pas tenir toujours un compte suffisant des circonstances, des conditions de temps et d'opportunité. On voudra bien cependant reconnaître que dans les questions étrangères nous avons toujours fait preuve d'une très grande réserve. Lorsque nous avons fait de l'opposition au Gouvernement sur certains actes de sa politique extérieure, — je citerai, par exemple, l'expédition de Tunisie, qui vient d'être répudiée avec éclat tout à l'heure par l'un de ceux qui l'ont votée... *(Applaudissements et rires sur divers bancs)*, — nous avons toujours accompagné nos critiques de toutes les atténuations que nous a paru commander l'intérêt de la patrie.

Pour ma part, je suis monté deux ou trois fois à cette tribune pour combattre l'idée qui a présidé à l'expédition de Tunisie. Je crois l'avoir fait avec une discrétion qui a eu l'assentiment de mes adversaires eux-mêmes.

Vous êtes mis en demeure aujourd'hui de vous prononcer sur une question des plus graves. Je vous demande, à l'heure présente, de ne pas nous placer dans une situation qui serait véritablement cruelle.

Je ne veux pas rouvrir la discussion qui est close. Mais je ne puis m'empêcher de dire que certaines déclarations de M. le président du conseil nous paraissent de nature à énerver l'action future du Gouvernement, à le lier d'avance, sans bénéfice possible pour notre pays, et m'inspirent les doutes les plus graves tant sur l'efficacité de son programme que sur les sentiments qui l'inspirent dans la direction de notre politique extérieure.

M. GAMBETTA. — Très bien !

M. CLÉMENCEAU. — D'autre part, la Chambre ne peut pas accepter qu'on la mette en demeure de choisir, je ne dirai pas entre la paix et la guerre, mais entre deux politiques qui ne nous paraissent pas se tenir dans la juste mesure commandée par l'intérêt national. Parce que la Chambre ne donnerait pas son approbation à certaines déclarations du président du conseil...

M. GAMBETTA. — C'est cela !

M. CLÉMENCEAU. — ... elle ne pourrait marquer sa désapprobation qu'en émettant un vote qui serait interprété plus tard comme l'approbation de la politique du cabinet précédent que, pour ma part, je n'ai approuvée à aucun moment... (Applaudissements et rires à l'extrême gauche.)

M. GAMBETTA. — Vous ne la connaissez pas ! Quand vous aurez les pièces sous les yeux, vous pourrez en parler : jusqu'ici, permettez-moi de vous dire que vous ne pouvez la juger en connaissance de cause.

M. CLÉMENCEAU. — Je la connais d'après les articles de la République française, que je lis avec le plus grand soin. (Nouveaux rires.)

M. GAMBETTA. — Je regrette que vous n'ayez pas d'autre source d'informations, quelque plaisir que j'aie à savoir que vous alliez chercher là vos renseignements.

M. CLÉMENCEAU. — Monsieur le président du conseil... (Rires.)

M. GAMBETTA. — Vous pourriez m'appeler par mon nom !

M. CLÉMENCEAU. — Pardon ! monsieur l'ex-président du conseil... Ce n'est pas de ma faute si le cabinet que vous avez présidé n'a fourni les documents qui pouvaient nous éclairer sur sa politique qu'après avoir quitté le pouvoir. (Rires sur divers bancs.)

M. GAMBETTA. — Vous n'y avez pas nui !

M. CLÉMENCEAU. — J'y ai contribué de toutes mes forces, et je ne m'en repens pas.

M. GAMBETTA. — Eh bien, alors?

M. CLÉMENCEAU. — Mais je ne vous empêche pas de faire aujourd'hui la lumière. Je dis que nous ne pouvons pas accepter qu'on mette aujourd'hui une Chambre française, quelles que soient les opinions qui nous divisent, depuis les bancs de l'extrême droite, jusqu'aux bancs de l'extrême gauche, dans cette situation de voter un ordre du jour qui serait interprété comme une ratification, une acceptation sans commentaires des paroles qui ont été apportées à cette tribune par M. le président du conseil et que j'ai vivement regretté pour ma part de trouver dans sa bouche; ou bien en repoussant cet ordre du jour, de paraître donner notre approbation à une politique que nous ne connaissons pas, paraît-il, mais qui s'est manifestée ici, sinon par des propositions précises, du moins par des reproches d'irrésolution et de faiblesse qui n'étaient peut-être pas absolument justifiés, jusqu'au moment où M. le président du conseil est monté à la tribune... (*Très bien! sur divers bancs.*)

Je dis que tous ici nous sommes au même titre des patriotes... (*Très bien! très bien!*) et que nous ne pouvons pas accepter qu'on nous oblige à voter pour ou contre un ordre du jour, qui impliquerait, au point de vue de la politique intérieure, que nous prenons parti entre des rivalités personnelles, et que, au point de vue de la politique extérieure, on exploiterait demain comme une approbation de la politique du cabinet précédent, politique insuffisamment connue, nous dit-on, mais qu'on avait tout à l'heure une bien belle occasion de nous exposer à la tribune... (*Approbations et rires sur divers bancs.*)

M. LE COMTE DE DOUVILLE-MAILLEFEU. — Ce qu'on s'est bien gardé de faire!

M. GAMBETTA. — On ne discute pas sans pièces, Monsieur! On ne traite pas des affaires diplomatiques sans avoir les dépêches sous les yeux!

M. CLÉMENCEAU. — ... ou comme une ratification des paroles qui ont été prononcées, à cette tribune, par M. le président du conseil.

Pour ma part, si je répudie ce que je connais de la politique extérieure du précédent cabinet, il est certaines doctrines de M. le président du conseil que je me refuse absolument à admettre.

Je ne peux pas admettre que l'indépendance de l'Égypte,

que ce qu'on appelle les libertés de l'Égypte, repose absolument sur la tête de certaines personnes.

Je ne peux pas admettre que la France apporte une pareille doctrine à la conférence qui va s'ouvrir.

Je ne peux pas admettre que nous soyons liés à jamais par le firman de 1879, car c'est peut-être dans une modification de ce firman que réside la solution actuelle de la question égyptienne.

Je ne puis pas refuser de voir ce qui est l'évidence pour tout le monde, à savoir que les déclarations de M. le président du conseil, rectifiées une première fois puis une seconde, seront inévitablement l'occasion de très grandes difficultés pour la diplomatie française dans la conférence européenne.

Qui pourrait nier que la publicité donnée ici même par M. de Freycinet à ses résolutions déjà arrêtées, et l'opinion qu'il a exprimée sur le résultat probable de la conférence, ne soit pour nos agents diplomatiques une cause d'irrémédiable faiblesse? Au contraire des autres puissances, nous irons à la conférence avec des engagements hâtifs, pris publiquement, sans aucune nécessité, qui, en aliénant la liberté de nos résolutions futures, ne nous permettront pas de traiter de puissance à puissance et nous mettraient vis-à-vis des puissances européennes dans une situation inférieure.

Je crois que personne, dans cette Chambre, ne peut admettre qu'on place la représentation nationale dans une telle situation.

M. Léon Renault. — A quoi concluez-vous, alors?

M. Clémenceau. — Je vais conclure, monsieur Léon Renault.

Je vous demande de vous prononcer pour l'ordre du jour pur et simple...

M. Charles Ferry. — Pour donner, sans doute, de la force au Gouvernement?

M. Clémenceau. — Oui, pour l'ordre du jour pur et simple, monsieur Horace de Choiseul...

M. Horace de Choiseul. — Je n'ai rien dit, mais je m'associe volontiers à l'interruption !

M. Clémenceau. — Eh bien! vous pouvez être assurés que nous n'avons pas l'intention d'affaiblir le Gouvernement, lorsqu'il s'agit de politique étrangère; mais il faudrait qu'il demandât un surcroît de force au lieu de nous inviter à nous associer à sa faiblesse. (*Mouvements divers.*)

Pour moi, je vous le déclare, je suis venu à cette séance avec la conviction que, à la fin de cette discussion, je donnerais un vote de confiance à M. le président du conseil. (*Très bien! sur divers bancs.*) Et après avoir écouté avec la plus grande attention les explications qui ont été données de part et d'autre; après avoir entendu les critiques de MM. Ribot et Gambetta, qui n'ont conclu ni l'un ni l'autre, je ne me sens pas capable, dans les circonstances présentes, de donner à M. le président du conseil un vote de confiance qui, loin de lui procurer aucune force utile, puisqu'il s'est lié d'avance, ne ferait que m'associer à sa faiblesse.

M. MIR. — Il faut le renverser.

M. CLÉMENCEAU. — J'attends des actes ultérieurs. Je voudrais m'en rapporter à ses actes plus qu'à ses paroles. J'espère que ce débat lui aura apporté certains enseignements dont il paraît avoir besoin. Je veux croire que le sentiment de la Chambre, tel qu'il s'est dégagé de cette discussion, lui sera un avertissement salutaire.

J'exprime le vœu que M. le président du conseil, comprenant qu'une question de politique intérieure a seule empêché la Chambre de manifester clairement sa volonté, rentre dans ses lignes, qu'il me permette cette expression; qu'il reprenne sa liberté d'action imprudemment aliénée et qu'il envoie son représentant à la conférence européenne dans des conditions qui assurent son indépendance et lui donnent la force qu'on nous demande et qu'il fallait commencer par ne pas lui enlever.

C'est pour maintenir cette liberté d'action, sans compliquer d'une question intérieure une question de politique étrangère, que je demande à la Chambre de ne pas se prononcer avant l'heure, d'ajourner la conclusion de ce débat et de voter l'ordre du jour pur et simple. (*Très bien! très bien! — Applaudissements sur divers bancs à droite et à l'extrême gauche.*)

M. LE PRÉSIDENT. — La parole est à M. le président du conseil.

M. LE PRÉSIDENT DU CONSEIL. — Messieurs, le gouvernement ne peut pas accepter l'ordre du jour pur et simple... (*Très bien ! à gauche et au centre)*, et il ne le peut pas, précisément pour les motifs que l'honorable M. Clémenceau a développés à cette tribune.

L'honorable M. Clémenceau a dit très patriotiquement qu'il fallait que le Gouvernement eût de la force dans les négociations qui vont s'ouvrir. Or, si vous n'accordiez au Gouvernement, après les explications qui se sont échangées ici, qu'un ordre du jour pur et simple, vous ne lui donneriez pas cette force dont il a besoin pour ses négociations.

L'honorable M. Clémenceau a dit, — et je termine par ce mot, — qu'il fallait que le négociateur français allât à la conférence avec indépendance. J'avoue que je ne comprends pas sur quoi peut porter cette recommandation. Il n'a pas été dit ici un mot qui pût laisser supposer que le négociateur français n'aura pas à tout instant sa pleine liberté, sa pleine indépendance et l'autorité qui s'attache à celui qui parle au nom de la France. (*Très bien! très bien!*)

Le Gouvernement n'accepte que l'ordre du jour de M. Sadi Carnot.

M. DELAFOSSE. — Messieurs, après les déclarations qui viennent d'être formulées à cette tribune par M. le président du conseil, je déclare me rallier à l'ordre du jour pur et simple.

M. LE PRÉSIDENT. — Je consulte la Chambre sur la clôture de la discussion.

(La clôture de la discussion, mise aux voix, est prononcée.)

M. LE PRÉSIDENT. — L'ordre du jour pur et simple a été demandé; il a la priorité.

Je le mets aux voix.

(Le scrutin est ouvert et les votes sont recueillis.)

L'ordre du jour pur et simple est rejeté par 299 voix contre 164.

L'ordre du jour de M. Carnot est adopté par 272 voix contre 68 et 187 abstentions[1].

---

1. L'impression générale de cette discussion fut mauvaise pour le ministère et surtout pour le président du conseil. « Le chef du cabinet, dit le *XIXe Siècle*, journal ministériel, est amoindri par le vote de confiance qu'il a obtenu. »

DISCOURS

SUR

LES ÉVÉNEMENTS D'ÉGYPTE

Projet de loi portant ouverture d'un crédit extraordinaire
de 7,835.000 fr. au ministère de la marine)

Prononcé le 18 juillet 1882

A LA CHAMBRE DES DÉPUTÉS

Conformément aux déclarations portées à la tribune de
la Chambre des députés par M. de Freycinet, les cabinets
de Londres et de Paris avaient invité les cabinets de Berlin,
Vienne, Rome, Saint-Pétersbourg et Constantinople à réunir
dans cette dernière ville une conférence d'ambassadeurs
pour régler la question égyptienne sur les bases suivantes :

1° Maintien des droits du sultan et du khédive, ainsi que
des engagements internationaux et des arrangements qui
en résultent, soit avec la France et l'Angleterre, soit avec
ces deux nations réunies aux deux autres puissances ;

2° Respect des libertés garanties par les firmans du sultan :

3° Développement prudent des institutions égyptiennes.

Des réponses favorables furent adressées aussitôt par la
Russie, l'Allemagne, l'Autriche et l'Italie. Seule, la Turquie
souleva des objections. Il faut d'abord, répondait le grand-
vizir, attendre le résultat de la mission de Dervich-Pacha
au Caire. « Dans l'ordre naturel des choses, c'est la mission
envoyée par le *souverain* légitime et territorial qui doit
primer toute autre mesure ou toute autre considération. »
Il n'est pas admissible, en deuxième lieu, que la Sublime
Porte s'engage à ne pas envoyer de troupes en Égypte pendant la durée des négociations.

L'Angleterre, pendant ce temps, commençait ouvertement
ses armements.

L'article suivant de M. Scherer[1] est un exposé très précis et très lumineux de la politique anglaise, aux mois de juin et de juillet 1882 :

« Une chose qui domine toute l'histoire de la conférence, ce sont les préparatifs militaires sur lesquels l'Angleterre s'est appuyée pour signifier à cette réunion diplomatique dans quel sens elle entendait que les affaires d'Égypte fussent réglées, se chargeant au besoin de les régler toute seule.

« On peut être tenté de voir un acte de témérité dans cette position. Que serait-il arrivé si l'Angleterre avait trouvé l'Europe réunie contre elle? mais le tact politique ne sert-il pas justement à calculer les conséquences d'une démarche, les chances d'une entreprise? Le Foreign Office, dans le cas dont nous parlons, a fait preuve d'un sentiment très juste et très net de la situation. Il a compris qu'entre les répugnances de la Turquie à intervenir contre des coreligionnaires, l'éloignement de l'Allemagne qui n'avait pas d'intérêt direct et avoué en jeu, l'Autriche qui suivait la direction donnée de Berlin, l'Italie qui avait abdiqué sa liberté entre les mains de ses nouveaux alliés, enfin les conseils incertains et confus qui régnaient à Saint-Pétersbourg; le gouvernement anglais, disons-nous, a compris qu'entre diverses forces paralysées par diverses circonstances il pouvait entreprendre à coup sûr, dans la Méditerranée, une action qui lui rapporterait prestige et profit.

« M. Gambetta l'avait compris aussi bien que le cabinet anglais, et il l'avait compris avant lui. Il avait même, lorsqu'il quitta le pouvoir, entamé des négociations en vue d'une action à deux et dans le sens que nous venons d'indiquer. Il est difficile de dire pourquoi lord Granville reçut aussi froidement des propositions qui, à en juger par les événements actuels, devaient répondre à ses propres vues.

« Était-ce jalousie de la coopération de la France? Était-ce défiance du caractère remuant et entreprenant qu'on attribuait au dehors au chef du cabinet du 14 novembre? Était-ce la crainte que ce cabinet ne fût pas constitué de manière à subsister longtemps? Était-ce, enfin, tout simplement que le ministère anglais n'eût pas envisagé la question avec netteté, qu'il en fût encore aux tâtonnements?

1. *Temps* du 24 août 1882.

« S'il est difficile de déterminer les motifs du cabinet anglais pour accueillir avec si peu d'empressement les ouvertures de M. Gambetta, il n'est pas moins difficile de déterminer le moment où le gouvernement de la reine prit enfin sa résolution et se décida à intervenir énergiquement dans les affaires d'Égypte. La formation de la « ligue des quatre » est également assez obscure. Il est probable que l'entente des puissances dont il s'agit se forma vers le milieu du mois de mai, à l'occasion de l'envoi de l'escadre anglo-française devant Alexandrie et des demandes de protection que la Turquie adressa alors à l'Allemagne.

« Les deux puissances avaient cru devoir aviser les quatre autres de leur démonstration navale. Nous voyons M. de Freycinet très impatient à ce moment-là d'obtenir de l'Angleterre la rédaction d'une note destinée à éclairer le reste de l'Europe sur les intentions de la France et de l'Angleterre. On reconnaît les mêmes préoccupations qui poussèrent plus tard le même ministre à provoquer la réunion de la conférence. M. de Freycinet redoutait de se créer des affaires ; l'appui et la coopération de l'Angleterre ne lui suffisaient pas, il lui fallait absolument se sentir sous l'égide du « concert européen ». Quoi qu'il en soit, les « quatre » étaient saisies de la question du fait des « deux », et elles ne se firent pas prier pour intervenir dans une affaire où il aurait probablement été facile de les tenir à l'écart.

« La proposition d'une conférence fut adressée aux puissances le 31 mai, et c'est le 23 juin que la conférence tint sa première séance à Constantinople. Mais le gouvernement anglais n'avait pas attendu le moment de cette réunion pour prendre son parti.

« L'augmentation des forces navales britanniques dans la Méditerranée, la réunion entre Malte et Alexandrie d'une collection de navires cuirassés telle qu'on n'en avait jamais encore vu, indiquaient assez que le cabinet de Londres se préparait à entrer en scène.

« Qu'est-ce qui l'y décida? Selon toute apparence, les incohérences de la politique française, qui faisaient comprendre à l'Angleterre qu'elle ne devait compter que sur ses propres ressources si elle voulait faire quelque chose; et le développement des événements, qui ne lui laissait le choix qu'entre une intervention ou une abdication.

« Le gouvernement anglais a publié une longue dépêche de lord Granville à lord Dufferin, datée du 11 juillet, dans laquelle le ministre récapitulait tous les événements qui auraient abouti à la conférence et à la fin de laquelle il établissait encore une fois la position que le cabinet avait prise et entendait garder. Le gouvernement de la reine « ne voyait plus d'autre parti à suivre que le recours à la force pour mettre fin à un état de choses devenu déplorable ».

« Dirigé par une habileté diplomatique incontestable, le concert restreint a d'abord cherché à neutraliser l'action anglo-française en évoquant la question égyptienne. On y trouvait le double avantage de ménager les intérêts de la Turquie, qu'on avait récemment prise sous sa protection, et d'ébaucher une politique à quatre en opposition à l'union de la France avec l'Angleterre.

« La France, sous la direction d'un ministre exclusivement préoccupé de la situation parlementaire, ayant montré assez vite qu'elle n'entendait pas pousser la solidarité avec l'Angleterre jusqu'à l'action à deux, le concert restreint s'efforça d'attirer la France à lui, ce qui l'aurait constitué bien véritablement européen et lui aurait permis d'isoler absolument l'Angleterre. Mais cela même allait au delà de la hardiesse de notre cabinet, qui n'osait ni rompre tout à fait avec l'Angleterre ni se placer tout à fait sous la direction de M. de Bismarck.

« L'Angleterre, d'ailleurs, se chargea de nous épargner l'une et l'autre de ces humiliations en dessinant de plus en plus sa résolution d'agir seule sans se soucier davantage de la Turquie, de la France ni des États orientaux. L'Angleterre, qui avait déjà fait de grands préparatifs militaires, prit dès le début de la conférence l'attitude décidée que ces préparatifs autorisaient; elle annonça comment elle entendait la tâche à accomplir en Égypte; elle fit prévaloir le parti de l'intervention militaire sur les misérables fictions qui tendaient à représenter l'ordre comme déjà rétabli, et elle arriva enfin à intervenir comme elle le fait en ce moment même, en dépit des puissances, qui n'ont osé ni l'approuver, ni la désapprouver, ni reconnaître son droit, ni s'opposer à ses prétentions.

« Le concert des quatre s'était formé et affirmé pour l'isolement de l'Angleterre, et il n'a réussi qu'à rendre à l'Angleterre son rang de grande puissance européenne, en la forçant de renoncer pour une fois à la politique du cobdenisme. »

La mission de Dervich-Pacha avait été annoncée le 3 juin aux puissances. Débarqué le 7 à Alexandrie en grande pompe, l'envoyé de la Porte se rendit immédiatement au Caire. Le 11, sur l'ordre d'Arabi et à la suite de prédications fanatiques dans les mosquées, une émeute furieuse éclata à Alexandrie; un grand nombre d'Européens, dont quatre Français, furent massacrés. Les consuls d'Angleterre et de Grèce furent blessés; l'amiral Conrad, commandant de l'escadre française, fut outragé dans les rues; des bandes armées menacèrent le consulat de France. — Le gouverneur d'Alexandrie attendit la tombée de la nuit pour mettre en mouvement les troupes dont il disposait. L'escadre franco-anglaise qui était en rade d'Alexandrie demeura dans une inaction absolue.

La nouvelle des massacres du 10 juin et de l'outrage fait impunément au pavillon, produisit à Paris, comme à Londres, une profonde impression. Seulement, tandis que M. de Freycinet, à Paris, s'effrayait de cette patriotique indignation, le Parlement anglais se montrait presque unanime pour une action prompte et énergique. « On parle de la mauvaise humeur possible de l'Europe, dit le marquis de Salisbury à la Chambre des lords; l'Angleterre sait qu'elle est libre d'arriver par elle seule au but de sa politique si elle ne peut le faire de concert avec d'autres puissances. » (15 juin.) Le 12, M. de Freycinet s'était exprimé devant le Sénat, qui avait d'ailleurs accueilli ses paroles par un silence de réprobation très significatif, dans les termes suivants: « De l'ensemble des faits et des renseignements qui me sont transmis, il résulte que l'émeute n'a été causée ni par le fanatisme religieux ni par des motifs politiques; c'est un fait accidentel, comme il s'en produit quelquefois dans les ports où sont en contact des nationalités diverses, comme il s'en est produit quelquefois dans nos ports. Je le répète : ces événements purement fortuits ne se rattachent à aucune cause politique ou religieuse. »

La *République française* commenta dans l'article suivant l'étonnante appréciation du président du conseil :

« Hier au Sénat, M. le ministre des affaires étrangères a été amené à parler des troubles d'Alexandrie. Jamais on n'avait vu régner au Luxembourg un silence plus glacial, symptôme d'une émotion poignante, que pendant les très brèves paroles que M. de Freycinet prononçait d'une voix éteinte et d'un air morne. Cet air et cette voix contrastaient avec l'inconcevable optimisme de ses explications. Il y a eu à Alexandrie une simple rixe, paraît-il, qui a commencé entre un Arabe et un Maltais et qui a pris d'assez grandes proportions parce que les Européens, Grecs et Maltais, étaient armés depuis quelques jours. Au milieu de cette agitation, de ce tumulte, les troupes égyptiennes, arrivées peut-être avec un peu de lenteur, ont fait leur devoir d'une manière digne d'éloges. En somme, il y a eu 38 morts. Cela est fâcheux, mais c'est un fait accidentel comme il s'en produit dans tous les ports, comme il s'en est quelquefois produit même dans les ports de France. Mais l'événement ne se rattache à aucune cause politique ou religieuse, et l'ordre est définitivement rétabli. Du reste, notre ministre de la marine a donné des instructions précises en vue de la protection de nos nationaux.

« Ainsi parle M. de Freycinet au milieu de la stupéfaction générale, unanime.

« Il n'est pas un des faits qu'il affirme qui ne soit démenti expressément par tous les télégrammes des témoins oculaires. Ceux-ci comptent 70 morts, 50 au moins. Ceux-ci traitent de mensonge l'histoire de la rixe entre l'Arabe et le Maltais. Ceux-ci affirment que dans tous les quartiers les indigènes se sont montrés subitement en armes. Et ils signalent l'abstention systématique de la troupe pendant cinq heures mortelles. Que signifie cette affirmation que l'événement n'a rien de politique ni de religieux? A quoi reconnaît-on qu'un massacre n'a pas pour cause le fanatisme, quand tout démontre que ceux qui l'ont commis sont animés d'une haine féroce contre les infidèles et les Européens? Rien de politique! Ce n'est pas l'avis des correspondants habitant l'Égypte; et, si nous en jugeons par les résultats, ils ont raison : samedi, Arabi était à la merci de Dervich; dimanche, il a démontré que l'on ne pouvait se passer de lui, et il partage désormais le pouvoir avec l'envoyé du sultan, qui semble d'ailleurs se préparer une retraite à lui et au khédive en retournant à Alexandrie.

« Une simple rixe! Une rixe comme il y en eut une naguère à Marseille! Est-ce bien le ministre français qui s'exprime ainsi? Arabi ne parlerait pas autrement. Arabi aussi accuserait les Européens d'être les vrais coupables, les vrais assassins, quoique presque toutes les victimes leur appartiennent. Arabi ne manquerait non plus de dire que l'ordre est rétabli définitivement. Et voilà que les amiraux nolisent des vapeurs pour ramener en Europe la colonie qui émigre du Caire comme d'Alexandrie. C'est un douloureux exode.

« Il est vrai que M. de Freycinet a pris toutes ses mesures. Lesquelles donc? Comment protégera-t-il nos nationaux? Par un débarquement? Mais il n'a pas de troupes, et d'ailleurs n'a-t-il pas dit au Sénat que, le bruit d'un débarquement de marins anglais ayant couru, l'émeute a failli recommencer? La vérité est que la vie de nos concitoyens dépend entièrement du bon vouloir des soldats égyptiens, lequel dépend de la politique d'Arabi. Par suite d'une accumulation de fautes énormes, la présence de la flotte est désormais une cause de danger.

« Voilà où nous en sommes arrivés, hélas! et voilà ce que M. de Freycinet paraît trouver fort simple et même très satisfaisant. Le Sénat l'a écouté avec un véritable effroi, mesurant soudain les périls que court la France avec un pareil guide. »

Cependant la conférence des ambassadeurs s'était réunie à Constantinople. La Porte ayant continué, malgré l'échec de la mission de Dervich, à refuser son adhésion, les cabinets européens avaient décidé de passer outre et un protocole de « désintéressement » avait été signé. Les puissances s'engageaient 1° à ne procéder à aucune opération en dehors du concert européen, *sauf les cas de force majeure* (cette réserve, d'ailleurs très légitime, faisait du protocole un document inutile); 2° à limiter aux seules affaires égyptiennes le mandat de la conférence, par conséquent à ne pas examiner la question de la neutralisation du canal de Suez. Le Divan, dans une circulaire datée du 20 juin, protesta d'une manière formelle contre la réunion de la conférence.

M. de Freycinet, sur l'interpellation de M. Casimir-Perier, exposa alors « les idées générales qu'il entendait faire prévaloir à la conférence ». Le ministre prétendait que « jamais délibérations ne s'étaient ouvertes dans des conditions plus claires ». Quant aux instructions données au marquis de Noailles, « elles lui enjoignaient d'accepter la discussion sur tous les moyens propres à assurer le but proposé et de ne s'associer à aucune combinaison qui ne tendrait pas à réaliser pleinement cet objectif ». M. de Freycinet avait d'ailleurs « le ferme espoir qu'il pourrait accepter la solidarité des décisions et des moyens d'action que la conférence arrêterait ».

La *République française* releva avec vivacité cette réponse : « En présence de l'anarchie égyptienne, disait le journal dont M. Gambetta était le directeur politique, à quoi sert l'union platonique de la France et de l'Angleterre, à quoi sert la reconnaissance de ses droits par l'Europe? à quoi servent les bons sentiments que l'on prête aux autres puissances à notre égard? Dix ambassadeurs qui se trouvent à Constantinople vont se réunir à heures fixes pour causer de nos affaires et nous entendre exposer nos embarras inextricables ; quel bien cela nous fera-t-il?

« Et l'on vient nous dire : « Jamais délibérations ne s'ouvrirent dans des conditions plus claires. » Quelle puérilité ! Il n'y a qu'une seule et unique question : Comment réduire la rébellion des colonels égyptiens, et comment frapper les auteurs du massacre? Tous les protocoles du monde ne gêneront pas plus Arabi et ses féroces complices que les articles de la presse de Paris ou de Londres...

« Et chaque jour de retard rend la ruine des Français d'Égypte plus irrémédiable. »

La *République française* voyait juste : le 11 juillet, pendant que la conférence de Constantinople hésitait encore devant la discussion d'une proposition de lord Dufferin tendant à confier le rétablissement de l'ordre en Égypte à un corps turc assisté de troupes anglaises et françaises, le commandant de l'escadre anglaise en rade d'Alexandrie prenait les devants. Le gouverneur égyptien ayant refusé de cesser les armements et les travaux de fortification qui se faisaient à Alexandrie au milieu des manifestations les plus hostiles contre les Européens, sir Beauchamp Seymour donna l'ordre d'ouvrir le bombardement. En quelques heures, les projectiles anglais éteignirent le feu des forts d'Alexandrie. Arabi, avant de s'enfuir, ouvrit les portes du bagne aux forçats qui mirent la ville au pillage et incendièrent les quartiers où les obus anglais n'avaient point encore produit de dégâts. — Quant à l'amiral Conrad, il avait tristement exécuté les instructions de M. de Freycinet : au premier coup de canon de l'escadre anglaise, il avait gagné le large pour se retirer à Port-Saïd.

L'intervention de l'amiral Seymour ne souleva, comme il avait été facile de le prévoir, aucune protestation, et la conférence ne s'en occupa pas officiellement. Elle se décida seulement à statuer sur la proposition de lord Dufferin qui fut adoptée. Le 15 juillet, une note collective invita le sultan à occuper militairement l'Égypte, de concert avec les puissances, pour mettre fin à l'anarchie et pour rétablir le *statu quo ante*. — On verra plus loin comment M. Gambetta jugeait cette note qui avait été acceptée par M. de Freycinet. — Trois jours plus tard, la Chambre des députés discuta le projet de loi tendant à l'ouverture d'un crédit extraordinaire de 8 millions au ministère de la marine, en prévision de nouvelles complications en Égypte. M. de Freycinet, en présentant ce projet à la Chambre, le 8 juillet, s'était exprimé en ces termes : « Il ne s'agit pas de mettre en armement de vieux bâtiments. Il s'agit de constituer une escadre de réserve et de mettre nos forces navales sur le pied où elles étaient il y a une quinzaine d'années... Autour de nous il se fait des armements considérables, en prévision de certaines éventualités ; il ne serait pas sage, pas prévoyant, pas digne d'un grand pays comme le nôtre, de rester en arrière. Mais je tiens à répéter qu'il ne s'agit pas de venir engager l'avenir d'une manière subreptice... C'est une mesure de précaution, de prudence, de prévoyance, qu'il s'agit de prendre. »

La commission spéciale qui examina la demande de crédits (le gouvernement avait demandé qu'elle fût simplement renvoyée à la commission du budget) retint ce projet pendant huit jours. Les déclarations ambiguës du président du conseil lui avaient paru bien humbles. Les protestations de M. Gambetta et de ses amis lui semblaient d'autre part trop énergiques. Elle hésita par conséquent à indiquer au cabinet une ligne politique à suivre. La France devait-elle s'associer à une action militaire de l'Angleterre en

Égypte? Devait-elle se mettre aux ordres de la conférence et du soi-disant concert européen? La majorité de la commission n'osa pas se prononcer.

M. Sarrien, dans la séance du 17 [1], donna lecture du rapport suivant :

MESSIEURS,

« Dans la séance du 8 juillet dernier, le Gouvernement a déposé un projet de loi portant ouverture au ministère de la marine et des colonies d'un crédit extraordinaire de 7,835,000 francs que les événements d'Égypte l'obligent, a-t-il dit, à solliciter des Chambres.

---

1. La première partie de la séance du 17 juillet avait été consacrée à la 1re délibération sur le projet de loi portant organisation de différents services en Tunisie (administration judiciaire). M. Gambetta intervint dans cette discussion.

Nous reproduisons, d'après le compte rendu du *Journal officiel*, l'incident qui motiva cette intervention.

M. HENRI BRISSON, président : La Chambre des députés passe à la discussion des articles.

Je donne lecture de l'article 1er.

« ART. PREMIER. — Un tribunal civil français et six justices de paix sont institués dans la Régence de Tunis. — « Le tribunal de première instance siège à Tunis : les justices de paix siègent à Tunis, à la Goulette, à Bizerte, à Sousse, à Sfax et au Kef. — « La circonscription du tribunal s'étend sur toute la Régence. Le ressort de chaque justice de paix sera déterminé par un règlement d'administration publique. — Au cas où les besoins du service judiciaire viendraient à l'exiger, d'autres tribunaux de première instance et d'autres justices de paix pourront être institués par des règlements d'administration publique qui auront à en déterminer les ressorts. »

(L'article premier est mis aux voix et adopté.)

« ART. 2. — Ces tribunaux sont compétents, en matière civile et commerciale, dans toutes les causes entre Français et protégés français, et dans toutes celles qui, en vertu des capitulations ou traités, ressortissent à la justice française. — Les sujets de Son Altesse le Bey de Tunis et les autres étrangers sont admis à faire juger leurs contestations civiles et commerciales par la justice française lorsqu'ils déclarent vouloir les lui déférer, ou lorsque le contrat dont l'exécution est demandée contient cette stipulation. — Les tribunaux français connaissent de toutes les poursuites intentées contre les Français ou protégés français, pour contraventions, délits ou crimes. — Le Gouvernement est autorisé à conclure de nouveaux engagements diplomatiques, soit afin de déterminer ou d'étendre la compétence des tribunaux

« Ce crédit est destiné, suivant l'exposé des motifs :
1° à armer pendant six mois une escadre de réserve composée de huit cuirassés et de trois croiseurs;

« 2° A exécuter des travaux de réparations à certains bâtiments pour lesquels il n'a pas été prévu, au budget de 1882, de crédits d'entretien et qui, en attendant l'achève-

français en Tunisie, soit afin de régler, s'il y a lieu, les conditions d'exécution des sentences rendues par ces juridictions. »

M. GAMBETTA. — Je demande la parole sur le dernier paragraphe de l'article 2, qui me semble inconstitutionnel. (Bruit.)

M. LE PRÉSIDENT. — Je mets l'article 2 aux voix.

(L'article 2 est mis aux voix et adopté.)

M. LE PRÉSIDENT. — « ART. 3. — Les juges de paix ont, en matière civile... »

M. GAMBETTA. — J'ai demandé la parole sur l'inconstitutionnalité du dernier paragraphe de l'article 2.

M. LE PRÉSIDENT. — Je ne vous ai pas entendu demander la parole. Vous l'aurez au moment du vote sur l'ensemble.

M. GAMBETTA. — Monsieur le président, si vous voulez me donner la parole sur l'ensemble du titre premier, comme dans la suite il s'agit de matières tout autres, je pourrais présenter ici mon observation.

M. LE PRÉSIDENT. — M. Gambetta avait, sans que je l'eusse entendu à temps, demandé la parole sur le 1° paragraphe de l'article 2 pour faire une observation.

La disposition contenue dans le paragraphe dont il s'agit m'avait frappé moi-même et j'aurais probablement fait l'observation que se propose sans doute de faire M. Gambetta, si M. le garde des sceaux n'avait pas tout à l'heure tiré argument de cette disposition.

Dans ces conditions la Chambre permettra, je crois, à M. Gambetta de prendre la parole.

M. JULES FERRY, ministre de l'instruction publique et des beaux-arts. — M. le rapporteur doit faire cette observation d'accord avec le Gouvernement.

M. LE PRÉSIDENT. — La parole est à M. Gambetta.

M. GAMBETTA. — Je n'ai qu'une simple observation à présenter à la Chambre.

Le paragraphe final de l'article 2 implique à mon sens une théorie qui serait absolument anticonstitutionnelle. C'est une observation qui pourra servir à la seconde lecture...

M. CUNÉO D'ORNANO. — Alors il faut retirer la déclaration d'urgence !

M. GAMBETTA. — Messieurs, je veux parler de la délibération qu'il y aura au Sénat; ce qui prouve...

M. LE COMTE DE MAILLÉ. — Vous espérez donc que le Sénat renverra la loi !

M. LE PRÉSIDENT. — Messieurs, laissez l'orateur présenter son observation.

M. GAMBETTA. — Cela prouve, une fois de plus, l'excellence et

ment des navires en construction, peuvent rendre encore
d'utiles services;

« 3° A payer des dépenses résultant de l'armement déjà
effectué de la *Thétis*, de la *Corrèze*, et de la réquisition de
trois paquebots dirigés sur Alexandrie.

« La commission que vous avez nommée dans les bureaux

l'utilité de l'institution de la Chambre haute. (*Rires et applaudissements.*)

Je dis, Messieurs, qu'il ne suffirait pas de supprimer ce paragraphe final comme inutile, mais qu'il faut le faire disparaître
comme entaché d'inconstitutionnalité.

En effet, le Gouvernement n'a pas besoin de l'autorisation des
Chambres pour négocier et pour conclure des conventions diplomatiques, quelle qu'en soit la matière. (*C'est vrai! c'est vrai.*)

Or, comme on a, au contraire, fait argument de l'existence de
ce paragraphe 2, en ce qui concerne la suppression des capitulations, il m'a paru nécessaire de demander à la Chambre de le
retrancher, non pas comme inutile, — je le répète et j'insiste sur
ce point, — mais comme contraire aux prérogatives du pouvoir
exécutif. (*Nombreuses marques d'assentiment.*)

A droite. — Mais il a été voté!

M. LE RAPPORTEUR. — C'est par erreur que ce paragraphe a
été inséré dans le projet.

M. LE RAPPORTEUR. — Je demande la parole.

M. LE PRÉSIDENT. — M. le rapporteur a la parole.

M. LE RAPPORTEUR. — Messieurs, c'est par suite d'une simple
erreur que le paragraphe final dont il vient de vous être parlé
subsiste encore dans l'article 2. En effet, l'attention de la commission avait été attirée sur ce paragraphe et elle en avait décidé
la suppression. Je l'avais moi-même rayé dans le projet destiné
à l'impression; mais il faut croire que je n'ai pas revu assez
attentivement mes épreuves, car à ma grande surprise je l'ai
trouvé rétabli. Nous sommes donc tous d'accord, M. Gambetta.
le Gouvernement et la commission. (*Exclamations et rires à
droite.*)

M. CUNÉO D'ORNANO. — Nous demandons le retrait de la déclaration d'urgence.

M. LE PRÉSIDENT. — Si la Chambre le juge convenable, elle
pourra revenir sur ce dernier paragraphe de l'article 2; car, en
somme, il s'agit d'une demande de division que M. Gambetta
avait faite, mais que le président n'avait pas entendue, peut-être
parce que la Chambre, au moment où il lisait l'article et le mettait aux voix, ne l'écoutait pas aussi bien que d'habitude.
(*Sourires.*)

Y a-t-il opposition à ce que je mette aux voix le paragraphe
dont la suppression est demandée?... (*Non! non!*)

M. LOKOIS. — Cela prouve l'inconvénient de toujours voter
l'urgence.

M. LE PRÉSIDENT. — Je le mets aux voix.

(Le paragraphe, mis aux voix, n'est pas adopté.)

avait pour mandat de demander au gouvernement des
explications précises sur la signification des armements
maritimes qu'il prépare et sur la politique qu'il entend
poursuivre en Égypte.

« Ce devoir lui a paru d'autant plus impérieux, que le
retard, suivant une pratique regrettable, apporté à la
publication des documents diplomatiques qui ne sont connus que jusqu'au 11 mars, ne permettait pas à la Chambre
d'apprécier exactement la direction imprimée par le cabinet
à notre politique extérieure.

« Votre commission a donc entendu M. le président du
conseil et M. le ministre de la marine, et elle a décidé de
reporter devant vous les déclarations qui lui ont été faites.

« Suivant M. le président du conseil, les crédits qui nous
sont demandés n'ont point pour objet de faire autoriser
sous une forme quelconque une expédition éventuelle, mais
simplement de permettre au ministre de la marine de
remettre la flotte en état et de prendre les précautions
qu'un gouvernement soucieux des intérêts de la France ne
saurait négliger en présence des événements qui se produisent en Égypte.

« Après nous avoir exposé en quelques mots les considérations qui l'avaient déterminé à envoyer notre flotte à
Alexandrie et à proposer la réunion d'une conférence à
Constantinople, M. le président du conseil nous a dit que la
politique du ministère qu'il dirige était une politique de
paix et de conciliation et qu'il avait mis, qu'il mettrait
tous ses efforts à amener la solution pacifique des difficultés
égyptiennes par une entente commune entre toutes les
grandes puissances de l'Europe.

« Il a ajouté qu'un premier résultat était acquis par le
fait que la conférence s'était mise d'accord pour rétablir en
Égypte le *statu quo* tel qu'il existait avant les insurrections
militaires.

Un membre de la commission lui ayant demandé si
par le rétablissement du *statu quo* que les puissances se
sont proposé pour but, on entendait la conservation indé-
finie du système de contrôle tel qu'il a fonctionné jusqu'ici,
M. de Freycinet a répondu qu'il serait disposé à admettre
certaines modifications dans l'action du contrôle et le développement prudent des institutions égyptiennes; mais que

ces questions ne pouvaient être abordées actuellement ; que
leur solution ne dépendait pas de la France seule et devait
être l'objet de négociations avec d'autres puissances ; qu'il
fallait d'abord et avant tout s'occuper de rétablir l'ordre
en Égypte et qu'on aviserait ensuite aux perfectionnements
dont l'état de choses serait susceptible ; que l'action de la
France s'exercerait assurément dans ce sens et qu'on pouvait s'en rapporter au gouvernement pour ouvrir en temps
opportun les pourparlers nécessaires.

« Notre commission a ensuite interrogé M. le président
du conseil sur le rôle éventuel qu'il destinait à la France
dans les diverses hypothèses qui peuvent se présenter selon
le résultat des travaux de la conférence et selon le cours
des événements.

« Nous ne croyons pas pouvoir entrer dans tous les détails
de l'examen qui a été fait, et nous nous bornerons à indiquer sommairement les traits principaux de la conversation
échangée avec le ministre.

« M. le président du conseil a indiqué que la conférence,
après avoir décidé de rétablir le *statu quo* en Égypte, était
tombée d'accord pour proposer au sultan, en sa qualité de
suzerain territorial, une intervention soumise à certaines
garanties destinées à protéger les libertés de l'Égypte.

« L'action de la France, a dit le ministre, s'est surtout
exercée pour faire introduire ces garanties. Elle devra, si
le sultan intervient effectivement, continuer de s'exercer
pour que ces garanties soient strictement observées et pour
empêcher l'intervention de dégénérer. M. le ministre
affirme qu'il ne faillira pas à cette mission et qu'il se reti-
rerait de la conférence si l'intervention turque s'effectuait
sans ces garanties.

« Dans le cas, au contraire, où la Turquie déclinerait le
mandat qui lui est proposé, la conférence décidera sans doute
une intervention européenne, et M. le ministre est préparé
à accepter pour la France sa part dans la tâche commune.

« Enfin, si la conférence n'aboutit pas, la France repren-
dra sa liberté d'action et avisera aux résolutions que com-
mandent ses intérêts et sa dignité.

« C'est précisément pour que la France soit prête à toutes
les éventualités que le gouvernement a décidé de faire les
armements qui ont amené la demande de crédits.

« Ces armements, nous a répété M. le ministre des affaires
étrangères, ne visent, quant à présent, l'exécution d'aucun
dessein déterminé; mais ils ont pour but de mettre la
France en état de faire face aux divers événements qui
peuvent se produire.

« On peut être assuré d'ailleurs qu'aucune action ne sera
engagée sans que le Parlement ait été mis en état d'en
délibérer spécialement et de se prononcer. Un nouveau crédit concernant les troupes de terre serait alors réclamé s'il
y avait lieu, et la discussion s'engagerait à cette occasion.

« Un membre de la commission ayant demandé si le
Gouvernement ne verrait pas un avantage à ce que le crédit
actuel fût voté avec cette signification que le Gouvernement
serait, dès à présent, autorisé à faire usage des armements
qu'il réclame pour un cas pressant, tel que la protection du
canal de Suez... »

M. GAMBETTA. — Très bien !

M. LE RAPPORTEUR. — « ... le ministre a répondu qu'assurément une telle latitude ne pourrait pas être refusée par
le cabinet si les Chambres croyaient devoir le lui offrir, mais
qu'il ne jugeait pas opportun de prendre, quant à présent,
l'initiative de réclamer ce pouvoir, parce que le simple
énoncé d'un tel but éventuel, de la part du Gouvernement,
ferait croire à un dessein arrêté de sa part... »

M. GAMBETTA. — Oh ! c'est stupéfiant! (Adhésion marquée.)

M. LE RAPPORTEUR. — « ... et pourrait amener des complications que chacun, suivant lui, peut aisément comprendre.

« Le ministre a ajouté qu'il se réservait de saisir les
Chambres de telle proposition urgente qu'il jugerait convenable suivant le tour que prendraient les événements, la
situation d'aujourd'hui pouvant n'être pas la situation de
demain à raison de l'extrême mobilité des facteurs qui
interviennent dans la question égyptienne et de la diversité
des intérêts.

« Il a terminé en disant, à l'occasion des derniers faits
qui viennent de se produire en Égypte, qu'il n'avait pas
voulu engager l'action de la France au moment même où
la conférence était réunie et en dehors de ses décisions,
mais que nos relations avec les diverses puissances, et
notamment avec l'Angleterre, n'avaient subi aucune altération.

« En résumé, M. le président du conseil a maintenu à la demande de crédits le caractère de pures mesures de précaution qu'il avait indiquées dans la séance du 8 juillet, et il a pris l'engagement formel de n'engager aucune action sans l'assentiment du Parlement.

« Après lui, M. le ministre de la marine nous a donné divers renseignements sur la composition et la force de la flotte française et nous a déclaré qu'il est nécessaire de voter les crédits dans leur intégralité si l'on veut pourvoir à des besoins réels et permanents de la marine française.

« Dans sa pensée, une partie de ces crédits devra se reproduire au budget de 1883.

« La majorité de votre commission, après avoir entendu les explications du Gouvernement et après en avoir délibéré, n'a pas pensé qu'il y eût lieu pour elle de porter un jugement sur la politique suivie en Égypte par les divers cabinets qui se sont succédé au pouvoir, d'examiner si des fautes ont été ou non commises et de déterminer les responsabilités.

« Il lui a semblé qu'un examen trop actif ne pouvait, à l'heure actuelle, offrir que des inconvénients sans avantages sérieux et qu'il n'était pas possible de faire abstraction des faits accomplis.

« Prenant donc la situation telle qu'elle est et telle qu'elle résulte des déclarations du Gouvernement, et laissant au ministère l'initiative et la responsabilité qui doivent lui appartenir, votre commission s'est demandé simplement si elle devait vous proposer le vote des crédits réclamés par M. le ministre de la marine.

« Elle a décidé d'accorder ces crédits dans les termes mêmes où ils sont demandés et en prenant acte de l'assurance qui nous a été donnée qu'aucune action ne serait engagée sans l'assentiment préalable des Chambres.

« Le vote des crédits a paru justifié à votre commission par l'état de la marine et par les explications du gouvernement. »

Le rapport de M. Sarrien fut discuté dans la séance du lendemain.

Séance du 18 juillet.

PRÉSIDENCE DE M. BRISSON.

L'ordre du jour appelle la discussion du projet de loi portant ouverture au ministère de la marine et des colonies, pour l'exercice 1882, d'un crédit extraordinaire de 7,835,000 francs (Événements d'Égypte).

M. LOCKROY, le premier orateur inscrit, étudie les origines de la question égyptienne et critique vivement la politique suivie par le cabinet. Il se prononce contre le système du contrôle anglo-français.

M. GAMBETTA proteste par plusieurs interruptions contre les appréciations de M. Lockroy sur le contrôleur français, M. de Blignières.

M. FRANCIS CHARMES regrette de ne trouver devant lui aucun contradicteur; il déplore, mais à d'autres points de vue que M. Lockroy, la diplomatie de M. de Freycinet. Vivement soutenu par M. Gambetta, il défend le contrôle et rappelle quels ont été les inappréciables résultats de ce système.

M. FRANCIS CHARMES. — Hier encore, dans le discours, d'ailleurs excellent, qu'il a prononcé, M. Antonin Dubost, en parlant de la Tunisie, en remontant aux origines de toutes ces questions africaines, a parlé du congrès de Berlin. Eh bien, si vous le permettez, je vais à mon tour dire un mot de ces origines, parce qu'il est incontestable que c'est au congrès de Berlin que se rattache, dans la Méditerranée, tout ce qui s'est développé plus tard et qui a amené la situation actuelle, — à mon avis, parce qu'on n'est pas resté suffisamment fidèle à la politique qui avait été inaugurée à cette époque.

En ce qui concerne l'Égypte, on a parlé du contrôle comme si le contrôle avait été institué à ce moment, comme s'il était un résultat du congrès de Berlin. C'est une erreur! Le contrôle existait auparavant, il y avait un contrôleur anglais et un contrôleur français. Ce contrôle avait été établi à cause de l'état financier dans lequel le pays était tombé. Il l'avait été à la suite d'une mission composée de deux hommes très distingués, MM. Goschen et Joubert. Le contrôle date de ce moment-là, il est antérieur au congrès de Berlin. Voici en deux mots quelle était la distribution des fonctions entre ces contrôleurs primitifs.

Le contrôleur anglais était chargé du contrôle des recettes ; le contrôleur français, du contrôle des dépenses. Le contrôleur anglais avait sous sa dépendance tous les employés dans le domaine financier de l'Égypte ; le contrôleur français ne faisait qu'homologuer les dépenses, et lorsque par hasard il refusait une dépense, cette dépense était faite quand même (*Rumeurs et interruptions*), et la seule différence dans ce cas, c'est que cette dépense n'étant pas régulièrement inscrite au budget, devenait une sorte d'emprunt grevé d'intérêts énormes et tombant dans la dette flottante, qu'elle accroissait dans des proportions effrayantes. Il en résultait que le contrôleur français était réduit à tout approuver, et que le contrôleur anglais, agissant lui-même sans aucune restriction, était le véritable ministre et le ministre absolu des finances en Égypte.

Telle était la situation avant le congrès de Berlin.

Quelque temps avant cette première organisation du contrôle, et avant le congrès de Berlin, l'opinion publique s'était émue en France, lorsque l'on avait appris que le gouvernement anglais venait d'acheter un nombre très considérable d'actions du canal de Suez, qu'il avait acquis à son compte une portion très importante de la propriété de ce canal.

Le congrès s'est réuni.

Alors s'est posée la question de savoir si la France devait se faire représenter à Berlin. Cette question se présentait et se présente aujourd'hui même aux esprits de manières très différentes. Il y a encore une opinion très arrêtée qui conteste l'utilité de notre représentation à ce congrès.

Pour moi, j'ai toujours été convaincu qu'une grande puissance comme la France peut mourir, mais qu'elle ne peut abdiquer, et que lorsque l'Europe était réunie dans un congrès solennel comme celui de Berlin, la France devait y figurer.

On a parlé de recueillement. L'allusion se rapporte à un mot célèbre.

Le prince Gortschakof, après la guerre de Crimée, refusait d'intervenir à Naples contre un roi absolu, et il disait

spirituellement : « La Russie se recueille. » En réalité la
Russie se cachait derrière ce prétendu recueillement et se
développait d'une manière rapide en Orient. Elle s'étendait
en Asie; elle agissait de ce côté pendant que l'Europe était
occupée de l'autre. C'est ainsi que les grandes puissances
abdiquent. Lorsqu'elles abdiquent autrement, c'est qu'elles
sont mortes; et comme la France n'était pas morte, mais
seulement vaincue après la dernière guerre, j'ai trouvé
excellent qu'elle fût représentée au congrès de Berlin.
J'ajoute qu'elle a été représentée d'une manière extrêmement heureuse au point de vue de ses intérêts, et que
M. Waddington, alors ministre des affaires étrangères, a
tiré le meilleur parti de la situation qui nous était faite.

En ce moment, Messieurs, les Anglais ne tenant peut-
être pas beaucoup plus de compte du congrès de Berlin
qu'ils n'ont tenu compte dernièrement de la conférence de
Constantinople, les Anglais ont fait connaître qu'ils avaient
mis la main sur l'île de Chypre. Ainsi, après avoir acquis
les actions du canal de Suez, subitement ils ont dévoilé
l'acquisition de Chypre. Il y a eu alors une vive émotion dans
toute l'Europe, et l'Angleterre, pour faire accepter cette
prise de possession de Chypre, a cherché à donner aux
grandes puissances des compensations. Nous connaissons
ces compensations.

Pour ce qui est de l'Autriche-Hongrie, qui était l'alliée
de l'Allemagne, l'Angleterre a vu d'un bon œil qu'elle se
développât dans les Balkans et qu'elle s'établît en Herzégovine et en Bosnie, — ce qu'elle a fait immédiatement.

Pour nous, le ministre qui nous représentait a demandé
qu'il fût dressé une sorte de charte de nos droits dans la
Méditerranée, ce qui a été fait : on a réglé, soit par des
conventions, ou conversations particulières ayant un caractère officiel, soit par un texte formel du traité de Berlin,
notre situation générale dans la Méditerranée. Il faut remercier l'honorable M. Waddington de la prévoyance qu'il
a montrée à cette époque; il a fait inscrire dans le traité
de Berlin l'affirmation et la reconnaissance par l'Europe
des traditions, — car il n'y avait que des traditions, — qui
établissent notre prépondérance en Palestine et en Syrie.

Voilà le premier point qu'il a obtenu de l'Europe tout
entière au congrès de Berlin. Mais ce n'est pas tout. En

présence des intérêts qui nous obligeaient à avoir toujours l'œil ouvert sur la Tunisie, le gouvernement d'alors a demandé que, lorsque la France jugerait nécessaire d'agir dans la Tunisie, quel que fût le mode et l'extension de cette action, l'Angleterre n'y mît pas d'entrave.

L'Angleterre a pris cet engagement en termes formels, et l'ancien président du conseil, l'honorable M. Jules Ferry, que je vois à son banc, m'approuvera sans doute lorsque je dirai que cet engagement de l'Angleterre a contribué pour beaucoup à l'aplanissement des difficultés qu'a rencontrées notre établissement en Tunisie.

Là encore, au point de vue des intérêts et de l'action de la France, les négociations de Berlin nous ont apporté un bénéfice très appréciable.

Enfin, Messieurs, il y avait l'Égypte. Je viens de vous dire quelle était la situation dans ce pays.

Les Anglais y étaient maîtres de tout. A la suite du congrès, nous avons établi en Égypte ce qu'on a appelé le *condominium*. En d'autres termes, les Français ont été mis en Égypte sur le pied de parfaite égalité avec les Anglais. Dans toutes les administrations financières où les Anglais étaient presque exclusivement représentés, à côté de ces représentants anglais il y a eu des représentants français. Souvent, le représentant anglais a été remplacé par un représentant français. Les Français n'ont rien perdu en Égypte, et ils n'avaient pas, à la vérité, grand'chose à perdre ; les Anglais, au contraire, ont perdu un nombre assez considérable de positions administratives ; je pourrais en faire la nomenclature, si vous le vouliez.

A droite. — Non ! non !

M. FRANCIS CHARMES. — Puisque vous ne voulez pas entendre cette lecture, je ne la ferai pas.

M. GAMBETTA. — Faites-la ; tous les jours on attaque le contrôle, il est nécessaire qu'on sache bien ce qu'il en est.

M. FRANCIS CHARMES. — En effet, on attaque tous les jours le contrôle et je crois qu'il est bon de dire une bonne fois la vérité. Voici donc quelle était la situation avant l'établissement du *condominium* anglo-français.

L'intervention de l'Angleterre et de la France dans les affaires de l'Égypte s'est produite sous deux formes différentes. Jusqu'au mois de novembre 1878, chacun des représentants des deux pays, si ce n'est dans quelques circonstances spéciales, agissant isolément, s'occupait exclusivement chacun des intérêts de ses nationaux ; pendant la durée de ce régime, l'influence anglaise est devenue prépondérante dans les administrations égyptiennes.

Voici où on en était au mois de novembre 1878, d'après une pièce officielle :

« Situation égale à la caisse de la dette et à la Daïra-Sanieh ;

« Direction anglaise des chemins de fer, télégraphes et port d'Alexandrie (2 administrateurs anglais et un français);

« Toute l'administration financière entre les mains du contrôleur général anglais qui avait la nomination et la direction de tous les agents de perception, tandis que le contrôleur général français n'avait qu'à autoriser le paiement de dépenses dont il n'avait pas à apprécier l'utilité; attribution illusoire, car la dépense une fois faite, si le contrôleur général refusait de la payer, le créancier prenait jugement. »

C'est ce que je vous indiquais tout à l'heure.

« Direction purement anglaise des ports, des phares, des postes et de la douane;

« Direction française du services des antiquités (Rires);

« Deux avocats français membres du comité du contentieux.

« Le nouveau système a été inauguré en novembre 1878 par la nomination de deux ministres anglais et français. L'entente anglo-française a eu pour conséquence que les deux situations ont tendu à s'égaliser. En effet :

« Les Français n'ont rien perdu.

« Ils ont gagné :

« Égalité absolue dans la situation des deux contrôleurs généraux. Les agents du contrôle sont, même en majorité, Français. Le secrétaire général du contrôle est Français et parmi les inspecteurs du contrôle, 2 sont Français, 1 Anglais et 1 Allemand;

« Égalité dans la direction des chemins de fer, télégraphes et port d'Alexandrie. Il n'y a plus qu'un administrateur anglais au lieu de deux. »

— M. le ministre des postes et des télégraphes sait très

bien que le contrôleur général anglais était absolument
d'accord avec nous pour laisser établir un télégraphe français à côté du télégraphe anglais.

« ... Part prépondérante dans l'organisation des impôts
directs, confiée à une commission dont font partie 2 Français et 1 Anglais;

« Égalité dans le service du cadastre dirigé par deux
agents, 1 Français et 1 Anglais;

« Inspection générale du service des octrois, un inspec-
teur général et deux inspecteurs français;

« Direction générale des travaux publics;

« École normale dirigée par un Français assisté de deux
professeurs français;

« Division des tribunaux mixtes au ministère de la justice;

« Direction du parquet de la cour d'appel d'Alexandrie:

« Inspection générale des services quarantenaires, et
vice-présidence du service sanitaire de l'intérieur;

« Direction du *Journal officiel*. »

Il faut ajouter : Nomination d'un estimateur français et
d'un avocat français des douanes.

J'insiste sur ce dernier point, car tout à l'heure, quand
M. Lockroy disait que les estimations étaient fausses aux
douanes, je me demandais comment cela pouvait être, alors
que ces estimations sont faites par un Français, et que, s'il
y avait contestation, c'était encore un Français qui les exa-
minait, en qualité d'avocat. Mais je continue;

« Les Anglais ont perdu :

« Le gouvernorat général du Soudan, qui leur assurait
sur la mer Rouge un avantage énorme; la prépondérance
dans l'administration des chemins de fer, télégraphes et
port d'Alexandrie; la prépondérance dans le contrôle général, et toutes les attributions financières énumérées ci-dessus et qui dépendaient du contrôle général des recettes.

« Ils ont gagné :

« La direction des paquebots-poste-khédiviés, précé-
demment confiée à un Autrichien, et encore le poste d'in-
specteur général de cette administration a-t-il été donné à
un Français... »

En ce qui concerne les affaires et les concessions proprement dites, je ne veux pas entrer dans une nomenclature...

M. GAMBETTA. — Au contraire! c'est ce qu'il y a de plus
intéressant! Ce sont les évincés qui ont fait la légende!

M. ERNEST DRÉOLLE. — Qui a rédigé ce document?

M. FRANCIS CHARMES. — Ce sont les contrôleurs généraux.
Je vous dirai à quelle occasion ils ont fait ce relevé.

M. ERNEST DRÉOLLE. — Ce sont les parties intéressées.

M. FRANCIS CHARMES, reprenant. — « En ce qui concerne les
affaires proprement dites, il n'en est que huit réellement
importantes, qui aient été soumises au conseil des ministres... »

Et vous savez que, dans le conseil des ministres, les contrôleurs généraux donnaient leur opinion, qui était toujours
suivie.

« 1° Demande en concession gratuite de 10,000 hectares
de terres, présentée par la Société française de Kom-el-Ad-
kar. — (Accordée.)

« 2° Location à un Français, avec promesse de vente, de
5,000 hectares dépendant des domaines. — (Accordée sans
adjudication.)

« 3° Location à un Anglais, avec promesse de vente, de
6,000 hectares dépendant des domaines. — (Refusée comme
convention de gré à gré. Le conseil des ministres a décidé
que ces terres seraient mises en adjudication.)

« 4° Location de la moitié des terres de la Daïra-Sanieh,
demandée pour une Compagnie anglaise. — (Refusée.)

« 5° Affermage des chemins de fer, demandé par une
compagnie anglaise. — (Refusé.)

« 6° Desséchement du lac d'Aboukir, demandé par un
Anglais. — (Refusé.)

« 7° Alimentation de deux canaux, demandée concur-
remment par un Anglais et un Français. — (Accordée à un
Anglais par suite d'adjudication.)

« 8° Monopole de la vente du sel, demandé par une Compagnie française. — (Refusé.)

« Le commerce français s'est, pendant la même période,
considérablement développé. La valeur des importations
était, en 1879, de 23,654,000 francs; elle s'est élevée, en 1880,
à 29,192,000 francs; soit une augmentation de 24 p. 100. Ce
progrès tient assurément à l'énergie de nos commerçants;
mais, pour qu'il se soit produit, on conviendra qu'il faut
que les douanes égyptiennes ne s'y soient pas opposées. »

Messieurs, quand j'ai interrompu M. Lockroy alors qu'il attaquait le contrôle, on m'a dit que puisque ces documents existaient, on aurait dû les publier.

Voici pourquoi on ne les a pas publiés. Pendant plusieurs années le contrôle avait fonctionné sans que personne cherchât à savoir quelle était celle des deux nations, la France ou l'Angleterre, qui en tirait les plus grands avantages.

M. GAMBETTA. — C'est cela!

M. FRANCIS CHARMES. — Mais il est arrivé un moment où des désaccords se sont produits, non pas entre le contrôleur général anglais et le consul général français, — oh! non; — ce qui prouve que cette organisation pouvait vivre sans amener un conflit, c'est que, du côté de l'Angleterre, elle n'en a jamais amené aucun.

Mais il y a eu, en effet, des désaccords, qu'on a d'ailleurs exagérés beaucoup, entre le contrôleur général français et le consul général français. Et alors, Messieurs, a été commencée une campagne ayant pour but de démontrer que cette organisation du contrôle, cette organisation en partie double tournait absolument contre la France, et au profit de l'Angleterre.

Vous jugez quelle devait être la situation du contrôleur général français. Il ne pouvait se disculper de ce reproche qu'en dévoilant que c'étaient, au contraire, les Français qui bénéficiaient le plus de la situation. C'est expliquer pourquoi il s'est tu. Mais, aujourd'hui, on peut parler: les Anglais ont publié les pièces principales du procès, et le contrôle est, d'ailleurs, presque détruit.

Le contrôleur général français a donc accepté sans mot dire toutes les accusations, toutes les calomnies qu'on a fait pleuvoir sur lui. Il ne s'en est pas ému; d'autres l'ont fait; et alors, Messieurs, en présence de ces accusations, on a cru bon, en Égypte, de procéder à une enquête pour établir la vraie situation. Cette enquête a dévoilé ce que je viens de vous dire. On en a tenu les conclusions secrètes. Il a fallu attendre la publication du Livre bleu anglais, qui contient la plupart de ces pièces...

M. GAMBETTA. — Et en français!

M. FRANCIS CHARMES. — Oui, en français. Des pièces ont été dressées en Égypte, où la langue française est la langue administrative. C'est donc en français qu'elles ont été publiées dans le Livre bleu, et il n'est pas besoin de savoir l'anglais pour les lire.

Voici les chiffres qui ressortent de ces pièces et qui montrent les résultats du contrôle au point de vue des situations des personnes en Égypte.

Parmi les fonctionnaires européens nommés depuis l'établissement du contrôle, il y a eu 174 Anglais dont les traitements s'élevaient à 6,768 livres égyptiennes; la livre égyptienne est de 26 francs. Les Français étaient au nombre de 326, et leurs traitements s'élevaient à 9,812 livres.

Pour ce qui est des fonctionnaires européens qui existaient dans différentes administrations créées par suite de conventions spéciales, comme la caisse de la dette publique, les domaines de l'État, la Daïra-Sanieh, les tribunaux de la réforme, les Anglais y étaient au nombre de 22, et les Français au nombre de 117.

On pourrait dire que cette situation était antérieure au contrôle, et que ces chiffres se rapportent à une situation si forte que le contrôle n'était pas encore parvenu à la détruire. Voici les dates des entrées au service qui sont indiquées dans le Livre bleu anglais : — En 1879, c'est-à-dire après l'établissement du contrôle, 43 Anglais ont été introduits dans les administrations publiques avec des appointements de 123,080 livres; Français 53, appointements 226,243. En 1880, Anglais 49, appointements 148,414; Français 80, appointements 189,000.

Je vous donne les appointements, Messieurs, pour montrer que des fonctions aussi importantes, plus importantes même, étaient dévolues à des Français.

En 1881, c'est-à-dire l'année dernière, 44 Anglais et 44 Français ont été nommés.

Voilà quelle était la situation l'année dernière, au moment où ce relevé a été fait. Il confond absolument tous les arguments contre le contrôle; il démontre que l'institution, quoi qu'on en ait dit, n'a pas tourné contre la France. Je crois que la démonstration était utile à faire pour dissiper toutes les calomnies. (*Marques d'assentiment.*)

M. GAMBETTA. — Et pour qu'on ne dise pas constamment que les agents de la France au dehors sont des gens sans honneur et sans probité! (*Très bien!*)

M. FRANCIS CHARMES. — Parfaitement! Et je considère

la preuve comme faite, pour ceux qui en avaient besoin.

Le contrôle était l'instrument par lequel s'exerçait l'influence anglo-française en Égypte; à ce titre, il était extrêmement précieux pour nous; nous l'avons à peu près détruit, à ce point que je regarde comme bien difficile de le rétablir sur les bases anciennes, qui étaient les bonnes. Je le crains, du moins...

M. GAMBETTA. — Pourquoi donc?

M. FRANCIS CHARMES. — Je serai enchanté si on peut rétablir le contrôle sur le *statu quo ante*. Aujourd'hui, le mal est peut-être en grande partie irréparable; je souhaite cependant qu'il ne le soit pas tout à fait, et j'applaudirai à tous les efforts qu'on pourra faire pour le réparer dans la mesure où les circonstances nous le permettront.

Ces développements, dont je m'excuse, Messieurs, n'étaient pas inutiles pour vous montrer à quel point étaient peu fondés les reproches adressés à l'Angleterre. Cette puissance avait conclu avec nous, au congrès de Berlin, un accord loyal, auquel elle s'est tenue loyalement, et cependant nous ne lui avons pas ménagé les attaques, presque les insultes. (*Réclamations.*)

M. PAUL DE CASSAGNAC. — Qui est-ce qui a insulté l'Angleterre?

M. FRANCIS CHARMES. — Non pas nous, assurément, mais beaucoup de journaux.

M. CLÉMENCEAU. — Mais la presse anglaise nous le rend tous les jours!

M. PAUL DE CASSAGNAC. — Je proteste au nom de la presse. Personne n'a insulté l'Angleterre!

M. FRANCIS CHARMES. — Soit! Je suis, dans tous les cas, bien aise d'avoir amené les protestations de la Chambre: elles sont bonnes à consigner.

Que me reste-t-il à dire?

C'est qu'au point de vue de sa conduite diplomatique, nous aurions tort aussi d'adresser des reproches à l'Angleterre, et M. Gambetta sera certainement de mon avis. (*Sourires sur divers bancs.*)

Alors, Messieurs, je dirai que le Gouvernement qui est sur ces bancs sera probablement de mon avis, après avoir examiné de près les pièces qu'il a publiées dans le Livre jaune et les pièces qui ont été publiées dans les Livres bleus anglais : il reconnaîtra qu'aucune atteinte considérable, qu'aucune atteinte dont nous devions tenir un compte diplomatique, n'a été portée à la lettre que lord Lyons, ambassadeur de la reine à Paris, a remise, le 6 janvier, au président du conseil de cette époque, au sujet de la fameuse note du 7, qui a été communiquée au khédive.

· M. GAMBETTA. — Parfaitement!

M. FRANCIS CHARMES. — Dans cette pièce, la seule que je veuille connaître, le seul document diplomatique, — les autres pièces reproduisent des impressions personnelles, des conversations qui ont été contredites ensuite, presque reniées, — dans cette pièce il est établi de la manière la plus formelle que le gouvernement anglais et le gouvernement français désirent qu'il n'y ait pas d'intervention en Égypte et veulent espérer qu'il n'y aura pas nécessité d'intervention, mais que l'accord des deux gouvernements existe pour le cas où l'intervention deviendrait nécessaire, et qu'il ne reste plus qu'à s'entendre sur le mode de l'action.

Cette pièce a été rédigée en anglais; elle n'a que quelques lignes. Les Anglais pèsent tous les termes des engagements qu'ils prennent; ils ne les dépassent pas, mais ils sont ponctuels dans la limite où ils se sont engagés et personne ne saurait dire qu'ils aient jamais manqué à un engagement écrit de cette nature.

Ils n'ont pas manqué à celui-ci. Mais, Messieurs, lorsque M. Gambetta, président du conseil, ému par les événements qui se produisaient en Égypte et qui devaient, à son avis, amener un dénouement rapide, plus rapide qu'on ne le croyait en Angleterre, a insisté auprès du gouvernement britannique pour que, de l'accord sur la nécessité de l'action, on passât à l'accord sur le mode même de l'action, il y a eu, de la part du gouvernement anglais, des hésitations, des tergiversations, des faiblesses même, je le reconnais volontiers. Ces hésitations tenaient à deux causes : le gouvernement anglais ne croyait pas le péril aussi imminent qu'il l'était, et de plus, — M. Lockroy a eu bien raison de le dire, — à partir du mois de janvier, le ministère de M. Gambetta était très ébranlé. Le gouvernement anglais ne savait pas par qui le ministère de M. Gambetta serait remplacé; il avait donc deux raisons de ne pas contracter un engagement absolu touchant le mode même de l'action, puisque le *casus fœderis* ne devait évidemment se produire qu'après une crise ministérielle.

Aussi, Messieurs, dans les dernières conversations de M. Challemel-Lacour avec lord Granville, ce dernier remet-il sa réponse à quatre jours ; il demande le temps de causer avec M. Gladstone ; il va à la campagne. Pourquoi emploie-t-il ces délais et ces retards? C'est parce qu'il savait très bien que pendant ces quatre jours une solution devait intervenir devant cette Chambre et que le ministère de M. Gambetta devait être renversé. Rien, du moins, n'était plus probable.

Voilà l'explication des tergiversations du ministère anglais. Il faut les rapporter à ces deux causes : la faiblesse, l'ébranlement du ministère français d'une part, et, de l'autre, la situation de l'Égypte qui ne paraissait pas à ce moment aussi grave qu'elle l'est devenue depuis.

Ainsi, Messieurs, dans tout ce qui s'est passé, rien n'indique, rien ne permet de dire que le gouvernement anglais ait été le moins du monde infidèle à ses engagements.

M. GAMBETTA. — Parfaitement !

M. FRANCIS CHARMES. — Depuis l'inauguration du nouveau ministère on lui a rendu sa liberté...

M. GAMBETTA. — Il ne la demandait pas !

M. FRANCIS CHARMES... — on la lui a rendue très spontanément, très inopportunément, et cependant, lorsque le nouvel ambassadeur français, M. Tissot, est arrivé à Londres et a fait sa première visite à lord Granville, lord Granville rend lui-même compte de la conversation qu'ils eurent ensemble dans les termes que voici :

« 22 mars.

« M. Tissot, le nouvel ambassadeur de France, est venu cette après-midi au Foreign Office, étant venu en Angleterre pour une visite de un ou deux jours. » — C'était une simple prise de possession. — « La conversation est tombée sur les affaires d'Égypte. J'ai dit à M. Tissot, dans les termes presque identiques à ceux dont je m'étais servi avec M. d'Aulnay, que je croyais que nos deux gouvernements étaient tout à fait d'accord pour éviter, si c'était possible, la nécessité d'une intervention active ou d'une occupation militaire, bien que nous admissions que cette nécessité pût surgir.

« J'ai dit que je n'avais aucun doute que beaucoup d'influences fussent en travail à la fois à Constantinople et au Caire pour tenter de séparer les deux gouvernements et d'empêcher ainsi leur action commune. »

M. GAMBETTA. — C'est cela !

M. FRANCIS CHARMES, *continuant.* — « M. Tissot m'a dit qu'il ne pouvait pas nier que ce ne fût le cas à Constantinople. »

C'était le cas à Constantinople, au Caire et ailleurs encore. Pour ce qui est de Constantinople en particulier, il est permis de supposer que la Porte, qui a des alliés, n'était pas sans s'inspirer de certaines suggestions, lesquelles n'avaient pas précisément pour but de resserrer la concorde entre la France et l'Angleterre.

On a donc voulu nous séparer de l'Angleterre à Constantinople. M. Tissot le déclare, œuvre fatale qui a failli réussir, mais qui, je l'espère, peut être encore conjurée.

C'est précisément sur ce point que, m'associant aux conclusions de son discours, je m'adresserai, comme l'honorable M. Lockroy, à M. le président du conseil, en le priant de renouveler à cette tribune, dans la mesure qui lui paraîtra convenable, les déclarations qu'il y a déjà apportées et que vous avez applaudies : à savoir que nous sommes, que nous restons d'accord avec l'Angleterre.

M. HAENTJENS. — Quelle sorte d'accord ? La première ou la seconde manière ?

M. FRANCIS CHARMES. — Si la première manière était la bonne, il faut y revenir. (*Applaudissements sur divers bancs à gauche.*) Je crois que l'accord avec l'Angleterre est encore excellent aujourd'hui, qu'il l'a été autrefois, et qu'il le sera longtemps. Je crois que nos intérêts sont analogues à ceux de l'Angleterre, qu'ils peuvent parfaitement se concilier avec eux et que c'est ailleurs qu'il faut chercher nos vrais rivaux dans le monde. Ces rivaux sont naturellement représentés à la conférence de Constantinople, et je n'ai besoin de désigner personne, puisque tout le monde y est représenté. Eh bien, je demande qu'à cette conférence, que je regrette, dont pour mon compte je n'aurais jamais provoqué la réunion, mais devant laquelle nous sommes bien obligés de comparaître respectueusement, et dont il faut tenir le plus grand compte ; je demande que nous nous pré-

sentions d'accord avec l'Angleterre. Je ne crains rien de
cette compagnie; elle nous est utile; et je suis convaincu
que lorsque la France et l'Angleterre seront d'accord sur
un point quelconque et qu'elles se présenteront unies devant
l'Europe, l'Europe ne protestera pas contre cette union; elle
acceptera l'action de la France et de l'Angleterre, parce que
c'est la plus efficace pour régler les affaires d'Égypte. (*Applaudissements sur un grand nombre de bancs à gauche et au centre.*)

Oui, Messieurs, je crois au bon sens de l'Europe, et en
Europe aucune puissance n'a un intérêt suffisant pour ris-
quer un désagrément diplomatique avec la France et l'Angleterre, sur ce terrain d'Égypte où nos intérêts sont
supérieurs à ceux de tous les autres.

A Berlin, à Londres, à Vienne, à Rome, partout, on a été
étonné et enchanté, assurément, de voir l'attitude nouvelle
de la France et de l'Angleterre après l'avènement du cabinet
actuel. A la suite de ce commencement d'union à quatre,
conclue pour présenter quelques observations en vue de
faire figure dans les affaires d'Égypte, on a été surpris et
enchanté d'entendre la France dire: Mais si au lieu d'être
quatre, on était six? Certainement l'étonnement a été grand,
mais, je le répète, l'enchantement a été plus grand encore, et
à partir de ce moment la politique européenne a consisté incontestablement à amener à une représentation diplomatique
cette union des six, c'est-à-dire à produire une conférence.

Cela est si vrai, Messieurs, que lorsque M. de Freycinet
est arrivé au ministère des affaires étrangères, lord Lyons,
après la conversation du 3 février, annonçait que M. de
Freycinet voulait échanger ses vues avec les autres puissances européennes.

Je dois dire ici, si vous me permettez cette parenthèse,
que le gouvernement anglais a demandé tout de suite
quelles étaient nos vues à nous, et M. de Freycinet a dit
qu'il lui était difficile de les indiquer encore, parce qu'il
était trop nouveau dans le ministère... (*Chuchotements ironiques à droite et à l'extrême gauche*)... et lord Granville a
exprimé alors le regret que le gouvernement français ne
pût pas présenter des vues fermes le premier; toutefois il
a reconnu la situation particulière dans laquelle se trouvait
notre ministre et la réserve qu'elle lui imposait.

Donc, Messieurs, lorsque le gouvernement français a

ouvert un échange de vues, — où nous n'apportions pas grand'chose en échange des vues d'autrui (Sourires), — il nous est arrivé du dehors une intéressante dépêche dans laquelle on nous disait : C'est une conférence que vous désirez? Où voulez-vous qu'elle se réunisse? A Paris, à Constantinople, à Vienne, à Berlin? Où vous voudrez! Nous sommes tout disposés à y adhérer.

Oh! ici, je lui rends cette justice, M. le président du conseil a immédiatement protesté : ce n'était pas une conférence, c'était un simple échange de vues qu'il voulait.

La conférence était, en effet, une idée malheureuse, parce qu'elle consacrait l'éparpillement de nos intérêts, des intérêts anglo-français, entre des mains qui avaient des intérêts très différents des nôtres en Égypte ou même qui n'avaient pas d'intérêts du tout.

Mais je n'insiste pas. J'ai dit que je ne voulais pas faire de critiques rétrospectives, que je ne voulais pas protester, — M. Lockroy m'en a dispensé, — contre la politique antérieure du Gouvernement. Je prends la situation telle qu'elle est. La conférence est réunie, nous y sommes. Je demande que, pour faire prévaloir nos intérêts, nous les solidarisions, ce qui est facile, avec les intérêts anglais. Lorsque nous nous présenterons devant l'Europe, dans une entente parfaite avec l'Angleterre, l'Europe, n'en doutez pas, adoptera volontiers les solutions que nous aurons proposées; elle acceptera le mode d'intervention auquel nous nous déclarerons prêts. Mais, sur ce point, une déclaration du Gouvernement serait peut-être nécessaire. En tout cas, Messieurs, je la crois et, sans doute vous la jugerez utile. (Vifs applaudissements à gauche et au centre.)

M. LE PRÉSIDENT. — La parole est à M. le président du conseil, ministre des affaires étrangères.

M. DE FREYCINET, président du conseil, ministre des affaires étrangères. — Messieurs, suivant l'invitation qui m'a été adressée par l'honorable M. Lockroy et par l'honorable M. Charmes, je monte à cette tribune pour donner à mon tour à la Chambre quelques explications sur le sujet qui l'intéresse si justement.

Mes honorables contradicteurs m'ont rendu la tâche facile en ce sens que l'un d'entre eux me dispense de reprendre la question dans ses traits généraux.

Je n'ai point à refaire ici l'esquisse que l'honorable M. Lockroy a tracée, je n'hésite pas à le reconnaître, d'une main magistrale.

Je n'ai pas non plus à m'appesantir sur certains détails que l'honorable M. Charmes a décrits avec une précision à laquelle je me plais à rendre hommage. Je me circonscrirai dans la question même qui passionne dans ce moment-ci non seulement la Chambre, mais l'Europe tout entière, c'est-à-dire la question de cette crise égyptienne qui est posée devant nous avec toutes ses obscurités, toutes ses difficultés, je pourrais presque dire tous ses périls, et à laquelle nous cherchons tous, avec les mêmes sentiments j'en suis assuré, des solutions qui malheureusement ne se présentent pas à nous sous les mêmes aspects.

Je demande à la Chambre la permission de lui faire saisir de quelle façon, en ce qui me concerne, j'ai compris la solution égyptienne et comment j'ai essayé de concilier cette solution avec les intérêts supérieurs de mon pays; car, à côté des intérêts que nous avons en Orient, je me rappelle quelle est notre situation en Occident. (*Très bien! très bien!*)

La crise égyptienne, Messieurs, vous le savez, n'a point pris naissance sous le présent ministère. Nous l'avons trouvée déjà à l'état aigu dans l'héritage du cabinet précédent, qui lui-même l'avait recueillie, fortement engagée, des mains de ses prédécesseurs.

C'est au 1er février 1881, — il y a près de dix-huit mois, — qu'a éclaté la première émeute militaire qui a ouvert cette série de pronunciamientos, à la suite desquels l'Égypte a été graduellement amenée dans la situation actuelle.

Les deux plus *importants* de ces pronunciamientos, par les conséquences qu'ils ont entraînées, sont le pronunciamiento du mois de septembre dernier qui porta au pouvoir le ministère de Chérif-Pacha. C'est ce que l'on a appelé à ce moment-là le mouvement national.

Le second pronunciamiento, dont l'éclosion a coïncidé avec notre propre arrivée au pouvoir, — car il éclata deux jours après mon entrée au quai d'Orsay, — donna naissance au ministère Mahmoud-Pacha, ou, pour parler plus exactement au ministère Arabi-Pacha, car ce dernier en fut l'âme et le chef véritable. Ce fut l'avènement du parti militaire, et dès lors se sont déroulées, sous une forme de plus en plus aiguë, les diverses vicissitudes qui ont amené la crise au point que vous connaissez.

Sans vouloir remonter aussi loin que l'honorable M. Lockroy, et en jetant simplement un regard quelques années en arrière, je crois qu'il n'est pas difficile de s'apercevoir que cette crise si violente, et à certains égards si atroce, avait déjà ses germes dans un ensemble de faits, d'institutions et surtout de pratiques administratives et financières, dont l'honorable M. Charmes vous a présenté les beaux côtés, mais qui, soyez-en sûrs, a entraîné, malgré la bonne volonté des hommes qui y étaient préposés, — parce que c'était dans la nature des choses, — des abus, des inconvénients graves, qui devaient à un moment donné produire des froissements d'une part entre le gouvernement égyptien et la population égyptienne, et, d'autre part, entre l'Égypte et les puissances européennes. Quelque orientale que soit cette contrée, si endormie que soit cette population, soyez convaincus qu'il y a déjà des aspirations dont il importe de tenir compte. (*Très bien! très bien! sur divers bancs.*)

Nous sommes en présence d'une nationalité à son berceau; j'ignore ce qu'elle pourra produire un jour... (*Mouvements divers*), mais j'affirme que, dès ces dernières années, il y a eu dans ce pays des aspirations dont plusieurs étaient confuses et incohérentes, mais qui, par certains côtés, à certains égards, méritent l'attention sérieuse des puissances européennes. (*Marques d'approbation.*)

Aujourd'hui, il ne s'agit évidemment pas d'abandonner les droits positifs que nous ont constitués des traités réguliers; il s'agit de rétablir l'ordre, de restaurer une situation normale. Mais lorsque cette situation sera rétablie, les puissances européennes auront des devoirs à remplir : ce sera de rechercher s'il n'y a pas certaines modifications à introduire qui pourraient rendre désormais plus facile le fonctionnement des rouages qui ont été installés en Égypte.

Quelles que soient, au surplus, les origines plus ou moins lointaines, plus ou moins prochaines de cette crise, nous sommes en présence d'une situation qui ne saurait durer et à laquelle il faut absolument chercher des remèdes efficaces.

Ces remèdes, quels doivent-ils être? Quand? comment faut-il les appliquer? Messieurs, l'intervention armée, qui est aujourd'hui malheureusement le seul moyen qui s'impose... (*Ah! ah! sur divers bancs. — Interruptions diverses.*)

Je raconte, en ce moment, Messieurs... (*Très bien! très bien! au centre.*)

Je dis que l'intervention armée est un de ces moyens douloureux auxquels on ne doit recourir qu'après avoir bien examiné une situation.

Or, je vous l'avoue, quant à moi, jusqu'à ces derniers temps, jusques il y a quelques semaines, je me suis demandé si le droit à cette intervention armée existait réellement pour nous. Je me suis demandé jusques il y a quelques semaines, jusqu'au moment où se sont produits les tristes et affreux événements que vous connaissez; je me suis demandé, dis-je, si le droit à l'intervention armée existait réellement.

Nous n'avions à ce moment à faire valoir que des griefs analogues à ceux qui se produisent fréquemment dans les rapports entre les nations civilisées. Nous n'avions guère à ce moment à invoquer que des craintes, pas même des faits accomplis; nous avions à redouter que le fonctionnement de ce contrôle européen ne pût se poursuivre avec la régularité qu'il avait eue jusque-là; nous avions à redouter que la dette, dont nous possédons une si grande part, ne fût plus payée d'une façon aussi exacte qu'elle l'avait été les années précédentes; nous avions enfin un certain nombre de nos nationaux dont les intérêts matériels se trouvaient en souffrance par suite des désordres qui commençaient à s'introduire dans l'administration égyptienne, mais, je le demande à la Chambre, lui apparaît-il que de l'ensemble de ces faits il se dégage un droit positif à une intervention armée?

Est-ce que nous ne nous sommes pas trouvés souvent vis-à-vis d'autres nations dans une situation analogue à celle-là, et a-t-il été d'usage, en pareil cas, de recourir à la force des armes?

Quant à moi, sans trancher la question, je me la suis posée et je me la suis posée avec une sorte d'angoisse devant ma conscience; car je ne regarde pas comme une chose indifférente, qui va d'elle-même, ce fait de s'introduire à main armée dans un autre pays et d'y imposer violemment sa volonté. (*Très bien! très bien! à gauche et au centre.*)

M. PAUL DE CASSAGNAC. — Et à Tunis?

M. RENÉ GAUTIER. — C'est à M. Jules Ferry que ces paroles s'adressent.

Quelques voix à droite. — Et l'ultimatum?

M. LE PRÉSIDENT. — Laissez parler, Messieurs.

M. LE PRÉSIDENT DU CONSEIL. — Je reconnais que, malheureusement, depuis un certain nombre de semaines, et particulièrement depuis ces douloureux événements d'Alexandrie, depuis le 11 juin, ah! je le reconnais et je le reconnais avec une tristesse profonde, nous avons d'autres griefs vis-à-vis de l'Égypte; oui, nous avons eu des nationaux qui ont été molestés, dont quelques-uns même ont été massacrés; beaucoup ont été violentés dans leurs personnes et dans leurs biens, quoique nous ne soyons pas les plus maltraités, tant s'en faut (*Interruptions*); si je le constate, c'est parce que c'est peut-être à l'honneur des sympathies qu'inspire le peuple français partout où il est représenté. (*Très bien! très bien! à gauche. — Interruptions à droite.*)

Je dis que nous sommes de ceux qui ont le moins souffert et que c'est une consolation relative, dans ces cruelles circonstances, de pouvoir le constater. (*Marques d'assentiment.*)

Quoi qu'il en soit, nous sommes arrivés, je le reconnais, à un état de choses qui nous constitue un droit à une intervention armée; car nous avons à faire valoir des griefs qui sortent absolument de la catégorie de ceux dont je parlais en commençant.

Nous sommes en présence de griefs positifs devant lesquels un gouvernement a toujours le droit de réclamer et d'exiger des satisfactions éclatantes.

Nous sommes en même temps en présence d'un gouvernement qui, soit par impuissance, soit par mauvais vouloir, ne les a point encore fournies. Nous avons, dis-je, des griefs à faire valoir et des satisfactions à réclamer, et le gouvernement qui ne les accorde pas nous donne le droit d'intervenir.

A droite. — C'est un peu tard!

M. LE PRÉSIDENT DU CONSEIL. — Quand et comment devons-nous le faire? car enfin nous n'avons pas seulement des droits à faire valoir; il y a aussi l'intérêt supérieur de la France à consulter. Comment devons-nous faire?

C'est ici qu'il y a deux manières de comprendre la solution de la question égyptienne. Un pays a toujours le droit, dans la situation où je parle, de chercher à résoudre une pareille question de sa propre autorité, avec sa seule force; mais je dis que quand l'Europe est dans la situation que vous lui connaissez, un gouvernement sage, prévoyant, doit essayer d'abord de la résoudre avec le concours de l'Europe entière, s'il le peut, *pour ne pas s'exposer au risque de la résoudre contre l'Europe.* (*Très bien ! très bien ! sur un grand nombre de bancs.*)

Assurément, il est des cas où une pareille extrémité ne devrait pas arrêter... (*Mouvements prolongés en sens divers.*)

M. PAUL DE CASSAGNAC. — Oh ! oh ! il en faut moins que cela pour vous arrêter. On vous connaît. (*Exclamations à gauche et au centre.*)

M. LE PRÉSIDENT DU CONSEIL. — Monsieur de Cassagnac, ne m'interrompez pas, vous monterez à la tribune pour me répondre. (*Très bien! très bien!*)

M. PAUL DE CASSAGNAC. — Si vous le voulez, mais ne faites pas le rodomont... (*Bruyantes exclamations.*)

Voix à gauche et au centre. — A l'ordre! à l'ordre!

M. LE PRÉSIDENT. — Monsieur de Cassagnac, je vous rappelle à l'ordre pour les paroles que vous venez de prononcer.

M. PRÉSIDENT DU CONSEIL. — Je disais que quand l'honneur de la France est directement engagé on ne peut tracer une limite qui puisse arrêter ses légitimes revendications, mais j'ajoute et je maintiens que toutes les fois qu'un gouvernement sage et prévoyant a la conduite de pareilles affaires, il doit s'efforcer de limiter les risques qu'elles peuvent faire courir à son pays.

Je suis convaincu, en ce qui me concerne, que c'est un devoir impérieux, majeur pour nous, de résoudre cette question avec le concours ou tout au moins avec la participation morale de l'Europe. Ne croyez pas que ce soit là une idée nouvelle chez moi. On a essayé tout à l'heure de me mettre en contradiction avec moi-même ; on m'a représenté tantôt comme faisant appel au concert européen, tantôt comme négligeant le concert européen ; on m'a accusé aussi de me renfermer exclusivement dans l'alliance anglaise, qui, pas un seul jour, n'a été ébranlée. (*Mouvements divers.*)

Vous vous en rapportez souvent à des apparences contraires, à des informations plus ou moins inexactes qui vous arrivent des divers points de l'horizon, mais je vous affirme, et vous n'en trouverez de preuves contraires dans aucun des documents diplomatiques qui seront distribués, soit en France, soit en Angleterre; j'affirme que, à aucun moment, l'alliance anglaise n'a été ébranlée, et j'ajoute que, la voulant sincèrement, loyalement, j'ai voulu aussi le rapprochement avec le concert européen; et cette idée qui vous semble si étrange... (*Interruptions à droite.*)

J'ajoute que ce concert européen, qui a paru si étrange et dont on a prétendu me faire un grief, vous tous qui êtes partisans de l'alliance anglaise, sachez que c'est le cabinet anglais qui en a pris l'initiative. Et je ne dis pas cela pour me dégager, car si le cabinet anglais ne l'avait pas prise je l'aurais prise moi-même; mais enfin je constate un fait historique : c'est le cabinet anglais qui a pris cette initiative, que j'ai acceptée avec empressement, car elle se rencontrait avec mes propres vues. Ma pensée a coïncidé avec une idée qui s'était formée en même temps dans l'esprit du cabinet anglais. Cette idée, pas un jour nous ne l'avons abandonnée.

Dans les mois de février et de mars, nous avons échangé avec les différents cabinets, sur l'initiative du gouvernement britannique, des pourparlers relatifs à l'organisation administrative de l'Égypte.

Au mois de mai, lorsque nous avons fait une démonstration navale dont le cabinet anglais a pris encore l'initiative, et que je ne lui reproche point, car je n'ai pas hésité à m'y associer, nous avons eu soin de prévenir officiellement les puissances que si nous agissions seuls pour le moment, c'est parce que nous avions l'espérance que la question pourrait se dénouer sans une intervention armée, mais que le jour où cette intervention paraîtrait nécessaire, nous reviendrions devant elles, et nous les provoquerions à se mettre d'accord avec nous sur les moyens d'exécution.

Cette correspondance a été faite dans le mois de mai, et par conséquent depuis le mois de février jusqu'au 23 mai, date où nous envoyions la dépêche officielle à laquelle je fais allusion, pas un instant l'idée du concert européen n'est sortie de l'esprit du cabinet anglais et du cabinet français; et lorsque nous avons adressé, le 2 juin, la proposition de la conférence, c'était en exécution stricte de la dépêche que je viens de rappeler.

Dans cette dépêche, je ne saurais trop le dire, il était stipulé que si des moyens coercitifs étaient nécessaires, nous nous adresserions à toutes les puissances. En conséquence, nous avons réuni la conférence, ce qui apparaît à quelques-uns comme un expédient auquel on a eu recours à la dernière heure ; on peut assurément blâmer ce moyen, mais on ne peut pas dire que c'est un expédient de la dernière heure, car cela a été le terme final d'un développement parfaitement logique, un acte qui servait de conclusion à une politique qui depuis cinq mois n'avait pas eu un seul instant de défaillance dans cette direction.

On peut ne pas partager ma manière de voir à cet égard, mais quant à prétendre que ce sont là des actes incohérents et qui se contredisent, je soutiens qu'il faut ignorer absolument ce qui s'est passé dans ces quatre mois. (*Vives marques d'approbation.*)

M. DELAFOSSE. — Je demande la parole.

M. LE PRÉSIDENT DU CONSEIL... — Et maintenant je puis ajouter, pour ceux qui s'étonnent qu'on ait fait appel au concert européen dans cette question, que nous n'avons fait que suivre ainsi la politique traditionnelle, non seulement de la France, mais de toute l'Europe.

La situation de l'Égypte est toute particulière : c'est une sorte d'îlot dans l'empire ottoman. A l'intérieur de cet îlot, l'autonomie est presque complète, au point de vue administratif et financier : l'Égypte se dirige à peu près comme elle l'entend, elle peut commercer, trafiquer, négocier avec les autres puissances sans avoir recours à aucune autre autorité.

En ce qui concerne les questions de cette nature, comme le contrôle anglo-français ou les différents modes par lesquels nous avons agi sur l'administration intérieure de l'Égypte, il est bien certain que ce pays ne relève que de lui-même.

Mais, quand vous examinez la situation constitutionnelle de ce pays, quand vous remarquez que l'Égypte fait partie intégrante du territoire ottoman, quand vous vous rappelez qu'il y a des rapports constitutionnels établis par certains firmans entre le khédive et le sultan, quand vous songez que les libertés de l'Égypte reposent précisément sur ces actes constitutifs, n'est-il pas évident que tout ce qui tend à mettre en question cette situation constitutionnelle de l'Égypte, n'est plus alors seulement une question égyptienne, mais une partie intrinsèque de la question d'Orient?

La question d'Orient, vous le savez comme moi, selon la définition d'un diplomate célèbre, est la question qui intéresse toute l'Europe et dont toute l'Europe s'est constamment occupée. Comme je vous le rappelais dernièrement, chaque fois qu'un point quelconque du territoire ottoman est soumis à une discussion de ce genre, — cela s'est certainement produit, — vous voyez l'Europe entière accourir, et quand elle n'accourt pas dès le début, presque toujours il en sort une grande guerre; presque toujours quand ces questions ont été résolues directement et isolément entre la Turquie et une grande puissance, sans recourir au concert européen, une grande guerre en est sortie.

Voilà pourquoi lorsque la situation de l'Égypte arriva à un degré d'acuité tel qu'on ne fut plus certain que les bases mêmes de ce pays seraient conservées, quand on a vu à la suite du procès des Circassiens, vers le 11 ou le 12 mai, la tentative d'Arabi-Pacha pour déposer le khédive et se substituer à lui, — et à ce moment les firmans de l'Égypte ont failli être détruits, — voilà pourquoi, la question étant devenue une partie de la question d'Orient, à ce moment le concert européen s'est trouvé tout naturellement compétent pour résoudre la difficulté. (Très bien! à gauche et au centre.)

Voilà pourquoi, dis-je, nous avons appelé la conférence, parce que la question présentant le caractère particulier dont j'ai parlé, la question s'étant élargie en dépassant les frontières de l'Égypte, il était nécessaire de mettre toutes les puissances en présence.

Quand même cette tradition n'aurait pas existé, ne sentez-vous pas que c'est un devoir de suprême sagesse que de connaître l'opinion, le sentiment des puissances qui nous environnent? Ne voyez-vous pas qu'il y a autour de nous des forces énormes, momentanément silencieuses et immobiles, mais dont il importe d'étudier sans cesse la direction possible? Ne voyez-vous pas que lorsque vous vous engagez dans une grande entreprise, il est nécessaire tout au moins que vous appeliez ces facteurs puissants, que vous les confrontiez les uns avec les autres, que vous les ameniez dans une enceinte commune où ils délibéreront ensemble sur le problème qui vous préoccupe? N'eussiez-vous d'autre résultat que de vous assurer des sentiments des puissances qui nous entourent, je dis que ce résultat ne doit pas être négligé. (*Applaudissements au centre et à gauche.*)

Nous avons donc provoqué cette conférence, et, je le répète, je crois que nous avons fait œuvre de prudence et de patriotisme, en la convoquant. Elle est aujourd'hui saisie de la question, et on me demande ce que je compte faire. Je n'éprouve aucune difficulté à m'expliquer; et quand vous avez cru voir de l'hésitation dans mes paroles, c'est que vous n'avez pas découvert le fond de ma pensée, car je n'ai pas d'hésitation à la faire connaître. (*Murmures sur quelques bancs à droite. — Parlez! parlez! au centre.*)

Vous me demandez de parler et vous m'interrompez sans cesse. (*Dénégations à droite.*)

Je n'éprouve aucune difficulté à faire connaître ma pensée sur les partis que nous pouvons être amenés à prendre à la suite des travaux de la conférence.

La conférence a abouti, vous le savez, à une proposition d'intervention turque; cette intervention turque a été voulue, depuis l'origine de la conférence, non seulement par les quatre puissances dont on parlait tout à l'heure en les représentant comme formant un groupe opposé à la France et à l'Angleterre, elle a été voulue par l'Angleterre elle-même, qui, jusqu'à ces derniers jours, jusqu'au moment où je parle, est restée partisan de l'intervention turque.

L'action de notre ambassadeur dans la conférence s'est exercée pour faire introduire dans cette intervention turque des garanties qui lui enlèvent la plus grande partie des inconvénients que l'on pouvait redouter. L'action de notre ambassadeur, soutenu constamment par l'Angleterre, s'est exercée pour transformer l'intervention de la Turquie qui voulait se présenter comme souveraine, libre et indépendante; notre initiative s'est exercée pour faire de la Turquie la mandataire de l'Europe, l'exécutrice de ses volontés.

M. DELAFOSSE. — Croyez-vous qu'elle accepte?

M. LE PRÉSIDENT DU CONSEIL. — Je ne sais si la Turquie consentira: la question lui est posée depuis trois jours et il ne m'appartient pas de deviner quelles sont les résolutions que prendra la Porte.

Si elle accepte, l'intervention s'exercera, et notre action personnelle continuera pour veiller à ce que les garanties qui ont été stipulées soient observées jusqu'à la fin, car jusqu'à la fin nous chercherons à enlever à cette intervention les mauvais côtés que je reconnais comme vous.

Je sais bien quels sont les contre-coups qui peuvent se produire dans nos possessions africaines, contre-coups que je ne redoute pas cependant au même degré que quelques-uns d'entre vous. Nous sommes parfaitement en état de nous faire respecter en Algérie et en Tunisie, malgré ces contre-coups auxquels je fais allusion; mais enfin, il est certain que nous devons les atténuer, et chercher tous les moyens de diminuer les sacrifices que nous pouvons avoir à supporter dans nos possessions africaines.

Notre action à Constantinople s'est constamment exercée dans ce sens, jusqu'à la fin et avec succès; je dis avec succès, car il y a eu là un véritable triomphe pour notre diplomatie; cette diplomatie qu'on vous représente sans cesse comme abaissée vis-à-vis de l'Europe, elle n'a cessé d'avoir gain de cause dans les différentes réclamations qu'elle a introduites. Oui, c'est grâce à nous que la conférence s'est réunie!...

Plusieurs membres. — Mais vous venez de dire que c'était grâce à l'Angleterre!

M. LE PRÉSIDENT DU CONSEIL. — Je ne dis pas que nous avons pris l'initiative au mois de février, la Chambre m'a parfaitement compris : c'est du 2 juin qu'il s'agit. Je maintiens que c'est grâce à nous que la conférence s'est réunie, car nous nous sommes trouvés en présence d'oppositions et de résistances considérables.

La Turquie a fait longtemps obstacle à la réunion de cette conférence, et plusieurs des puissances de l'Europe croyaient qu'elles pouvaient s'y associer si la Turquie n'en faisait pas partie. Grâce à notre insistance, grâce à l'action de notre diplomatie et au concours que nous a prêté l'Angleterre, nous avons réussi à faire accepter l'idée et la réunion de la conférence, malgré l'abstention de la Turquie. Dans cette conférence nous avons fait triompher toutes nos idées sur les garanties à introduire dans l'intervention de la Turquie.

Si cette intervention ne se produit pas, si la Turquie refuse, qu'arrivera-t-il, me dit-on?

M. Louis Legrand. — Quelles sont ces garanties? (*Mouvements en sens divers.*)

M. le président du conseil. — Les garanties consistent à limiter à un temps donné le séjour des troupes turques, à leur interdire toute espèce d'immixtion dans les affaires intérieures de l'Égypte, à obtenir du sultan l'engagement que rien de ce qui peut toucher à l'état politique ou administratif de l'Égypte ne sera atteint en quoi que ce soit par la présence de ces troupes, et à exiger que ces troupes agissent sous l'autorité du khédive. Il y a là un ensemble de garanties qui peuvent n'être pas aussi grandes que vous le souhaiteriez, mais qui assurément enlèvent à l'intervention turque le caractère préjudiciable que l'on aurait pu redouter pour nous. (*Très bien! très bien! à gauche et au centre.*)

Si l'intervention turque ne se produit pas, la conférence sera immédiatement invitée par les ambassadeurs de France et d'Angleterre à étudier un autre mode d'intervention, c'est-à-dire une intervention européenne. Dans ce dernier cas, si, comme cela paraît probable, nous sommes invités à faire partie des puissances chargées d'exécuter cette intervention, nous sommes disposés à accepter le mandat. Je dis : nous sommes disposés, parce que nous nous réservons d'examiner quels seront les termes de ce mandat. (*Approbation à gauche et au centre.*)

Il s'agit d'un mandat non seulement militaire, mais politique : il s'agit de savoir ce que nous irons faire en Égypte (*Très bien! à gauche*), et, avant de nous y rendre, nous aurons soin de peser soigneusement les termes de ce mandat.

Voilà pourquoi, sans m'engager d'ores et déjà et sans conditions, je dis que nous sommes disposés à l'exercer. (*Assentiment au centre et à gauche.*)

Il y a dans ces affaires d'Égypte un point spécial auquel l'honorable M. Charmes a fait allusion avec un talent et une force qui ont porté la conviction, si elle n'existait déjà, dans l'esprit d'un grand nombre d'entre vous. M. Charmes a fait valoir très justement, selon moi, l'impérieuse nécessité pour la France de maintenir sa main sur le canal de Suez.

Je n'admets pas que le canal de Suez puisse cesser d'être libre, et si certaines nations se rendaient sur le canal pour le protéger, je n'admets pas que la France ne soit pas au nombre de ces nations. (*Très bien! à gauche et au centre.*)

Tel est aussi le point de vue de l'Angleterre.

On m'a demandé quelle était la nature de nos rapports actuels avec l'Angleterre ; je réponds d'un mot : c'est que l'Angleterre nous a conviés d'aller avec elle, et avec l'assentiment de l'Europe, pour veiller à la garde du canal de Suez, si c'était nécessaire. C'est hier seulement que l'accord s'est fait entre les deux cabinets, et nous avons saisi la conférence de la question, car, même pour le canal de Suez, je désire provoquer une consultation des autres puissances, tout en réservant ma liberté d'action. (Applaudissements au centre et à gauche. — Interruptions à droite et à l'extrême gauche.)

Mes honorables interrupteurs me feraient un reproche amer si je ne la réservais pas... (Très bien ! très bien !)

Tout en réservant ma liberté d'action, la prudence me fait un devoir de provoquer une consultation européenne, et si je vais sur les bords du canal de Suez de concert avec l'Angleterre et avec l'assentiment de l'Europe, je me sentirai beaucoup plus fort et je crois que j'aurai ainsi mieux sauvegardé les intérêts de mon pays. (Très bien ! très bien !)

Cet accord, Messieurs, avec le cabinet anglais, s'est conclu hier seulement, et tout de suite nous avons saisi la conférence à Constantinople. Ce fait vous montre pourquoi, au sein de la Commission, quand j'ai été interrogé sur les vues du Gouvernement à l'égard du canal de Suez, j'ai été obligé de me renfermer dans une extrême réserve, sans m'engager dans aucun sens. J'ai eu raison de dire qu'il n'était pas possible d'affirmer à l'avance quelles seraient les déterminations du Gouvernement, avant de savoir quelle serait la situation qui sortirait des négociations engagées.

J'avais une grande et légitime espérance que ces négociations aboutiraient, mais enfin j'aurais été singulièrement présomptueux si j'étais ainsi venu d'avance vous affirmer une réussite ; voilà pourquoi j'ai été si réservé dans le sein de la Commission, quoique cet objet me tînt particulièrement au cœur. (Très bien ! très bien !)

Dans cette affaire donc, comme dans l'intervention générale, vous voyez que j'ai constamment cherché à me mouvoir sur une route où je ne risque pas de rencontrer des surprises.

Je sais parfaitement où je vais dans cette question ; je

marche avec l'alliance anglaise, comme je l'ai déclaré dans
mon discours du 12 mai. M. Lockroy s'en est fait un jeu,
ce qui ne lui est pas difficile avec l'esprit dont la nature l'a
doué (*On rit*); il lui est facile de provoquer les rires aux
dépens de ses contradicteurs; mais si M. Lockroy avait été
un peu moins spirituel et un lecteur un peu plus complet,
il aurait vu, dans le discours qu'il a bien voulu rappeler à
cette tribune, que j'avais indiqué deux moyens sur lesquels
je comptais constamment m'appuyer pour arriver à la solution de la question égyptienne : c'était d'une part l'alliance
anglaise, dont je ne m'étais jamais séparé, de l'autre le
concert européen, dont je désirais me rapprocher. Ces
deux moyens, je les ai constamment employés. J'ai la certitude que j'ai fait une œuvre de prudence; je n'ai pas accompli un de ces actes brillants dont on peut faire parade à
cette tribune (*Vifs applaudissements sur un grand nombre de
bancs*), mais j'ai le sentiment que j'ai rendu un réel service
à mon pays, qui plus tard le reconnaîtra, et je m'en fie à
la justice et à la sagesse de la Chambre pour le reconnaître
dès aujourd'hui. (*Nouveaux applaudissements. — M. le président du conseil, en retournant à son banc, reçoit les félicita-
tions de ses collègues et d'un certain nombre de députés.*)

M. Delafosse, député bonapartiste, et M. le duc de
La Rochefoucauld-Bisaccia, député légitimiste, déclarent
qu'ils ne voteront pas le crédit demandé, parce que ce vote
comporte des témoignages de confiance envers le cabinet.

M. GAMBETTA. — Je voudrais brièvement dire à la
Chambre pour quelles raisons nos amis et moi nous
voterons les crédits réclamés par le Gouvernement.

La Chambre peut croire que je ne reviendrai pas
sur le passé. Chacun dans cette Chambre a son jugement fait; les documents ont passé sous vos yeux; les
premières impressions, dans ces sortes de questions,
sont, je le reconnais, presque toujours vagues, parce
qu'elles ne reposent pas sur des données exactes. Mais
ces premières impressions sont dissipées aujourd'hui.

Aussi, Messieurs, je ne crois pas me tromper en

disant que la question d'Égypte est mieux connue, mieux appréciée, qu'il y a quatre mois.

Le sentiment du pays est également formé, et je pense que le pays ratifiera le langage que tenait tout à l'heure l'honorable président du conseil, quand il disait que nous sommes en présence d'intérêts supérieurs que le Gouvernement est décidé à faire prévaloir avec l'alliance anglaise, que le concours de la conférence lui fût ou non assuré; c'est ce qu'il appelait sa liberté d'action.

M. le président du conseil ajoutait qu'à la date d'hier il avait conclu une convention avec l'Angleterre pour la protection de nos intérêts et de la liberté du canal de Suez.

Il ressort pour moi de cette déclaration qu'on a suffisamment compris et l'importance et l'urgence de ces intérêts et combien il était nécessaire de rentrer dans cette coopération anglaise dont on s'était écarté sous l'influence de mobiles plus ou moins légitimes, mais que je ne veux pas analyser à cette heure. Ce qui doit nous suffire, c'est de prendre la question là où elle en est et de la traiter en elle-même sans retour sur le passé, sans aucune récrimination sur les personnes. (*Applaudissements sur un grand nombre de bancs.*)

Vous avez dit que vous n'aviez jamais perdu de vue l'alliance anglo-française. Je vous en félicite, car un moment j'avais tremblé, je croyais qu'elle s'était obscurcie dans votre esprit...

Vous avez dit que le concert européen était pour vous une sorte d'aréopage, de consultation préalable, qui n'engageait pas votre liberté d'action définitive. Je vous applaudis et je demande que vous restiez dans cette dernière déclaration d'une façon ferme et persévérante. (*Nouveaux applaudissements.*)

Vous demandez aujourd'hui des crédits pour rentrer dans cette politique nationale. Votons-les sans aucune espèce d'arrière-pensée. (*Très bien! très bien! à gauche et au centre.*)

Vous affirmez enfin que vous avez un dessein politique, contrairement à ce que nous avait appris si malheureusement le rapport. Je suis prêt à vous donner ma confiance, même en l'absence des Chambres, car vous rentrez dans la vérité.

Quelques membres à droite. — Comment, même en l'absence des Chambres!

M. GAMBETTA. — Permettez-moi d'expliquer ma pensée.

Messieurs, quand le rapport lu hier à cette tribune disait que vous ne vouliez pas accepter telle ou telle proposition, de crainte de paraître avoir un dessein préconçu, et que toute initiative devait venir de vous, Messieurs, et que l'on viendrait vous consulter constamment sur les mesures à prendre dans le développement de cette question d'Orient, je gémissais pour mon pays. Car il vous appartient bien, en effet, de dicter la direction de la politique, il vous appartient bien de la contrôler, de la juger, de la condamner, mais, à coup sûr, il est une tâche, une fonction, un devoir qui appartient au Gouvernement, c'est de se décider, c'est d'avoir une résolution.

Eh bien, Messieurs, je vous le demande : vous allez partir; si le Gouvernement n'a pas ce dessein ferme, cette résolution arrêtée, est-ce qu'il pourra agir? Est-ce qu'il vous convoquera précipitamment pour vous demander une consultation? Non, assurément; ce qui appartient au Gouvernement, c'est l'initiative, c'est la responsabilité. (*Vifs applaudissements sur divers bancs à gauche et au centre. — Réclamations sur d'autres. — Mouvement prolongé.*)

M. DE LANESSAN. — Jamais! Le Gouvernement n'a pas le droit de guerre et de paix!

M. GAILLARD. — C'est la politique de la monarchie.

M. GAMBETTA. — Messieurs, je serais bien malheu-

reux si la Chambre pouvait méconnaître ma véritable
pensée. Je ne veux en rien entamer sa souveraineté
et sa prérogative, mais je dis que vous allez vous
séparer dans dix ou quinze jours...

M. CLÉMENCEAU. — Nous n'avons pas commencé la
discussion du budget!

M. LE PRÉSIDENT. — N'interrompez pas, Messieurs!

M. GAMBETTA. — Il faudrait pourtant s'entendre :
c'est la permanence de l'Assemblée...

M. LAROCHE-JOUBERT. — C'est ce que j'ai demandé!

M. GAMBETTA. — ... ou la prolongation, pendant les
vacances, de la question égyptienne.

J'allègue, Messieurs, un fait très simple, auquel
aucun de vous ne peut se dérober : je dis que dans
quelques semaines vous ne serez plus sur ces bancs;
mais alors la question d'Égypte ne sera pas close; la
conférence n'aura pas terminé sa laborieuse mais stérile existence (*Sourires*); à ce moment-là les ruines, le
désordre, l'anarchie, ne seront pas dissipés dans la
vallée du Nil; et vous ne serez pas là!

Eh bien, moi, je ne demande pas que vous restiez
en permanence sur vos bancs, mais j'affirme qu'il
importe que vous soyez fixés, que le pays soit fixé, et
qu'il appartient au Gouvernement de revendiquer
toute sa responsabilité d'action, afin de savoir, dans
toutes les hypothèses qui pourraient surgir, quelle
sera sa conduite dans les complications égyptiennes.
(*Très bien! très bien!*)

Pour ma part, je lui vote les crédits, — crédits que
je trouve insuffisants, car c'est là ce qui m'inquiète...
(*Mouvements divers.*)

Je supplie la Chambre de croire que je n'apporte
dans cette discussion aucune espèce de passion.
(*Légère rumeur.*) Si vous le croyez, je suis prêt à des-
cendre de la tribune, (*Non! non! — Parlez! parlez!*)

Je répète, Messieurs, que j'accorde au Gouvernement les crédits qu'il nous demande, précisément

pour qu'il ne soit pas matériellement démuni pendant notre absence; je répète aussi que ce qui m'inquiète, c'est le rapprochement entre les vues politiques que M. le président du conseil exposait tout à l'heure, avec l'assentiment de la majorité de la Chambre dont je fais partie, et l'exiguïté des ressources qu'il sollicite. (*Très bien!*)

Et alors je me demande si le Gouvernement a le propos bien ferme de poursuivre cette politique, ou s'il n'aura pas besoin précisément de nouvelles ressources pour y faire face, quand vous ne serez plus là. (*Mouvements divers.*)

M. FREPPEL. — Vous êtes dans le vrai!

M. GAMBETTA. — Car, quant à vous faire revenir, à vous convoquer expressément, je ne sais si vous vous rendez bien compte de l'émotion, du trouble que cette convocation jetterait dans le pays, sans parler de la difficulté même qu'il y aurait à vous proposer des mesures sur lesquelles vous auriez à délibérer et à voter tardivement.

Voilà les questions que je pose. On me dit : Mais la conférence pourra déléguer les Turcs! Messieurs, je crois que c'est la pire des solutions; et c'était, à mon sens, un point sur lequel il ne fallait pas céder, que la question de l'intervention turque. Ramener le Turc au pied des Pyramides, c'est jouer avec le feu en Algérie et en Tunisie. (*Très bien! très bien!*) Ramener le Turc sous le pavillon français, c'est dire à tout l'Orient que le calife est devenu votre maître, c'est abolir en un jour cinquante ans de notre politique. (*Très bien! sur quelques bancs.*)

Cinquante ans! Messieurs, je me trompe, car la France ne date pas d'un siècle : c'est abolir sa politique traditionnelle sur les bords du Nil. (*Très bien! très bien!*)

Mais laissons ces choses, puisqu'on passe son temps, malheureusement, de nos jours, à pleurer sur des faits accomplis!

XI. 7

Eh bien, oui, vous avez, — et vous croyez que c'est
ce qui pourrait vous arriver de plus heureux, — vous
avez décidé le sultan à cette intervention; il vous
donne ses troupes, et quelles troupes! Oh! vous avez
des garanties! Vous savez que ces troupes ne vont
pas rencontrer, autour de la mosquée d'El Ahzar, des
marabouts, des docteurs de la loi qui les fanatiseront;
vous répondez qu'il n'y aura pas de point de jonction
entre la révolution égyptienne et les troupes otto-
manes; vous pouvez dire avec toute assurance qu'ayant
stipulé le commandement de ces troupes par le
khédive, c'est bien le khédive qui exercera ce commandement. Vous pouvez décider le pays par ces raisons; vous pouvez lui dire que, ayant accordé six
mois de campement aux troupes musulmanes dans la
vallée du Nil, vous vous chargerez de leur faire évacuer subitement ce territoire miraculeusement recon-
quis. (*Très bien! très bien! sur divers bancs.*)

Vous croyez ces choses? Quant à moi, je vais vous
accorder l'argent pour tenter ces aventures, comme
vous aimez à dire. Mais si jamais le sultan redevient
maître de l'Égypte, peut-être d'accord avec des
rivaux disposés à faire momentanément son jeu,
parce qu'il est dans le monde, et vous ne l'ignorez
pas, des puissances qui savent colluder avec le Turc
afin, d'abord, de chasser la France, et, plus tard, afin
d'hériter de lui... (*Mouvements divers*); — eh bien,
songez-y, Messieurs! je ne demande pas mieux que
d'être démenti; mais si, par malheur, je voyais le
retour des bataillons réguliers du sultan et du kalife
aux pieds de la mosquée d'El Ahzar, je crois fermement que vous pourriez dire adieu à tous ces rêves de
réparation et de reconstitution de la colonie française
dont vous nous avez entretenus tout à l'heure.

Ah! je sais bien qu'on prend facilement son parti
aujourd'hui de la perte de ces grands établissements
orientaux; il suffit de l'enregistrer; cela ne s'appelle

pas gouverner, cela s'appelle raconter. (*Mouvements divers.*)

Laissons ces choses et envisageons une seconde hypothèse. Je suppose que la conférence vous choisisse, comme vous le dites, pour le zaptié, pour le gendarme de l'Europe; et dans ce cas, permettez-moi de vous faire remarquer la déchéance qui s'attache alors à votre rôle. A partir de ce moment, vous n'agissez plus comme France; ce n'est plus la situation prépondérante et privilégiée de la France que vous allez rétablir en Égypte, c'est une consigne délibérée en dehors de vous, — devant vous, je le veux bien, mais vous êtes obligés de convenir vous-mêmes qu'on y pensait avant d'être convoqués et réunis, — que vous allez faire exécuter.

Messieurs, ce n'est pas le rôle qui vous convient. Eh! mon Dieu, on a bien le droit de dire que dans un grand gouvernement comme le gouvernement de la République française, un devoir étroit s'impose à ceux qui ont l'honneur d'être les dépositaires du pouvoir, c'est de ne pas laisser amoindrir dans leurs mains le patrimoine de la France; et c'est justement parce que ce patrimoine est ancien qu'il n'en est que plus sacré! (*Vifs applaudissements sur divers bancs à gauche.*)

Lorsque vous serez allés au Caire, — et peut-être beaucoup plus loin encore; car qui sait si on ne se réserve pas de vous faire voir beaucoup de pays? (*Sourires*) — vous serez là non plus pour venger votre injure, non plus pour rétablir vos nationaux, non plus pour maintenir une situation que tout le monde se plaisait à reconnaître, — M. de Bismarck lui-même, — comme privilégiée, comme exceptionnelle, car lorsqu'il en voyait faire des réclamations à côté de vous. avant tout il se plaisait à reconnaître et à saluer votre grande position dans ce pays.

Ah! je sais bien qu'on dit : M. de Bismarck, il a à la fois toutes les habiletés et toutes les suggestions;

toutes les fois que la France a un intérêt, ou un dessein, ou un désir, s'il se trouve, par hasard, que la politique allemande n'y est pas directement contraire, il faut se méfier : le piège consiste à présenter à la France comme le résultat d'un encouragement et comme une exhortation de la politique allemande ce qui est la défense traditionnelle, antique, de ses plus grands intérêts.

Messieurs, il y a eu un temps où cette politique existait, et cependant alors il n'y avait pas de Prusse. L'histoire est là pour en déposer : toutes les fois qu'une nation militaire a conquis une certaine hégémonie dans le monde, elle se mêle volontiers de beaucoup de choses ; mais c'est justement un hommage à rendre à ce politique aussi ferme et aussi maître de lui-même qu'audacieux à certaines heures, qu'il ne s'occupe que de choses qui se rapportent directement à l'intérêt allemand.

Or, il a dit et répète bien souvent que toutes ces querelles ne valaient pas les os de la carcasse d'un Poméranien. On l'oublie trop. Il ne faut pas mettre M. de Bismarck dans toutes les combinaisons et dans toutes les affaires. N'agissez que d'après votre intérêt mûrement étudié, mûrement délibéré ; quant à l'étranger, on en parle beaucoup trop et dans des sens trop divers pour la détermination des calculs de la politique qui doit le mieux servir les intérêts de la France. (*Vifs applaudissements.*)

Eh bien, quand vous serez allés là-bas comme les mandataires de la conférence, qu'est-ce que vous y ferez ? Vous me dites : Oh ! nous n'irons pas sans précautions ni sûretés, comme vous le croyez ; nous en prendrons encore, nous dirons au concert européen : Vous nous désirez pour exécuteurs de vos hautes œuvres ; mais vous ignorez peut-être qu'il y a en Égypte un parti national. Oui, on a découvert que ce peuple, qui, comme le disait Bonaparte, depuis quarante siècles est esclave, est à la veille de créer ou de retrouver les principes de 1789 dans les hypogées des Pyramides. (*Rires approbatifs. — Murmures à l'extrême gauche.*)

M. GAILLARD. — Ne raillez pas ces choses-là : tous les peuples ont eu leur aurore de liberté! (*Bruit.*)

M. GAMBETTA. — Monsieur, vous n'avez pas la parole : taisez-vous. (*Vives réclamations à l'extrême gauche.*)

Un membre. — Qui est-ce qui préside ici?

M. LE PRÉSIDENT. — Je vous prie, Messieurs, de ne pas interrompre: si vous n'interrompiez pas, vous n'entendriez pas des paroles comme celles qui vous ont blessés. (*Rumeurs à l'extrême gauche.*)

M. GAMBETTA. — Messieurs, on ne s'est pas contenté de vous dire qu'il y avait un parti national, que je vous décrirai si vous voulez, — on vous a dit qu'il y avait là une jeune nationalité; et, alors, probablement parce que l'application de ce principe des nationalités nous a été excessivement favorable, on se propose de sauver des eaux du Nil la jeune nationalité égyptienne. (*Sourires approbatifs.*)

Messieurs, ce n'est pas pour la nationalité égyptienne, ni pour le compte du parti national qu'il faut aller en Égypte, c'est pour la nation française... (*Très bien! très bien!*) pour cette nation française dont on prenait si éloquemment en main la défense à cette tribune, et qui aujourd'hui, comme on vous le disait tout à l'heure, promène une vie errante et misérable sur toutes les côtes de la Méditerranée.

Quand vous serez là, aux prises, vous aurez les Anglais en face de vous; et alors, ne vous y trompez pas, rappelez-vous que les Anglais ont pour habitude de distinguer entre les peuples. D'une part, il y a les peuples qu'ils considèrent comme les nations d'une race analogue à la leur et qui peuvent jouir des institutions de la libre Angleterre; c'est l'Australie, c'est

le Canada, se sont les pays où il y a véritablement un
peuple avec ses couches successives, avec ses traditions, avec sa langue propre ou ses aptitudes déjà
formées. A ceux-là, les Anglais donnent des institutions qui, peu à peu, émancipent ces races et en font
pour ainsi dire les sœurs cadettes de l'Angleterre.
Mais il y a d'autres races, paraît-il, dont la caractéristique, aux yeux de l'Angleterre, a toujours été d'être
dominées, de vivre sous le bâton, et qui ne sont
bonnes à devenir peuple qu'à la condition de ne pas
être livrées à toute espèce de sollicitations venues du
dehors.

Messieurs, on parle de nationalité; mais la nationalité, cela ne s'invente pas, et cependant ici, dans la
question qui nous occupe, on trouverait facilement
les docteurs ès science parlementaire qui sont allés
en Égypte semer et faire fructifier cette graine nouvelle du parti national. (*Sourires sur divers bancs.*)
Je vous assure que, si on vous faisait leur biographie,
vous seriez fort étonnés de voir quels sont les parrains
de la nationalité égyptienne. (*Rires approbatifs sur
divers bancs à gauche et au centre.*) Oui, Messieurs, on
les connaît; ils entrent même volontiers en relations
avec les hommes politiques; personne n'ignore, — je
l'ai moi-même mentionné dans une dépêche du Livre
jaune, — où ils ont le siège de leurs opérations et
quel prix ils y mettent.

Messieurs, quand vous serez là, vous y trouverez
cette Angleterre qui connaît le Fellah, qui sait quelle
somme de libre examen et de préparation civique il y
a dans cette race depuis les Hyczos et les Pharaons
jusqu'à nos jours; les Anglais vous diront qu'ils ne
sont pas du tout partisans de cet ordre de civilisation.
Peu à peu, — car ils sont déjà sur place et vous n'y
êtes pas encore, — peu à peu ils s'apercevront que les
intérêts qu'ils ont à défendre là-bas sont mis en question par les nébuleuses et chimériques rêveries du parti

national, et vous arriverez avant longtemps, — si
telle est la condition de notre intervention en Égypte,
— à un conflit qui ne tardera pas à devenir assez aigre.

Mais je sais que malheureusement il est des personnes, — il y en a même dans cette Chambre, — qui
ont envisagé avec sang-froid l'hypothèse d'un conflit
avec l'Angleterre. Ce sont les mêmes personnes,
d'ailleurs, qui trouvent qu'Arabi-Pacha est une force
extrêmement redoutable... (*Sourires sur divers bancs
à gauche*) et que l'armée égyptienne réclame au moins
50,000 Français pour être dissipée. Oui, ce sont les
mêmes hommes, qui ne voulaient pas, lorsque c'était
relativement facile, et lorsqu'on pouvait le faire au
plus grand avantage de l'honneur, de la civilisation,
des intérêts sociaux, des intérêts moraux et matériels,
ce sont ces mêmes hommes qui ont envisagé de
propos délibéré, sans éprouver aucune angoisse
patriotique, la possibilité d'un conflit avec l'Angleterre, et qui non seulement l'envisagent, mais font
imprimer qu'un tel conflit ne les effrayerait pas trop;
de telle sorte que si ce vertige pouvait être pris au
sérieux au delà du détroit, vous vous trouveriez, pour
le coup, en pleine aventure. (*Mouvement.*)

Messieurs, quand je regarde l'Europe, cette Europe
dont il a été si grandement question aujourd'hui à
cette tribune, je remarque que depuis dix ans il y a
toujours eu une politique occidentale, représentée
par la France et l'Angleterre, et permettez-moi de dire
que je ne connais pas d'autre politique européenne
capable de nous être de quelque secours dans les
plus terribles hypothèses que nous puissions redouter. (*Applaudissements à gauche et au centre.*)

Messieurs, ce que je vous dis aujourd'hui, je le dis
avec le sentiment profond de la clairvoyance de
l'avenir. (*Murmures à l'extrême gauche.*) Ceux qui m'in-
terrompent viendront ici donner les raisons qui les
autorisent à croire que ma parole est sans crédit dans

le domaine des affaires extérieures, mais j'ai le droit
de dire, qu'avant comme après la guerre de 1870,
jamais je n'ai eu de préoccupation plus constante,
entendez-le bien, supérieure à la fois aux intérêts
personnels et aux intérêts du parti, que celle de la
sécurité de la patrie; et je me détesterais, je m'inter-
dirais à jamais l'honneur de parler devant mon pays, si
je pouvais mettre quelque chose en balance avec son
avenir et sa grandeur. (*Applaudissements prolongés à
gauche et au centre.*)

Eh bien, j'ai vu assez de choses pour vous dire ceci:
Au prix des plus grands sacrifices, ne rompez jamais
l'alliance anglaise. Oh! je sais ce qu'on peut alléguer:
Il faut en finir ici avec les équivoques, et je ferai connaître toute ma pensée : je suis certainement un ami
éclairé et sincère des Anglais, mais non pas jusqu'à
leur sacrifier les intérêts français. D'ailleurs, soyez
convaincus que les Anglais, en bons politiques qu'ils
sont, n'estiment que les alliés qui savent se faire respecter et compter avec leurs intérêts. (*Applaudissements à gauche et au centre.*)

Et précisément, — je livre toute ma pensée, car je
n'ai rien à cacher, — précisément ce qui me sollicite
à l'alliance anglaise, à la coopération anglaise dans le
bassin de la Méditerranée et en Égypte, c'est que ce
que je redoute le plus, entendez-le bien, — outre cette
rupture néfaste, — c'est que vous ne livriez à l'Angleterre, et pour toujours, des territoires, des fleuves et
des passages où votre droit de vivre et de trafiquer est
égal au sien. (*Applaudissements à gauche et au centre.*)

Ce n'est donc pas pour humilier, pour abaisser,
pour atténuer les intérêts français, que je suis partisan de l'alliance anglaise : c'est parce que je crois,
Messieurs, qu'on ne peut efficacement les défendre
que par cette union, par cette coopération. S'il y a
rupture, tout sera perdu.

Voilà, Messieurs, dans quel esprit je voterai les

crédits : c'est parce que vous avez dit que vous reveniez à l'alliance et à la coopération anglaise, et que vous avez mis hier la signature de la France au bas d'une convention nouvelle avec l'Angleterre.

Je vous donne cet argent; je crois qu'il sera insuffisant, mais je vous le donne avec cette conviction que la Chambre ratifie aujourd'hui, non pas un vote de crédit, mais un vote de politique et d'avenir, la Méditerranée restant le théâtre de l'action française, et l'Égypte étant arrachée au fanatisme musulman, à ces chimères de révolutions...

A droite. — Très bien!

M. GAMBETTA. — ... à ces entreprises d'une soldatesque de caserne, pour rentrer dans l'orbite de la politique européenne. Voilà pourquoi je donne l'argent, et voilà pourquoi mes amis peuvent voter avec moi. (*Applaudissements répétés sur un grand nombre de bancs.*)

M. LE PRÉSIDENT DU CONSEIL. — Je n'ai qu'un mot à dire. Je n'ai aucunement l'intention de rentrer dans la discussion; je tiens seulement à bien préciser le vote des crédits qui vous sont demandés et le sens de mes paroles quand j'ai fait allusion tout à l'heure à une action éventuelle sur les bords du canal de Suez.

L'intention bien arrêtée du Gouvernement est de vous saisir d'une manière directe de cette question lorsque son heure sera venue. Je n'ai pas l'intention de demander à la Chambre, par voie indirecte, son consentement à une action quelconque.

Voix à gauche. — Et si nous ne sommes plus réunis? Si nous sommes en vacances?

M. LE PRÉSIDENT DU CONSEIL. — La question du canal de Suez se produira avant les vacances. (*Mouvement.*)

Je répète, Messieurs, que je tiens uniquement à bien préciser le vote du crédit, et je dis que le jour où une action tendant à la protection du canal de Suez sera sur le point d'être engagée, le jour où il sera nécessaire de vous demander des crédits destinés à cet objet, ce jour-là

nous vous présenterons un projet de loi spécial qui entraî-
nera pour nous, et seulement alors, le droit d'accomplir
cet acte. (*Applaudissements à gauche et au centre.*)

M. CLÉMENCEAU, qui se propose de combattre les théories professées jusqu'ici sur le rôle à jouer à l'égard de la
nation égyptienne, demande à la Chambre de renvoyer le
débat au lendemain.

Après une épreuve douteuse, le renvoi est ordonné.

M. Gambetta, dont la mère était morte après une courte
maladie, le matin même, à Saint-Mandé, n'assista pas à la
séance du lendemain 19 juillet. M. Clémenceau répondit à
son discours en soutenant que « vouloir dominer des races
moins avancées, ce serait faire preuve d'esprit monarchique »; qu'il n'y avait point communauté d'intérêts entre
la France et l'Angleterre; que le contrôle, avec ses innombrables employés européens, nous avait fait perdre beaucoup de notre crédit en Égypte; enfin que M. de Freycinet
ne devait pas se laisser entraîner par l'Angleterre, qu'il
avait eu seulement raison de ne point s'associer au bombardement d'Alexandrie et de faire appel au concert européen.

A la suite de ce discours, les crédits furent votés par
424 voix contre 64, dans les termes où ils étaient demandés
par le ministère, c'est-à-dire pour mettre la flotte en état.

La séance du 18 juillet avait indiqué chez le président du
conseil quelque velléité d'action. A peine les crédits eurent-
ils été votés par la Chambre des députés, malgré l'opposi-
sition de la droite et de l'extrême gauche, qu'un nouveau
revirement s'opéra dans l'esprit de M. de Freycinet. Bien
que la conférence eût accueilli *ad referendum* une proposition
des ambassadeurs de France et d'Angleterre tendant à
désigner les puissances qui seraient chargées d'assurer la
sécurité du canal de Suez, et que le cabinet de Londres, ne
cessât pas d'insister auprès du gouvernement français pour
qu'il se joignît à lui, M. de Freycinet se déroba encore une
fois. Effrayé par le développement de l'insurrection d'Arabi,
il s'imagina que la répression des bandes prétoriennes du
Caire nécessiterait un déploiement considérable de forces,
et ses journaux prédirent que l'Allemagne profiterait d'une
expédition anglo-française en Égypte pour franchir la fron-

tière des Vosges. Les amis de M. Gambetta eurent beau
démontrer avec une insistance désespérée que l'armée d'Arabie n'était que le limon du Nil et que la Prusse ne gêne-
rait en rien une expédition anglo-française; M. de Freycinet
resta sourd à toutes les remontrances de la *République
française*, du *Journal des Débats* et du *Temps*. Puisque la
Porte s'était enfin résolue à adhérer à la conférence tout en
réclamant un répit pour rédiger les instructions de ses
représentants, la France devait renoncer au rétablissement
de l'ordre en Égypte et se borner à la protection du canal
de Suez. Toute autre politique, disaient les journaux à la
solde du cabinet, serait folle, grosse de périls, contraire aux
principes d'une démocratie pacifique. Les intransigeants
affirmaient que la révolution d'Arabi procédait de la révolution de 89 et que la République devait respecter la
jeune nationalité égyptienne. Les gazettes de l'Élysée
exposaient que l'Angleterre voulait nous entraîner dans un
piège et qu'il faudrait plus de 40,000 hommes de troupes
françaises pour réduire Arabi. En conséquence, au moment
même où la Chambre des communes votait un crédit de
55 millions de francs pour l'expédition d'Égypte, le ministre
de la marine se bornait à présenter un projet ouvrant un
misérable crédit de 9 millions pour la protection du canal
(22-24 juillet).

Le lendemain du dépôt de ce triste projet, le Sénat procédait à la discussion du premier projet de crédits qui
avait été adopté par la Chambre dans la séance du 18. La
haute Assemblée était, dans sa majorité, résolument
favorable à la politique de M. Gambetta, c'est-à-dire à une
action immédiate et énergique en Égypte, de concert avec
l'Angleterre et sans mandat préalable de la conférence
de Constantinople. M. Schérer, dans un remarquable rapport, et M. Waddington, dans un éloquent et patriotique
discours, s'efforcèrent une dernière fois d'arrêter M. de
Freycinet sur la pente où il glissait. L'honneur de la France,
son prestige dans le monde musulman, son influence sur
le bassin de la Méditerranée, la vengeance à tirer de l'outrage d'Alexandrie, la protection de notre colonie d'Égypte,
l'entente cordiale avec l'Angleterre, tels étaient les intérêts
engagés dans cette grande question, et M. de Freycinet
n'avait pas le droit de les sacrifier, dans une heure de

faiblesse, à l'ignorance ou à la poltronnerie des partis. Le
rapport de M. Schérer, accablant pour M. de Freycinet,
s'exprimait en ces termes :

... Toutefois nous ne serions point sincères si nous permettions
au cabinet de prendre nos conclusions pour une approbation
complète de sa politique, et, tout en vous recommandant un vote
favorable, nous ne pensons point que le vote doive revêtir la
portée d'une adhésion à tout ce qui a été fait.

Il est un reproche qui nous paraît résumer tous les autres,
nous voulons parler du manque d'unité dans la conduite du Gouvernement : de là une certaine obscurité sur les principes qui
ont dirigé cette conduite, et, de cette obscurité, les incertitudes
de l'opinion, qui n'a jamais bien su quel but poursuivait le cabinet et par quels moyens il comptait atteindre ce but.

On a pu croire qu'après avoir senti tout le prix d'une entente
étroite avec l'Angleterre il avait subordonné cette entente à ce
qu'on a appelé mal à propos le concert européen. Il a paru de
même qu'après s'être prononcé en faveur du maintien du *statu
quo* en Égypte, le Gouvernement était désormais tout gagné à l'établissement d'un régime contraire. Est-il téméraire de faire observer que cette absence d'une politique suffisamment intelligible est
médiocrement favorable à la solidité de nos relations extérieures ?

Le manque d'unité de conduite que nous sommes tentés de
reprocher au Gouvernement s'est surtout manifesté par la proposition de cette conférence de Constantinople, dont l'initiative
appartient précisément à notre office des affaires étrangères.

En prenant part à la conférence, la France cessait d'être maîtresse de ses résolutions. Elle faisait plus, elle sacrifiait deux
intérêts qui avaient paru jusque-là former les points de repère
de sa politique dans la question égyptienne. Elle souscrivait
d'avance à l'intervention turque, à laquelle la majorité des
puissances était notoirement favorable, mais dont M. le président
du conseil avait toujours reconnu les dangers pour nos établissements d'Afrique.

La France abandonnait en même temps la position privilégiée
dont elle avait joui en commun avec l'Angleterre, et dont
M. de Freycinet, dans plus d'un discours, avait affirmé l'inviola-
bilité.

Ajouterons-nous que cette conférence, à laquelle le cabinet a
tant sacrifié, était dès le premier jour atteinte dans son autorité
par l'attitude de l'Angleterre, et qu'elle paraît en ce moment
même sur le point de se séparer sans avoir abouti ?

L'Angleterre, en faisant des préparatifs militaires considérables et pour lesquels elle n'a pris conseil que d'elle-même ; l'An-

gleterre a donné à entendre sous quelles restrictions elle était
prête à accueillir les décisions de la conférence.

La conférence a compris, et, s'il est vrai qu'elle laisse désormais à chacun le soin de ses intérêts et la responsabilité de ses
actes, on peut s'attendre à voir bientôt trancher par une puissance un nœud que le concert européen s'est montré inhabile
à dénouer.

Messieurs, les regrets que la conduite du cabinet nous a fait
éprouver ne nous ont pas été uniquement inspirés par des hésitations ou des contradictions dans la direction des affaires
étrangères.

Nous nous sommes quelquefois demandé si les incertitudes de
sa conduite ne provenaient pas elles-mêmes d'une préoccupation
exagérée de la position parlementaire. Sans être aucunement
insensibles aux difficultés qu'opposent à l'exercice du pouvoir
les conditions de la société moderne, il nous semblait que le
plus sûr moyen de s'assurer une majorité c'était encore la netteté des vues et l'autorité des convictions.

Un homme d'État contemporain l'a dit : La grande misère de
notre temps est la crainte des responsabilités.

Il aurait pu ajouter qu'on gouverne moins l'opinion en la suivant qu'en la formant, et qu'on ne la forme que par l'énergie des
initiatives.

Il nous a paru, Messieurs, que des considérations de ce genre
n'étaient pas déplacées dans le rapport de votre Commission.
Le Sénat n'est-il pas le gardien naturel de l'intégrité de nos institutions, et ces institutions ne subissent-elles pas une atteinte
également sensible quand les majorités échappent au Gouvernement et quand le Gouvernement manque aux majorités?

Vous venez d'entendre, Messieurs, les réserves qui nous ont
semblé nécessaires pour que le vote des crédits demandés restât
conforme à des impressions qui ne sont malheureusement pas
des impressions de satisfaction sans mélange et de complète
sécurité. Ces réserves faites, nous croyons devoir vous recomman-
der l'adoption des crédits réclamés pour le service de la marine.

Le Sénat accueillit le rapport de M. Schérer avec une
vive faveur, et la réplique de M. de Freycinet à M. Waddington avec une froideur extrême. Puis, les crédits furent
votés par 205 voix contre 5, presque toute la droite s'étant
abstenue (25 juillet).

Cependant la commission de la Chambre, chargée d'examiner la deuxième demande de crédits, s'était réunie et, là
encore, comme si le Sénat n'avait point parlé, M. de Frey-

cinet se prononça avec une véritable colère contre la politique d'action. M. Jules Ferry et M. Léon Say, eurent beau
insister au conseil du lendemain pour que le ministre des
affaires étrangères renonçât enfin à un système de tergi-
versation perpétuelle; le vice-amiral Jauréguiberry, ministre de la marine, eut beau représenter que l'occupation
de Zagazig serait indispensable : M. de Freycinet ne voulut
rien entendre. L'envoi éventuel de 3,000 hommes de troupes
sur la rive septentrionale du canal de Suez, — où ils sta-
tionneraient d'ailleurs sans bouger, quoi que pussent entreprendre les troupes anglaises, — était sa dernière concession. Encore M. de Freycinet eût préféré de beaucoup que
la seconde demande de crédits fût purement et simplement
retirée. Est-ce que la conférence ne refusait pas de donner
mandat à la France et à l'Angleterre, bien qu'en laissant à
ces puissances toute liberté d'agir sous leur responsabilité?
Est-ce qu'enfin la Turquie n'avait pas accepté le principe
de la note du 15 juillet sous la condition du retrait préalable des troupes anglaises?

Telles furent les considérations que M. de Freycinet
fit valoir devant le conseil des ministres et que ses journaux
développèrent en redoublant d'acrimonie contre l'ambition
belliqueuse de M. Gambetta. Il se produisit alors, dans l'opinion, une véritable panique. On n'avait plus confiance en
M. de Freycinet. Mais en même temps l'insurrection des
colonels paraissait à presque tous les yeux comme un événement d'une redoutable portée, et la crainte d'une intervention hostile de la Prusse était généralement répandue.
La commission perdit tout sang-froid : elle rejeta la non-
intervention par 5 voix contre 5 et 2 abstentions, et finalement les crédits à l'unanimité de 6 votants.

La discussion, en séance publique, eut lieu le 29. M. Achard
fut le seul député qui défendit les propositions de M. Freycinet; M. Clémenceau se prononça contre toute intervention; M. Madier de Montjau voterait les crédits si l'on savait
d'où l'on part et où l'on va[1]; pour M. Langlois, comme pour
M. Laisant, des complications sur la frontière de l'Est seraient

_____

[1] « J'ai la conviction, dit M. Madier de Montjau, que la France
vit encore, et il ne faut pas lui persuader qu'elle est morte. Il
est des heures où il est plus dangereux pour une nation de lui

inévitables si le Gouvernement engageait une campagne en
Egypte. Quant au président du conseil, il fut constamment,
dans les deux discours qu'il prononça, au-dessous de lui-
même. Plaidant une mauvaise cause dont il n'était même
pas convaincu, il commença par déclarer que l'intervention
proprement dite, celle qui était réclamée par M. Gambetta et ses amis, soulevait une multitude de questions
militaires, politiques, internationales, toutes extrêmement
délicates et au-devant desquelles il n'eût pas été prudent
de marcher sans un mandat européen, car, une fois engagé, on est toujours entraîné malgré soi. La protection
du canal, au contraire, est un acte simple, qui n'a rien
de politique, auquel toutes les puissances ont un égal
intérêt, et il n'y a rien là qui soit une menace pour la
paix du monde. Il est absurde de dire que la protection du
canal amènera l'intervention, car nul ne peut être forcé
d'intervenir contre son gré. Il n'y a point de populations
ni de forces égyptiennes sur les bords du canal, mais
seulement quelques nomades dont on veut prévenir les
agressions. D'ailleurs, c'est seulement une autorisation
éventuelle que désire le Gouvernement, pour en user, s'il y
a lieu, pendant les vacances parlementaires. La conférence
de Constantinople est d'ailleurs saisie d'une proposition
de protection collective du canal.

M. de Freycinet ayant terminé son exposé en posant la
question de confiance, la Chambre procéda immédiatement
au vote, et le projet de loi fut repoussé à l'énorme majorité
de 417 voix contre 75. M. Gambetta et les députés de
l'Union républicaine avaient voté contre le cabinet[1].

---

trop dire qu'elle est faible que de lui dire qu'il ne lui manque
pas un bouton de guêtre. Je n'excuse pas ceux qui ont tenu ce
langage en 1870, mais je ne veux pas qu'on persuade à la France
qu'elle n'existe plus. »

1. Au lendemain du combat de Tel-el-Kébir où l'armée égyptienne fut dispersée en vingt minutes par le général Wolseley,
nous avons expliqué les raisons de ce vote de l'Union républicaine
dans le passage suivant d'un article sur les *Enseignements de la
question égyptienne*.

« ... Aussi bien, depuis quinze jours que tant de prévisions
qu'on avait si dédaigneusement traitées ont été justifiées les unes
après les autres, si personne n'a pu songer une minute à s'en
réjouir, — car ce n'est point un plaisir d'avoir eu trop raison

M. de Freycinet remit le lendemain au président de la
République la démission du cabinet (30 juillet).

Nous reproduisons, d'après la préface de notre édition
des *Discours et Plaidoyers choisis*, un court récit des derniers mois de la vie de M. Gambetta :

« Le discours du 18 juillet 1882 fut le dernier que pro-

contre son pays et il n'est point de rôle plus cruel pour un
patriote que celui de la Cassandre des tragédies antiques. — Il
reste toujours quelque secrète inquiétude ; quoi qu'on ait fait, on
se demande si un effort de plus de la part des hommes clairvoyants n'aurait pas pu réussir à dessiller les yeux des autres. Il
est cependant un acte dont nous devons féliciter hautement les
partisans de la politique de dignité. Cet acte a été réellement
sagace. Il n'a donné, dans le malheur général, que des résultats
heureux.

« Il s'agit du vote du 29 juillet contre la deuxième demande
de crédits déposée par M. de Freycinet. Sur les 416 députés qui
ont rejeté ce jour-là le crédit de 9 millions destinés à assurer le
protectorat éventuel du canal de Suez, près de 250 ont voté
contre la proposition du cabinet parce qu'ils étaient les adversaires de toute démonstration extérieure, parce que les agitateurs
de spectres avaient réussi à les épouvanter, parce que le parti
intransigeant n'attache d'importance qu'à ce qui s'agite dans
l'enceinte de l'octroi de Paris et que tout ce qui ressemble à une
abdication de la France sous la République a le don de sourire
aux meneurs de la réaction. Les 160 députés de l'Union républicaine qui ont voté, eux aussi, contre les crédits avaient
d'autres mobiles. Renverser le ministre des affaires étrangères
n'était pas leur but. N'avaient-ils pas, quinze jours auparavant,
le 18 juillet, voté comme un seul homme les premiers crédits
réclamés par le Gouvernement ?

« Et précisément, disait alors M. Gambetta, — je livre toute ma
pensée, car je n'ai rien à cacher, — précisément ce qui me sollicite à
l'alliance anglaise, à la coopération anglaise dans le bassin de la Méditerranée et en Égypte, c'est que ce que je redoute le plus, entendez-le
bien, — outre cette rupture néfaste, — c'est que vous ne livriez à
l'Angleterre, et pour toujours, des territoires, des fleuves et des passages où votre droit de vivre et de trafiquer est égal au sien.

« Ce n'est donc pas pour humilier, pour abaisser, pour atténuer les
intérêts français, que je suis partisan de l'alliance anglaise : c'est parce
que je crois qu'on ne peut efficacement les défendre que par cette
union, par cette coopération. S'il y a rupture, tout sera perdu.

« Voilà dans quel esprit je voterai les crédits : c'est parce que vous
avez dit que vous reveniez à l'alliance et à la coopération anglaises et
que vous avez mis hier la signature de la France au bas d'une convention nouvelle avec l'Angleterre.

« Je vous donne cet argent ; je crois qu'il sera insuffisant, mais je
vous le donne avec cette conviction que la Chambre ratifie aujourd'hui
non pas un vote de crédit, mais un vote de politique et d'avenir, la

nonça Gambetta. Le ministère Freycinet ayant été remplacé
par le ministère du 7 août, gouvernement de dignité à
l'extérieur et de réconciliation politique à l'intérieur.
Gambetta soutint énergiquement M. Duclerc et ses collaborateurs. Il passa la plus grande partie des vacances parlementaires à Paris, travaillant sans relâche avec ses amis;
puis, *à la rentrée des Chambres, il reprit avec ardeur ses*

Méditerranée restant le théâtre de l'action française et l'Égypte étant
arrachée au fanatisme musulman, à ces chimères de révolution, à ces
entreprises d'une soldatesque de caserne, pour rentrer dans l'orbite de
la politique européenne. Voilà pourquoi je donne l'argent; et voilà pourquoi mes amis peuvent voter avec moi. »

« Que le ministre des affaires étrangères s'appelle Broglie, Decazes,
Barthélemy Saint-Hilaire, Freycinet, qu'importe en effet, si la politique qu'il adopte est conforme aux véritables intérêts français ?
Or, l'histoire des variations de M. de Freycinet apprend que si,
au 18 juillet, la première demande de crédits semblait tendre
de nouveau à une coopération anglo-française, le 29 du même
mois la deuxième demande de crédits avait pour objet non plus
de travailler avec les *Anglais* à la libération et à la pacification
de l'Égypte, mais bien de surveiller l'Angleterre dans l'œuvre
dont elle venait enfin de prendre son parti. Au lieu de s'amorcer
à elle dans notre intérêt et dans le sien, on s'éloignait d'elle
dans le seul intérêt du roi de Prusse. L'envoi de quelques milliers
d'hommes au canal de Suez n'était plus alors qu'un acte de
défiance contre nos alliés. Ce n'étaient plus des soldats qu'on
envoyait à Port-Saïd, Ismaïlia ou Suez; c'étaient des gendarmes,
à la fois *pour* et *contre* l'Angleterre. Le dos au canon, le ventre
au soleil et les pieds dans l'eau, des hommes portant l'uniforme
français devaient rester immobiles au bord du canal! Ils ne
devaient pas bouger, avancer d'un pas en dehors de la zone de la
Compagnie, non, même si on leur tirait des coups de fusil.
Quand le brave amiral Jauréguiberry avoua qu'on serait peut-
être forcé d'aller chercher de l'eau potable à Zagazig, la majorité
de la commission avait poussé des cris d'aigle. « Aller à Zagazig!
disait la *Justice* du lendemain, Zagazig! il a dit Zagazig! » Et
les badauds répétaient avec indignation et terreur le nom de la
jolie cité champêtre où les Anglais sont entrés sans tirer un
coup de fusil. Les Anglais marcheraient sur le Caire, réduiraient
les insurgés et seraient à la fois à la peine et à l'honneur; nous,
nous serions les zaptiés de M. de Lesseps. Le dispersement de
l'armée arabe ne coûterait pas 100 hommes tués aux Anglais, et
la fièvre paludéenne tuerait sans gloire, dans de tristes campe-
ments, près d'un millier de Français. Ah! oui, l'Union républicaine a sagement fait de rejeter la deuxième demande de crédits!
Nos soldats humiliés, nos rapports dangereusement tendus avec
l'Angleterre, voilà tout ce que pouvait rapporter cette aventure
in extremis. Dans quelle situation honteuse et grosse de dangers
serions-nous aujourd'hui, pris en pitié par le monde arabe tout

fonctions de président de la commission de l'armée.
L'opinion, si injustement égarée sur son compte pendant
quelques mois, lui revenait alors de toutes parts. Les inci-
dents révolutionnaires de Montceau et de Lyon démontrè-
rent la nécessité, tant réclamée par lui, d'un gouvernement
fort. La facile victoire des Anglais en Égypte prouva
combien il avait vu clair, dès la première heure, dans cette
malheureuse affaire. On comprit que la défaite de Gambetta au 26 janvier avait été le recul de la République, de
la patrie. On comprit que sa politique était seule vraiment
nationale. On espéra qu'il pourrait sous peu reprendre
directement en main les affaires du pays. Et ce fut à ce
moment même, à l'heure où il retrouvait ainsi sa popularité d'autrefois, que survint l'accident de Ville-d'Avray
(27 novembre). Gambetta se blessa à la main droite en
maniant un revolver, et l'accident, sérieux en lui-même, fut
encore aggravé par l'état général de sa santé. Le 17 décembre, une inflammation de l'intestin se déclara, et le

entier pour l'extrême prudence de notre mélancolique station au
bord de l'eau, irrités contre nous-mêmes par la conscience d'un
rôle aussi mesquin, gardant les docks de Port-Saïd et les gares
d'Ismaïlia *comme pour les préserver de nos alliés, avec un air
inévitable de défiance et de soupçon,* — amenés fatalement à
regarder d'un œil ennemi nos amis de la veille, à les surveiller,
les gêner, les taquiner, qui sait ! *dans un moment d'aberration,*
—M. de Freycinet a bien parlé de l'Europe entière qu'il serait prêt
à rencontrer dans *telle* circonstance, — à les troubler dans leur
œuvre de paix, à leur adresser des remontrances, à les provoquer,
— et enfin, dans l'hypothèse la meilleure, quelque réserve
extérieure qu'on se fût peut-être imposée, par la force même des
choses et la logique cruelle d'une position fausse, dénouant de
nos propres mains sur la terre hier encore fécondée par notre
alliance cette entente commune qui tenait tant au cœur de
M. de Bismarck? Ah! certes, les partisans de l'intervention ont
eu mille fois raison de refuser à M. de Freycinet le moyen
d'ajouter cette faute à tant d'autres! L'abstention complète était
cent fois moins périlleuse et moins indigne de nous. Si c'était à
recommencer, on recommencerait... » *(Revue politique et littéraire du 23 septembre 1882.)* — Il convient d'ajouter que le cabinet Freycinet eût été renversé et le vote de crédits rejeté lors
même que l'Union républicaine eût voté avec la minorité des 75.
La majorité de la Chambre avait en effet perdu toute confiance
en M. de Freycinet et pensait, comme M. Madier de Montjau
l'avait exposé dans son discours, qu'il était impossible de laisser
plus longtemps à ce ministre le dépôt de l'honneur et des intérêts
français.

progrès du mal fut effrayant. Gambetta allait mourir de sa
vie dépensée sans compter depuis quinze années au service
de la nation; il succombait pour avoir trop présumé des
forces qu'il avaient consacrées tout entières au relèvement
de la patrie. Les journaux intransigeants et réactionnaires
continuèrent cependant à l'injurier jusque sur son lit d'agonie, et il fallut que la presse prussienne rappelât ces « cannibales de Paris » à la pudeur.

« Gambetta ne se vit pas mourir. Il avait un sentiment
trop profond de la mission qu'il lui restait à accomplir,
pour soupçonner que la mort brutale pût l'arrêter à mi-route. Il continua presque jusqu'au dernier jour à s'informer de tous les grands intérêts qui lui étaient confiés, à
donner des conseils, à s'inquiéter des moindres circonstances de la politique. Les forces pourtant s'en allaient
graduellement. Le 31 décembre, à minuit moins cinq, il
s'éteignit sans souffrance. Il n'avait pas survécu à cette
année 1882, si cruelle pour lui et pour la France.

« Aussitôt une immense douleur s'empara de la patrie et,
devant cette mort tragique dans la pauvre bicoque de
Ville-d'Avray, transformée en lieu de pèlerinage, les dernières calomnies s'évanouirent. Beaucoup qui l'avaient
méconnu s'inclinèrent tristement devant son cercueil. Il
entra de plain-pied dans la sereine immortalité de l'histoire.

« Le gouvernement de la République décréta des obsèques
nationales à l'organisateur de la Défense, et le peuple entier
prit le deuil. Le jour de ses funérailles, ce fut, derrière
son cercueil, une fédération de toute la France, de la
France civile et de la France militaire. Il n'y eut pas une
ville française qui ne fût représentée : Strasbourg, Metz et
Colmar marchaient en tête du cortège. »

APPENDICE

PREMIÈRE PARTIE

ARTICLES DE REVUE

I

MAITRE LACHAUD

(Journal la Cour d'assises, n° 2, 10 mai 1862.)

Tel l'homme physique, tel l'orateur.

J'ignore si ce que je vais dire et développer constitue un paradoxe, mais je prie mes lecteurs de croire que c'est avec bien des observations, après bien des preuves en main dans l'antiquité et de nos jours que j'affirme que si, comme l'a écrit Tacite, l'éloquence a plus d'une physionomie, la physionomie particulière dérive dans chaque orateur de sa constitution physiologique. Patience, et peut-être avec une démonstration en règle appuyée sur l'histoire, vérifiée par les plus saisissantes individualités, vous persuaderai-je que ce semblant de paradoxe n'est au fond qu'un lieu commun, négligé par les critiques officielles de l'art oratoire. Et s'il en est ainsi, plus d'imitation, plus de modèle, plus d'institut oratoire. L'individu s'avance libre et fier dans son énergie native. Il sera l'orateur de son tempérament, ou il ne sera qu'un fade rhéteur; mais jamais éloquent qu'en se trouvant

en harmonie avec sa nature : voilà désormais l'arène
oratoire débarrassée des copistes, des plagiaires, des
médiocres; le naturel, voilà le seul maître.

Je vois d'ici tel orateur dont je pourrais, au besoin,
faire le type même de mon prétendu système.

Il a le front anguleux du bélier, — le nez pointu
du furet, — l'œil, trouble et bridé aux angles, des
satyres du Titien avec des lueurs de malice, — le
menton pointu comme un stylet, — la bouche large
sans lèvres, imperceptiblement fendue comme tous
les ophidiens, — la joue gonflée comme par une vésicule intérieure, — le teint jaune des bilieux, — le
corps grêle, décharné, oscillant, — la main effilée,
mais sèche, avec des doigts crochus. — A coup sûr, si
ma théorie est vraie, cet homme orateur aura un
redoutable, un terrible talent. J'aime mieux vous
dire ce qu'il est. Il parle une langue acérée; sa phrase
est sèche de construction, les mots seuls sont gras,
par compensation sans doute. Il fait un portrait
comme Gavarni une étude, c'est-à-dire toujours une
œuvre amère. Il rit, mais c'est pour déchirer. Toutes
les fois qu'il met sa main sur quelqu'un ou sur
quelque chose, il glace. Il a de l'esprit, beaucoup
d'esprit, plein de pittoresque, mais très âpre, très
amer, très salé. Il choisit à ravir la *plaie* de l'adversaire et y met le corrosif, je veux dire sa phrase, et
c'est plaisir de voir l'effet du caustique. Cet homme
sec a une parole sèche. Cet orateur mordant n'est
que le reflet de cette physionomie incisive; à le voir on
a peur d'être mordu, et, s'il parle, c'est pour mordre.

J'aime cet homme, d'abord parce qu'il a beaucoup
de talent, beaucoup d'esprit; ensuite parce qu'il est
la chair vivante de mon système, en admettant que
le mot *chair* soit un terme approprié à sa constitution.

Un autre jour j'essayerai de convaincre les scepti-
ques. Aujourd'hui parlons de Me Lachaud, ce sera
peut-être un commencement de démonstration.

Analyser M° Lachaud, quelle œuvre réclame plus de tact, plus de science et plus de sûreté de plume? Je n'ai aucune de ces qualités et néanmoins je me propose de tenter résolument l'entreprise. Sera-ce une analyse? Je ne le sais. Un jugement? Moins encore. Mais cela pourrait bien être une physiologie. J'estime du reste qu'avec un tel homme, il est peu ou point important d'être un critique assermenté. Il échappe à toute rhétorique et à tout pédagogisme. Impossible de le soumettre à la décomposition didactique. Libre, spontané, naturel, plein de force et d'originalité, il m'attire, et c'est plutôt pour penser tout haut à son sujet que pour raisonner *de oratore* que j'ai pris la plume. L'enthousiasme, de quelque part qu'il vienne, ne saurait être proscrit. Laissez-moi donc vous raconter mon enthousiasme.

Nous ne citerons pas, les documents nous manquent, et en eussions-nous plein les mains, nous hésiterions à les produire; car nous le répétons, c'est une étude interne de l'orateur, en lui-même, pour lui-même, et non une énumération que nous avons entreprise.

Comme dans l'étude de la nature, il ne sert de rien, pour la connaître, d'en apprendre les classifications dressées par la science, mais bien de la fouiller, de la contempler en face, de violer ses secrets, de surprendre en œuvre ses richesses et son activité; de même nous pensons que c'est M° Lachaud en lui-même, dans sa constitution, dans ses mœurs oratoires, dans son geste, à l'œuvre, qu'il faut observer pour en découvrir la merveilleuse puissance; et puis il est arrivé à lui ce qui est arrivé à bien des orateurs, aux Marc-Antoine, aux Crassus, à Sheridan et à Mirabeau. Ce qui fit leur puissance fut aussi le regret de la postérité.

Comme le feu, auquel Tacite comparait les grands improvisateurs, leur éloquence s'est éteinte sans laisser de vestiges. *Magna illa et oratoria eloquentia sicut ignis urendo clarescit.* Oui, l'improvisation, cette dominatrice du moment, apparaît chez M⁰ Lachaud avec la fougue et l'aisance, qui sont le fond même de ces natures. Il se lève, il tressaille sous la parole de l'adversaire, il parle : le cœur est saisi, la raison désarmée, et puis tout est fini. Où est-il, ce beau discours? emprisonnez l'éclair, arrêtez le vent qui passe, arrêtez M⁰ Lachaud. Sa parole a toute la soudaineté et l'éclat de l'éclair. Comme le vent, elle est tantôt rafale et tantôt mélodie. Il faudrait joindre la sténographie, que dis-je, la tachygraphie à la musique pour fixer ces paroles ailées; ἔπεα πτερόεντα, comme disait Homère.

Mais voyons l'homme.

Il a le front haut, lumineux, lisse et rond; — la figure chaude, éclairée : — la joue puissante comme un Romain ; — la lèvre large, saillante, avec un sourire de Gaulois raffiné : — la narine dilatée, bruissante, reposant sur un nez solide, aux attaches droites; — la bouche riche et ronde, qui rappelle celle qu'Horace enviait aux Athéniens, *ore rotundo;* — l'œil gros, rond, avec les paupières d'une mobilité méridionale : cet œil, un peu amolli au repos, s'illumine de clartés terribles et soudaines, rit avec une douce lueur, qui s'irise sur le cristallin et rayonne sur tout le globe; — des airs de tête pleins de majesté; — la main courte, les doigts fins et potelés, la partie antérieure des doigts grasse, protubérante, rose, comme les Orientaux; — le bas de la main ovale, plein de ressort, quoique frappé de fossettes; — le corps droit, bien campé, avec un air d'agilité juvénile; l'embonpoint léger et plein de finesse des organisations spirituelles et voluptueuses. — Joignez à tout cela une voix merveilleuse de souplesse et d'étendue, un *mezzotermine* entre le cor et la flûte, l'éclat et la délicatesse.

Quand la colère l'entraîne, il gronde, et le son se

masse et sort en couches profondes, pénétrantes,
claires jusque dans les tons les plus élevés, et puis
redescend sans secousses, avec un aplomb merveilleux, aux notes douces, suaves, de la sollicitation et
de la plainte.

Quand la pensée est délicate, sa voix devient un
murmure, un bruissement, et reste perlée sans sou-
bresauts; avec la prestesse la plus harmonieuse, il
la replie dans une note des plus graves, qui laisse
derrière elle comme une vibration de chanterelle.Quel
divin instrument! quelles ardeurs et quelle délicatesse!
un rapsode d'Ionie en serait jaloux. Cet homme-là a
tout ce qu'il faut pour devenir l'avocat des passions.

Et il l'est devenu avec une sensibilité qui ne doit
rien à l'art et qui a son foyer dans le cœur. Pour
M⁰ Lachaud, la nature a tout fait. Elle lui a donné la
conscience qui éclaire, l'esprit qui charme, le coup
d'œil qui éblouit, la simplicité qui explique, la sensibilité qui émeut, la passion qui entraîne, et, pour tout
réunir et tout illuminer, l'action qui fascine, domine,
dicte et commande. Oh! comme il connaît les profondeurs et les plaies de l'âme humaine, toutes les
chutes, toutes les infamies! Il a descendu, marche à
marche, ce ténébreux souterrain de l'existence contemporaine; il en a vu toutes les misères, toutes les
horreurs; il a pesé toutes les hontes, trouvé tous les
ressorts, scruté tous les mobiles, constaté toutes les
causes; il a touché le fond de toutes les douleurs et
de toutes les dégradations sociales. Je suppose qu'arrivé là, il s'est pris de pitié, d'indulgence pour ces
déchus; l'habitude et le cœur aidant, il a fini par
regarder ces coupables comme des victimes et il est
remonté miséricordieux à la surface de notre monde,
et depuis ce jour-là, assis à leur côté, orateur provi-
dentiel, il plaide, il gagne leur cause.

J'irai jusqu'à dire qu'avant Victor Hugo, il avait
vécu, parlé les *Misérables;* aussi allez entendre

l'avocat des passions à la Cour d'assises ; il a inventé
une nouvelle dialectique, que j'appellerai la dialectique dramatique.

Il argumente à coups de pinceau. Il narre un fait
et la narration seule l'explique ; il invoque un principe, le commente, l'applique avec la verve d'un
poète, sans rien lui enlever de sa vigueur rationnelle.
C'est un mari, qui a tué sa femme par jalousie ; mais
l'amant n'était plus là et le meurtre n'a pas d'excuse,
dit le ministère public. Il faut le voir s'emparer du
principe d'excuse légale, l'élargir, le dilater jusqu'à
ce que, de proche en proche, de conquête en conquête, il couvre son client comme d'un bouclier.

Le fond même de son talent, c'est d'entrer à vif
dans la situation du procès, d'éprouver la passion de
l'accusé, de sentir toutes ses colères, d'embrasser
toutes ses raisons, d'avoir la mémoire pathétique du
fait et de crier grâce avec l'énergie désespérée du
malheureux lui-même. Il met fièrement sur lui le
filet de l'accusation, et comme ces athlètes de Rome,
il le lacère, non maille à maille, mais par de larges
déchirures ; les lions doivent déchirer comme cela.
Quelques minutes lui suffisent pour tout voir, tout
saisir, tout deviner. Voyez-le, il est là, assis à son
banc. Pendant que l'avocat de la loi narre, presse,
prouve, invective, conclut ; lui, l'oreille tendue, l'œil
tranquille, la main seule pleine de fièvre, hachant à
coups de canif une plume égarée sous ses doigts, il
reçoit tous les coups en pleine poitrine, il les compte ;
tout à l'heure il les rendra avec l'usure du génie. Il
regarde en face l'adversaire, et l'on dirait que c'est
l'adversaire qui provoque en lui une réfutation intérieure et subite. Sa plus grande puissance va bientôt
éclater : cette parole souveraine, excitée par la chaleur du débat. Car c'est là, à l'audience, qu'il crée,
qu'il invente, qu'il pétrit et qu'il donne la vie à son
œuvre.

Il n'est gêné par aucun souvenir; rien d'apprêté, rien d'ajusté d'avance; loin de lui les tablettes! N'a-t-il pas la grande fée à son service, l'inspiration? Son esprit n'est nullement obsédé par la composition préalable; il y a seulement en lui préméditation, et non pas préparation; il a pensé, voilà tout. On pourrait dire de lui ce qu'un esprit ingénieux disait de Phocion : « Sa mémoire n'est pas celle des phrases et des mots; c'est surtout une vive sensibilité qui retient toutes les impressions qu'elle a reçues, retrouve subitement toutes les idées qui l'ont frappée, et se ranime plutôt qu'elle ne se ressouvient. »

Je n'ose dire, en parlant de ses audaces et de ses moyens d'action, qu'il est le plus habile des orateurs du grand criminel; ce mot d'habileté me répugne. Cependant, quel nom lui donner? Hé bien! il a la suprême intuition de l'utile, et parfois il emploie des ressources sublimes, qui donnent le vertige. En cela, il ressemble à ce grand cœur qu'on appelait Shakespeare. Si l'accusé, qu'il a pris sous sa large main, est un de ces hommes souillés et terribles, qui effrayent et qui attirent, comme toute chose étrange, il saura dans une marche audacieuse, le saisir, l'enlever, le porter lui-même sur le bord de l'abîme, prêt à l'y laisser choir. Mais d'un geste il vous en indique toute la sombre profondeur, vous reculez effrayé. Tout à coup l'orateur redresse la tête, relève l'accusé, l'explique, le transfigure, il pleure, il attendrit, et l'homme est sauvé; car sur le bord du précipice et à côté du maître se dresse la clémence, cette justice du cœur qu'une grande voix impose toujours aux grandes âmes.

Vraiment, quand on entend Mᵉ Lachaud, on est bien près de la religion de Platon : Le Verbe, c'est Dieu.

LA RETRAITE.

Ce que j'appelle ainsi d'un seul mot, c'est la partie
la plus magistrale et la plus délicate à la fois de l'éloquence du maître. Je vais tâcher de vous expliquer
quel est l'épisode de ses plaidoyers auquel je me
reporte par ces mots : la retraite; autant du moins
qu'avec ce ton, toujours un peu froid de la plume, on
peut rendre l'ode ardente, splendide, suppliante ou
vengeresse de l'orateur.

Le maître a fini son œuvre de rédemption. Il a
parcouru le champ de l'accusation, arrachant les
griefs comme des broussailles, nivelant le sol, com-
blant les fondrières, et là-dessus il a jeté la voix libé-
ratrice, qui reconduira le client à la liberté et à l'honneur. Alors, il s'arrête un instant, mesure de l'œil
son auditoire et se retire à petits pas, la parole pénétrante, émue, un peu voilée, vers son banc, dont la
véhémence de l'action l'avait éloigné. Il va s'asseoir.
Non, il a aperçu, là-bas, un visage terne, un œil inquiet, que la conviction n'a pas éclairé. Oh! alors il
revient en avant.

La voix, qui s'était adoucie, vibre de nouveau. Il
bondit, et la lutte recommence. Un duel obstiné, dont
cet accusé tout pâle est l'enjeu, se livre là entre l'orateur, qui s'acharne au triomphe, et ce juré immobile.
C'est alors qu'il prodigue toutes ses forces, jette toutes
ses richesses de parole, accumule toutes ses ressources,
varie et métamorphose son argumentation. Il faut le
ravir, le vaincre. Et l'avocat ressaisit, dans une brassée
herculéenne, tous les éléments de l'accusation. Il les
broie, il les mélange, il les choque, il les heurte, il
les brise et les pousse d'un coup d'éloquence dans le
rêve et la fumée. L'illusion est complète. Tout se
renouvelle, tout s'éclaire; on n'avait pas encore en-

tendu ces moyens, on n'avait pas contemplé cette perspective.

Le chef-d'œuvre se poursuit. Voilà la déesse, qui fait irruption, conviction ou vertige; le juré rebelle est ému, sa poitrine se dilate, son œil brille, son visage a dit oui, l'athlète est vainqueur. Cet assaut, l'intrépide orateur le multiplie jusqu'à la victoire, ou jusqu'à ce que ses forces épuisées se refusent à la lutte, ou ce qui est plus redoutable encore, jusqu'à ce qu'il lise sur les fronts blêmes : Plus d'espoir. Mais alors il ne tombera sur son siège qu'en lançant un dernier et sublime trait, qui laisse au cœur souvent l'incertitude, la clémence toujours.

Vous voyez, j'avais raison de le dire : cet homme, c'est la nature. Il méprise la convention, il n'a pas d'exorde, et la péroraison n'est jamais pour lui la cinquième partie du discours, elle est la dernière étreinte qui doit étouffer l'adversaire. On ne reproduit pas deux fois de suite une péroraison, et dans chaque affaire Me Lachaud peut toujours recommencer l'enlacement terrible de la fin. Ceci me remet en mémoire un passage d'un grand orateur, Augustin, évêque d'Hippone :

« Lorsque, dit-il, tous se taisent pour un seul, et tiennent leurs yeux attachés sur lui, l'usage, la décence ne permettent pas de l'interroger pour lui demander ce que l'on n'a pas compris : c'est pour cela surtout que la sollicitude de l'orateur doit aider l'auditoire silencieux. Une multitude, avide d'instruction, a coutume de manifester par quelque mouvement si elle a compris. Jusqu'au moment où elle a donné ce signe, il faut retourner le sujet avec une infinie variété d'expressions. Voilà ce que ne peuvent faire ceux qui débitent un discours retenu de mémoire. » Saint Augustin a raison, et on ne saurait trop admirer cette patience du courage chez l'orateur, qui, toujours repoussé, revient toujours à la charge,

et ne se console de chaque nouvelle défaite qu'en
recommençant aussitôt un nouveau combat.

Et malgré tout, j'ai cependant entendu reprocher à
M⁰ Lachaud cette ampleur oratoire; on l'accusait
d'être théâtral; oui, comme M⁰ Crémieux, par naïveté!
La grandeur, la puissance, l'ampleur, que le vulgaire
appelle la pompe, sont tellement une partie d'eux-
mêmes qu'ils ne peuvent paraître à la barre sans
rayonner, et les myopes de crier à l'artifice! Cela me
rappelle une parole de Fichter; j'espère, pour la
logique, qu'elle fermera la bouche aux envieux. Mais
les envieux peuvent-ils se taire? Demandez cela à
l'ombre de Mirabeau! Fichter disait : « Il y a des
pédants qui croient nous donner une très haute opinion de la solidité de leur esprit en rejetant aussitôt,
comme pure déclamation, tout ce qui est écrit ou parlé
avec véhémence. Ils ignorent que ce n'est pas avec
des formes savantes qu'on a prise sur les âmes. »

En résumé, et autant que le dogmatisme m'est
permis, je dis que l'orateur doit être personnel, suivre
sa nature, obéir à son tempérament, éviter la convention, se creuser lui-même. En suivant une autre
méthode, il peut arriver à la grâce, au charme, à la
pureté harmonieuse, à la correction académique : il
ne sera jamais un dominateur des consciences. Avec
la nature, la parole perdra quelques atours, mais
gagnera en virilité, en véhémence. Tacite a raison;
il vaut mieux revêtir l'orateur d'une étoffe, même
grossière, que de lui donner le fard et les ajustements
d'une courtisane.

ARTICLES DE M. GAMBETTA PUBLIÉS DANS LA « REVUE
POLITIQUE ET LITTÉRAIRE »

Le premier numéro de la *Revue politique et littéraire*, dont
M. Gambetta fut le collaborateur actif pendant trois mois,
porte la date du 6 juin 1868. Le dernier numéro a paru
le jeudi 13 février 1869; M. Challemel-Lacour était le
directeur-gérant de cette revue hebdomadaire. La *Revue po-*
litique compta, pendant sa courte durée, de nombreux rédacteurs qui avaient déjà marqué ou devaient marquer dans la
politique et les lettres. Nous relevons dans cette liste, outre
les noms de M. Challemel-Lacour et M. Gambetta, ceux de
MM. Frédéric Morin, Jules Ferry, Henri Brisson, Despois,
Clément Laurier, Vacherot, Allain-Targé, Spuller, Seinguerlet,
Charles Blanc, Sully Prudhomme, Elisée et Elie Reclus, Ulysse
Ladet, Asseline, Louis Combes, Desonnaz, Ch. du Bouzet,
Simon (de Trèves), André Léo, Melvil-Bloncourt, Floquet,
Frédéric Lock, Chotteau, Antonin Dubost, André Lefèvre,
Léonce Ribert, Achille Mercier, Guillemin, Debriges, Eugène
Véron, Forest, Razoua, E. Lavigne, Frédéric André.

On a vu (tome Ier, p. 3) que la *Revue politique* fut un des
trois journaux qui ouvrirent simultanément, le 4 novembre 1868, une souscription pour élever un monument
au représentant Baudin. M. Challemel-Lacour, directeur-
gérant, qui avait rédigé et signé l'appel aux souscripteurs,
fut poursuivi en conséquence devant la 6e chambre du
tribunal correctionnel de la Seine. Défendu par son collaborateur M. Clément Laurier, il fut condamné, le 14 novembre, avec MM. Quentin, Peyrat et Duret, à 2,000 francs
d'amende (voir tome Ier, p. 17). Un mois plus tard, un
article de M. Henri Brisson sur la souscription Baudin
servait de prétexte à un deuxième procès. Le numéro du
14 novembre, où avait paru l'article de M. Brisson, fut saisi,
et MM. Challemel-Lacour et Brisson furent condamnés cette
fois par la 7e chambre, chacun à 1,000 francs d'amende.

La déclaration suivante, qui marque l'esprit de la *Revue*
politique, avait paru en tête du premier numéro, portant la
date du 6 juin 1868.

« Quoi qu'on fasse, la liberté est l'avenir de la France;
la liberté complète, radicale, sans aucun mélange de fiction
ni d'arbitraire.

XI.   9

« Des signes multipliés annoncent qu'à cette heure la meilleure partie de la nation française est enfin résolue, non pas seulement à revendiquer les droits qui lui ont été ravis il y a seize années, mais à les reconquérir. Nous avons l'orgueil de nous ranger dans cet escadron d'impatients.

« Les conditions de la liberté ne sont pas à découvrir en France. Nos grandes assemblées républicaines les ont formulées avec éclat, mais sans apercevoir tous les dangers, sans reconnaître tous les écueils, sans poursuivre assez loin toutes les traditions dissimulées du despotisme.

« Analyser de plus près ces conditions et les rappeler incessamment, apprécier de ce point de vue les institutions actuelles, faire mesurer à tous la distance qui nous sépare du but et rallier les esprits sur la grande route qui doit y conduire : telle serait l'ambition des fondateurs de cette Revue.

« La politique n'est pas à leurs yeux une occupation d'initiés. Elle intéresse tout le monde, elle domine et dans un certain sens elle embrasse toute chose.

« Elle domine les questions sociales, car celles-ci ne peuvent être agitées efficacement et résolues par le concours de toutes les intelligences et de toutes les activités que sous l'abri commun des garanties politiques.

« Elle domine la littérature ; car de même que la circulation du sang préside à toutes les fonctions de la vie, l'esprit public ne peut s'altérer ni s'alanguir sans que tout s'affaisse, sans que les lettres soient vouées à un honteux avilissement et à une prompte stérilité.

« Elle domine les arts ; car à moins de se réduire au service humiliant d'un luxe bourgeois, également dépourvu d'élévation et de goût, les arts ne peuvent être que l'expression supérieure donnée par le génie aux sentiments communs et aux idées profondes qui animent un peuple.

« La liberté politique est le fleuve aux eaux régénératrices où la France retrouvera sa vigueur, sa fierté, son originalité, son génie. Un dernier effort, et nous touchons à la rive. Assez de silence, assez d'isolement, assez de colères cachées, assez d'indignations muettes, assez de quiétisme. L'heure a sonné qui appelle au travail tous les ouvriers de bonne volonté.

        « Pour le comité de rédaction,

        « P. CHALLEMEL-LACOUR. »

II

LA POLITIQUE ET LES AFFAIRES

(Revue politique et littéraire du 6 juin 1868)

Malgré les quinze jours écoulés depuis la clôture
de la discussion sur les suites du traité de commerce
devant le Corps législatif, nous ne pensons pas venir
trop tard pour apprécier à notre tour ce mémorable
débat, dire notre opinion sur les idées en jeu, les
hommes et les partis mêlés à cette lutte, et déterminer l'enseignement politique qui devrait en sortir
pour nos gouvernants, pour nos députés, et surtout
pour leurs commettants.

Nous voudrions principalement parvenir à fixer
dans cet article une règle de conduite pour le suffrage
universel aux prochaines élections, et prouver expéri-
mentalement cette élémentaire vérité, que les bonnes
affaires sont intimement liées à la bonne politique,
et qu'une nation ne trouve de sécurité et de prospérité durable qu'en restant maîtresse de sa politique.

Le sujet même du grand débat économique n'est
point à traiter par nous. Les conséquences directes
du traité de 1860, les théories dont il est sorti soulè-
vent autant de graves questions que nous demandons
à écarter pour nous attacher exclusivement à la signification parlementaire, à la leçon politique. Il nous
paraît dès lors superflu de compulser à nouveau les
statistiques douanières, dont le crédit, d'ailleurs, a
été mis à si rude épreuve qu'on n'osera bientôt plus

s'en servir qu'entre gens de la même paroisse écono-
miste, et seulement pour ne point perdre entre soi
l'habitude de grouper les chiffres. Jusqu'à ce qu'un
bienfaiteur des économistes aux abois ait trouvé l'art
de vérifier les statistiques, le plus sage sera d'en user
avec précaution, à moins d'être sûr qu'on ne vous
répondra point et qu'une clôture opportune vous
assurera le dernier mot et laissera sans réponse votre
dernière hyperbole, comme il est advenu au préju-
dice de toutes les opinions. Les péroraisons les plus
émues sur les rapports de la Providence avec les
télégraphes et la vapeur ne dispensent pas de laisser
répliquer les adversaires. C'est d'ailleurs un mauvais
calcul; en effet, si la lumière définitive n'est point
faite sur les chiffres invoqués et contestés, si les dénégations et même les réfutations de M. Rouher ont
trouvé et laissé tant d'incrédules, c'est la faute des
zélateurs de la majorité. Oui, cette brusque clôture,
que des admirateurs impatients ont cru devoir décerner comme un suprême hommage à leur ministre
favori, paraît bien plutôt un service rendu à son éloquence épuisée qu'une attestation de sa victoire. Cette
précipitation d'en finir marque bien vivement combien il paraissait important d'empêcher M. Thiers de
ressaisir la tribune.

Quelque opinion qu'on partage sur le fond même
de la question, on ne saurait méconnaître que la
revendication politique du droit de tarification par
l'Assemblée, si éloquemment faite par M. Thiers dans
son premier discours, devait devenir la matière même
de sa réplique. Mais M. Rouher a essuyé trois fois
depuis 1865 l'irrésistible supériorité des répliques de
M. Thiers. Il sait combien il est dangereux de se
laisser acculer, à la fin du débat, sur le point capital,
que M. Thiers excelle à dégager, à simplifier, en étrei-
gnant l'adversaire si étroitement qu'il l'étouffe ou
l'oblige à se rendre. Qui donc peut dire ce qui serait

advenu si l'inimitable tacticien, concentrant tout
l'effort de sa lucide et pressante parole sur le droit
de tarification des Chambres, avait, au nom de la
fortune nationale compromise, essayé d'arracher
pour l'avenir à M. Rouher haletant un *jamais* économique pareil au *jamais* clérical? Le péril de cette
redoutable riposte s'est dissipé devant la clôture, mais
avec lui s'est dissipée également la prétention du
ministre d'avoir terrassé ses adversaires. Ces réflexions
s'autorisent de l'expédient oratoire employé par
M. Rouher pour calmer les exigences visibles de l'assemblée au sujet des tarifs : « Je n'hésite point à le
déclarer, a dit le ministre d'État, la *puissance* de notre
conviction est telle, que notre *tendance* en ce qui concerne la réforme des tarifs de nos douanes nous *porte*
à l'*invocation* du pouvoir législatif. » Cette phrase
vague et confuse à dessein peut passer pour une habile
échappatoire, mais elle trahit la préoccupation d'offrir
l'apparence d'une concession à l'Assemblée sans lui
rien livrer d'effectif. Sommé, pressé de s'expliquer,
le ministre, s'abritant derrière la Constitution, a pru-
demment rompu devant M. Thiers, et la clôture est
venue le dérober à son redoutable adversaire. C'est
une partie remise, le budget n'y perdra rien.

En dépit de ces mauvaises habitudes parlementaires, on doit se réjouir d'assister à de semblables
discussions. L'ardeur, le talent, la science, la passion, l'éloquence dont elles sont animées nous donnent autant de gages précieux du retour de la vie
publique dans notre pays enfin réveillé de sa longue
torpeur. Ces débats peuvent être placés à côté des
grandes discussions d'affaires de 1827, 1834, 1842, 1850.

Parmi les députés qui ont le plus marqué dans
cette difficile et retentissante joute, M. Pouyer-Quertier s'est définitivement signalé. Dès 1860, il s'était
fait remarquer dans l'ancienne majorité du Corps
législatif par sa vigoureuse opposition aux tentatives

économiques du second Empire. M. Baroche et, à sa
suite, M. Rouher avaient pressenti et rencontré en lui
un dangereux contradicteur; mais sa renommée n'a
éclaté que depuis trois semaines.

C'est du reste une originale physionomie que celle
du député de la Seine-Inférieure. La nature lui a prodigué en gros, et peut-être sans ménagement, tous
les dons accessoires du tempérament tribunitien,
haute taille, large poitrine, un cou d'hercule, une
tête solide et carrée, une voix d'un cuivre retentissant dont la sonorité croît avec l'animation du débit,
et dont les oreilles reçoivent quand même les vi-
brants éclats; blond ardent, le visage haut en couleur il a un peu l'air d'un puissant anglo-normand;
M. Pouyer-Quertier agite assez fortement une assemblée. Son talent, plein de véhémence, masque suffisamment les faiblesses et les incertitudes de la pensée
et laisse, malgré tout, l'impression de la force; le langage pèche même par excès de sève, il est trop touffu,
trop dru, la prodigalité inégale des arguments suscite
un peu de désordre, mais le débit explique et sauve
tout. Quel son de voix! Quel mordant, quelle aisance,
et, — qu'on nous passe le mot, — quel aplomb!
Ceci pour exprimer une familiarité pratique et joviale
qui sent son parfait négociant, sans nuire au parfait
orateur d'affaires. Joignez beaucoup d'âpreté d'esprit,
de l'esprit argent comptant comme il sied aux riches,
qui lui permet de répondre sur l'heure. Il étonne les
gens par son intarissable bonne humeur, ne se laisse
démonter par aucune interruption, soulève des milliards entre deux parenthèses, passe en revue toutes
les industries pour étayer un chiffre auquel il tient,
suspend et reprend tour à tour les raisonnements les
plus compliqués, prouve qu'il a vécu tout ce qu'il
dit, qu'il a appris à connaître ce dont il parle autre
part que dans son cabinet.

Ah! s'il avait voulu, s'il voulait aujourd'hui consa-

crer à la politique, à la revendication des libertés
publiques nécessaires à tous, cet intrépide tempérament, M. Pouyer-Quertier serait bientôt utile citoyen.
Ce faisant, il serait logique, clairvoyant et complet,
car tout se tient, les intérêts et les droits.

C'est à M. Pouyer-Quertier et aux Soixante-seize
qui ont suivi son initiative qu'il faut adresser une
suprême invitation de prendre part au combat politique.

L'expérience est-elle assez solennelle, assez décisive, Messieurs? Comprendrez-vous enfin où est la
véritable protection, le moyen légitime, le moyen
sûr de se défendre, de s'abriter contre les coups de
la théorie, servie par le gouvernement personnel?
Comprendrez-vous enfin que cette liberté sans épi-
thète dont vous avez fait si bon marché, si facile
abandon, vous sauverait aujourd'hui? Comprenez-
vous, vous à qui l'on a rappelé si durement que vous
ne pouviez discuter les prérogatives de la couronne;
comprenez-vous comment on a pu, sans discussion,
sans contradiction, livrer vos industries à la concurrence étrangère? Vous avez été punis de votre coupable indifférence pour ces formes politiques qui
seules protègent efficacement les nations et les individus contre de telles surprises. Dans votre abandon,
vous pensiez n'avoir sacrifié que des ambitieux, d'anciens rhéteurs, de dangereux utopistes, des hommes
de presse, des hommes de tribune, des trouble-fête
en somme. Aveugles, vous avez cru que ce silence
imposé à tous n'était nuisible qu'à quelques-uns;
même vous étiez portés à vous réjouir de ce *calme
effrayant.* C'était le temps où vous confondiez étour-
diment la sécurité légale que réclament les affaires
avec le mutisme politique toujours favorable aux
mauvaises entreprises : un jour vous vous êtes ré-
veillés en face de deux lignes de prose officielle qui
compromettaient, dites-vous, vos fortunes. Le *Moni-*

teur dissipait votre coupable indifférence, et vous aviez aussi votre heure d'affliction.

Le même système dont vous applaudissiez naguère les envahissements quand il ne s'agissait que d'écarter les vaincus de la vie publique, s'étendait enfin sur vous; alors seulement vous avez senti l'absence et la force de celle qu'on ne remplace pas : la liberté politique; désarmés devant l'acte souverain, réduits à l'impuissance de réagir, vous avez connu la faiblesse de notre commune condition. Instruits à cette rude école de l'expérience et du malheur, j'espère que vous vous êtes repentis, que vous avez découvert la solidarité qui lie désormais la politique aux affaires et qui dorénavant doit nous rapprocher pour notre commun salut, puisque, ce que nous voulons par-dessus tout, c'est la liberté, la meilleure gardienne de tous, des principes comme des intérêts; la liberté, en dehors de laquelle nous n'admettons aucune réforme.

Le libre-échange fait partie d'une série de solutions radicales des problèmes politiques et sociaux légués à la démocratie contemporaine; elles ne peuvent être réalisées sans le complément nécessaire et organique des réformes que la démocratie exige. Comme la plupart des principes affirmés en 1848, le libre-échange, pour produire ses conséquences fécondes, réclame un milieu politique et social bien différent des conditions actuelles. En effet, cette théorie de la liberté des échanges entre tous les marchés du monde n'est qu'une donnée exacte de la science économique pure; ce n'est pas un dogme inéluctable, inflexible, qu'il faille appliquer rigoureusement et sur l'heure à toutes les sociétés, quels que soient d'ailleurs leurs conditions sociales et leur régime politique. Après avoir écouté les leçons de l'économique, il faut rechercher ce que le pays qu'on veut doter du libre commerce présente de conditions propices ou contraires, et préparer savamment les éléments d'une transition toujours difficile, avant de faire passer une grande nation comme la France de la protection à la libre concurrence; les intérêts et les forces du pays doivent être examinés, pesés, combinés; toutes les conditions scientifiques, morales, politiques du succès doivent être assemblées, disposées, réalisées, avant de tenter cette capitale épreuve sur la fortune nationale. C'est dans cet examen, cette élaboration préparatoire, cette organisation minutieuse et préalable, que l'art de la politique, inspiré d'ailleurs des lois de la science, se révèle dans toute sa magnifique utilité. On découvre alors qu'il faut, pour ne pas désemparer le travail national, restreindre l'armée, réduire l'impôt, répandre à flots l'instruction, abolir au dedans barrières, douanes et entraves, multiplier les communications de tout ordre, s'imposer au dehors une politique patriote mais pacifique, administrer l'intérieur discrètement, le moins possible, avec libéralisme et économie, soulager, émanciper le pays, rendre au peuple son autonomie souveraine : réformes radicales peut-être, mais essentielles. Sans elles, toute transformation économique est destinée à l'avortement, au grand dommage de tous les intérêts et des principes engagés, compromis par une application inintelligente, incomplète, contradictoire. Sincèrement, sérieusement, la conduite du gouvernement avant et depuis janvier 1860 rappelle-t-elle en quoi que ce soit ce programme nécessaire, préparateur et auxiliaire indispensable des innovations économiques?

Nos revers, nos fautes, la crise aiguë que nous traversons, éclairent vivement, douloureusement le contraste. Le Mexique, Sadowa, Rome, nos forces militaires augmentées de 600.000 hommes sous le coup des « angoisses patriotiques »; la dette accrue de plus de 3 milliards, les dépenses montant sans relâche, les octrois, les taxes de toute nature toujours grossissant, une politique étrangère indécise, l'isolement de la France en Europe, la paix et la guerre également incertaines; un gouvernement personnel maintenant après tous ses échecs toutes ses prétentions; une bureaucratie tous les jours plus coûteuse; le peuple, malgré quelques efforts, toujours en proie à l'ignorance; les dépenses utiles négligées au profit de travaux de luxe, que l'on est condamné à poursuivre parce que l'on ne sait comment les arrêter; tels sont, en raccourci, les traits, les actes, les mesures prises pour préparer ou servir la transformation économique et faciliter à la France la lutte avec l'étranger. Il est vrai qu'on nous dit: Les salaires ont augmenté, le mouvement général de la production indigène ne s'est point arrêté! Les salaires ont augmenté! mais le prix moyen de toutes choses a augmenté dans une proportion supérieure encore. Voilà ce que sont devenues les promesses de la vie à bon marché; elles sont protestées par les faits, le renchérissement est général, indéniable, il suffit de vivre pour s'en apercevoir.

Allons plus loin: le premier devoir de nos gouvernants, après janvier 1860, était, en assurant la paix au dehors, de ménager au dedans la main-d'œuvre à nos usines, à nos ateliers, à notre agriculture, afin d'égaliser par le salaire les chances de nos producteurs nationaux contre l'étranger; c'est à cette heure de transformation critique que l'on s'est épris du vertige des constructions et des bâtisses, et qu'on a infligé aux productions indigènes la plus redoutable des concurrences, la concurrence sur les salaires; c'est alors qu'on a soustrait aux campagnes, aux entreprises privées, outre les contingents militaires excessifs, ces masses ouvrières agglomérées sur les mêmes points par centaines de mille, pour satisfaire l'ambition de tout détruire pour tout reconstruire. Ainsi, raréfiant la main-d'œuvre là où elle était utile, on a refoulé vers les villes les bras les plus robustes et les plus habiles, et créé la hausse factice des salaires. Passons maintenant à la production.

On dit que, grâce aux merveilleuses ressources de ce pays, à l'économie, à l'énergie de nos admirables travailleurs, patrons et ouvriers, la production nationale ne s'est pas arrêtée, relativement aux années précédentes. Mais que sont ces résultats contestés, contestables, comparés à ce qu'on doit attendre d'un pareil peuple, s'il était rendu aux justes et normales conditions d'une démocratie maîtresse d'elle-même? Ces résultats sont mesquins, ils n'attestent que la robuste constitution de la France, toujours foulée, toujours renaissante sous les étreintes des plus fâcheux systèmes. Quel degré de prospérité, d'aisance générales n'eût pas atteint la nation si le plus clair de ses forces et de ses ressources, détourné de sa véritable carrière, n'avait été sacrifié improductivement par un système politique détestable, marié contre raison à une économique funeste dès qu'elle est incomplète. C'est donc surtout la politique qu'il faut accuser de la lenteur désespérante de notre progrès et de notre manque de grandeur. On ne saurait trop le redire, tout ce qui arrive de bien et de mal aux peuples tient aux conditions politiques qui leur sont faites. Il faut donc revendiquer incessamment la liberté politique avec ses institutions organiques, non seulement comme supérieure, préférable à tout ce qu'on nous présente à sa place, libertés civiles, libertés économiques, mais encore et surtout parce qu'elle est seule efficace à garantir et à féconder toutes les autres.

Vous avez exprimé ces vérités essentielles, Messieurs, quand vous avez marqué sans détour le retentissement regrettable de la politique générale, de la guerre et de l'impôt sur le travail et la prospérité du pays; vos réflexions viriles aussi amères que justes ne pouvaient être pour vous un simple artifice de discussion; quelles soient désormais la conviction de votre vie publique; il vous faut en poursuivre le triomphe à travers tous les obstacles et, pour cela, dépouiller votre vieille indifférence, devenir des libéraux indépendants et résolus : le salut est à ce prix.

Ainsi donc, partisans loyaux du libre-échange, mais adversaires inflexibles de tous les coups d'État, protectionnistes éclairés qui ne pouvez échapper à la dictature des théories qu'en vous jetant dans les bras de la liberté, formez avec nous un pacte d'alliance; radicaux politiques, unissez vos voix aux nôtres pour réclamer ensemble les vraies prérogatives du Parlement et pour préparer de libres élections; repoussez avec nous les candidatures officielles et le patronage des préfets, pour retrouver votre complète indépendance; nous vous donnons rendez-vous devant le suffrage universel, l'arbitre suprême qui nous attend et nous observe. L'heure de choisir est venue : ou désertez la protection de vos plus chers intérêts, ou poursuivez avec nous la conquête légale des libertés publiques.

Nous ignorons si pareil langage rallierait les protectionnistes clairvoyants à la cause libérale, mais c'est la mise en demeure impérieuse qui ressort de la crise actuelle; nos députés industriels et leurs commettants attentifs ont dû faire en eux-mêmes des réflexions semblables aux nôtres sur la fragilité de notre condition politique.

On ne garde pas pour soi de telles réflexions, si on sait les faire; elles se répandent, elles deviennent rapidement l'opinion publique, car elles sont justes; le suffrage universel les recueille et les transforme en résolutions pratiques. Elles contribuent à éloigner de plus en plus le peuple de certaines théories, elles l'empêchent de croire que les intérêts de la démocratie puissent être confiés aux mains d'un seul; elles prouvent aux conservateurs qu'il n'y a d'ordre véritable que là ou la liberté est l'institution fondamentale de l'État.

En résumé, nous voudrions espérer que la solennelle interpellation de M. Pouyer-Quertier et ses amis deviendra pour le parti de la liberté politique l'occasion de recruter de puissants auxiliaires dans les rangs conservateurs, sans contrarier cependant les anciens partisans du libre-échange. A ces derniers incombe la difficile mais noble tâche d'amener promptement l'organisation au sein de laquelle le libre-échange, réellement doté du triple outillage industriel, politique et social, deviendra l'instrument de la prospérité nationale, justement préconisé par la science économique.

Ces prévisions se réaliseront, si on le veut avec ténacité ; dès lors on peut affirmer sans témérité, en dépit des apparences, que cette mémorable discussion a préparé l'inévitable défaite des deux plus vieux ennemis du progrès matériel et moral des peuples : le gouvernement personnel et la protection.

III

LE GÉNÉRAL GRANT

(Revue politique et littéraire du 13 juin 1868)

Au moment même où les juges du président John-son condamnaient moralement dans un verdict d'ac-quittement la conduite du premier magistrat de la République, la convention de Chicago se réunissait pour désigner le président à élire le 4 novembre 1868. Cette réunion, dont les résolutions nous sont parve-nues cette semaine, est la plus nombreuse, la plus influente de celles qui doivent préparer l'élection présidentielle; elle a traduit aussi le plus fidèlement la volonté générale, donné le mot d'ordre et fixé l'opi-nion. La *plate-forme* de Chicago dans une déclaration énergique qui flétrit la conduite du président actuel, en affirmant les vrais principes de la politique répu-blicaine, a proclamé unanimement le général Grant comme son candidat à la présidence de l'Union amé-ricaine. Toutes les autres candidatures se sont effa-cées. Chase, Wade, Hancock, Pendleton, tous les noms ont pâli devant celui du premier citoyen de l'Amérique. Le général Grant, le successeur désigné de M. Johnson, se verra porté au fauteuil présiden-tiel par une universelle acclamation. Le Nord et le Sud se rallient à sa candidature; les démocrates n'osent le combattre; les républicains triomphent avec lui presque sans livrer bataille. N'a-t-on pas, en effet, entendu dans cette convention de Chicago, un ancien gouverneur d'un état rebelle, M. Brown, déclarer, au nom de tous ses compatriotes que les républicains du Sud choisissaient Grant, *the father Grant*, comme président de la République? Est-ce à dire que le peuple américain obéisse à un entraînement aveugle et irréfléchi? Non, les Américains ne se laissent, en cette occasion, ni entraîner ni subjuguer; en nommant Grant, ils font bien plus acte de connaissance que de reconnaissance. L'étude attentive de ce mouvement d'opinion en Amérique doit être pour nous, gens de la vieille Europe, l'occasion de salutaires réflexions. Nous devons méditer la leçon que nous envoie à travers l'Atlantique la république américaine, institutrice de jour en jour plus autorisée des démocraties libres.

L'élévation d'un général récemment couvert de gloire à la dignité de président d'une république libre nous inspirera toujours de légitimes aversions, de justes défiances que l'histoire de ce siècle ne suffit que trop à expliquer et à nourrir. Aux États-Unis, au contraire, depuis Washington, le passé répond de l'avenir; d'ailleurs, les mœurs, les institutions surtout veillent pour tous et suffisent à contenir les entreprises des ambitieux, s'il pouvait s'en produire. Le peuple ne s'en laisse point imposer par les généraux grandis dans les guerres civiles ou étrangères, et ne pousse jamais la reconnaissance jusqu'à livrer ses droits.

Dans ce pays de démocratie pure, la nation tout entière est constamment mêlée à la pratique et à la direction de ses affaires, le peuple est toujours et tout entier debout; dès lors, un homme, si grand qu'il soit, ne peut songer à confisquer le suprême pouvoir, parce qu'il faudrait, pour la réussite de l'attentat, dépouiller tous et chacun d'une souveraineté effective, quotidiennement pratiquée, et mise par là même à l'abri d'un coup de main.

Cette organisation militante et vigilante de tous les citoyens de la République oppose une infranchissable barrière à tous les coups d'État. Il n'y a pas là de place pour l'usurpation politique, on le sait et cela suffit pour en écarter la tentative. Dans le trouble même de la sécession les États rebelles n'ont pas connu la dictature ; la sécurité des institutions est si complète dans cet heureux pays, que les grands hommes sont impuissants à y devenir des fléaux publics. Dans une vieille monarchie, un homme tel que Grant, trop fier et trop haut placé pour rester sujet, devient bien vite un embarras et un danger : c'est Wallenstein, Monk, le connétable de Bourbon, Turenne ou Condé. Dans une république naissante et non organisée, il sert les factions et son ambition particulière, il ruine les libertés publiques ; c'est Guillaume d'Orange, Cromwell, Pichegru ou Bonaparte. Dans une démocratie radicale et réellement en possession d'elle-même, comme en Amérique, il ne peut être qu'un grand citoyen, Washington ou Grant, obligé au respect du droit de tous, *primus inter pares*. Là, les institutions démocratiques condamnent le génie à la vertu. Témoin l'illustre Grant ; servi par un naturel héroïque et de terribles circonstances, il n'a pas encore quarante-six ans et il a épuisé toutes les faveurs de la fortune et fixé sur son nom la plus sublime des gloires : il a sauvé sa patrie.

Au milieu de la plus effroyable guerre civile qui ait jamais déchiré un grand peuple, cet homme, autrefois élève de West-Point, la veille simple tanneur, se révèle, sous la double impulsion du patriotisme et du génie, comme le plus redoutable capitaine de son temps. Il quitte son métier, s'enrôle à la voix de la République en danger, apprend, devine et pénètre rapidement ce difficile métier des armes, surpasse les maîtres et crée à son tour de victorieuses combinaisons. On lui oppose un tacticien consommé, reconnu et redouté de tous, le professeur de West-Point, le savant général Lee. A force de patience, de profondeur, de vigilance et d'à-propos dans l'audace, le tanneur devenu général déconcerte son brillant adversaire, l'épuise et le bat en détail, l'enserre peu à peu, l'acule sous les murs de la capitale, lance autour de lui les cavaliers de Sheridan, organise l'admirable mouvement de Sherman, enveloppe ainsi l'ennemi d'un véritable réseau de fer et de feu, lui impose une suprême bataille, dont il fait une complète et décisive victoire, et, d'un coup anéantissant ce qui reste de troupes engagées, désarme les dernières réserves, s'empare sans coup férir de Richmond, le dernier enjeu des rebelles, et signe en trois jours la paix, d'où date la reconstruction de l'Union, sur le théâtre même de son triomphe.

Devenu le sauveur de la patrie, l'idole des soldats, le héros de Wiksburg, le vainqueur de Lee, le pacificateur du continent américain, Grant exerçait certainement une fascination immense sur l'esprit de ses compatriotes; il apparaissait aux yeux de tous presque aussi grand que Washington dont il venait de sauver et de rétablir l'héritage.

A ce moment, les sinistres prophéties ne firent pas défaut à la République éprouvée; il ne manqua pas en Europe et surtout en France de fortes têtes politiques pour annoncer que la république américaine avait vécu, que l'issue victorieuse de la guerre civile allait enfin faire sentir à ces Yankees si fiers de leurs institutions le poids des armées permanentes, et le budget qu'elles traînent à leur suite.

Aucune de ces prédictions ne se réalisa et ne pouvait se réaliser, grâce aux institutions. Le général Grant, tout éclatant de gloire, n'était que le serviteur du Congrès, le subalterne du pouvoir civil, le subordonné de la loi. Les soldats satisfaits d'avoir été si bien guidés et commandés, lui avaient voué la recon-

naissance du citoyen, non celle du mercenaire, ils
aspiraient tous à rentrer dans la vie civile pour réparer au plus vite les maux de la patrie. Le premier,
le général Grant, dans un rapport que nous voudrions
reproduire, proclama que, la guerre étant finie, l'armée devenait inutile. Aussitôt les soldats furent
licenciés, les régiments dissous, les numéros abolis,
les cadres eux-mêmes brisés ; et, spectacle plus extraordinaire encore, les armes, les munitions, les vivres,
les équipements, les canons et les navires, les provi-
sions, les objets de campement, tout jusqu'aux éten-
dards fut mis à l'encan et vendu au nom de l'Union,
comme pour effacer jusqu'à la trace de ses déchire-
ments. Dédaigneuse des conseils et des exemples de
l'Europe, la République se livrait à l'avenir, elle se
fiait à son énergie pour tout créer si l'adverse fortune
la visitait encore, et retournait avec empressement,
sans arrière-pensée, sans souillure de militarisme, à
ses champs et à ses ateliers. Le général Grant accé-
lérait lui-même ce mouvement de pacification, et le
capitaine qui commandait à un million d'hommes
conservait à peine sur pied 27,000 soldats pour garder
un empire de 10,000 lieues carrées. Ce victorieux
refusait de se faire nommer *imperator* et il disait à
ses troupes, en leur montrant le Mexique envahi par
les Européens, que s'il fallait se résoudre à une nouvelle guerre, ce ne serait pas pour s'agrandir par la
conquête ; mais pour empêcher, sur les limites de
l'Union américaine, la création d'une monarchie militaire, dont le voisinage nécessiterait, pour les États-
Unis, l'entretien d'armées permanentes, toujours rui-
neuses pour les finances et menaçantes pour la liberté.

Cette institution militaire, disait-il dans son rude
et civique langage, ne peut convenir à des laboureurs
et à des marchands de pétrole. Simplicité qui nous
paraît préférable aux pompeuses proclamations de
Bonaparte offrant comme une proie à ses soldats les

richesses de la Lombardie et jetant ainsi dans les armées de la République les germes de la corruption prétorienne.

Les astrologues politiques de notre vieille France, qui ne peuvent croire à tant de grandeur unie à tant de simplicité, qui méprisent même la modestie chez les héros, se sont complus en des prophéties désobligeantes et ont appelé le général « le sphinx Grant ».

Les œdipes américains savent maintenant à quoi s'en tenir. Tous les citoyens des États-Unis connaissent cette bonne, grave et douce physionomie du général Grant ; ils savent tous, et sans en faire une légende dangereuse, cette vie si pure, si noble, si méritante, marquée à chaque pas de services rendus à la patrie et aux lois. A la tête de l'armée, pendant et après la guerre, Grant est resté l'auxiliaire soumis du Congrès. Quand le président Johnson, égaré dans une lutte coupable contre la représentation nationale, s'est montré hésitant sur l'accomplissement de ses devoirs, le général lui a nettement signifié qu'entre le président et la Constitution son choix était fait, et que cette dernière le trouverait toujours au premier rang de ses défenseurs. Singulier pays d'ailleurs, où tous les généraux ont pris l'avis des jurisconsultes avant d'obéir aux ordres de M. Johnson sur le fameux département de l'Atlantique, et refusé leur concours sur l'opinion motivée des avocats.

Nommer Grant président de la République, c'est, pour le peuple américain, lui décerner la couronne civique ; c'est donner à ce vainqueur le triomphe civil, le seul digne d'un tel citoyen et d'un tel peuple.

Dans l'espace de quelques années, la République nous aura offert le spectacle grandiose d'une nation qui, sans voiler la statue de la Liberté, résiste aux plus effroyables entreprises, traverse sans défaillance une lutte gigantesque ; qui, sans humilier la majesté des lois devant aucune nécessité militaire ou dictatoriale, triomphe des ennemis du dedans, chasse d'un geste l'étranger de ses affaires, tient en respect un président qui conspire, désigne d'avance son successeur, attend sans impatience l'échéance marquée par la Constitution et confère la suprême magistrature de l'État à un général qui a mis sa principale gloire à ne pas se montrer militaire. Signes irrécusables de puissance, d'avenir et de sécurité qui permettent d'affirmer que la grande question posée en 1786, par Mirabeau, au pays de Washington, est définitivement résolue par la République reconstituée.

« N'est-il pas possible, écrivait aux Bataves ce grand homme, de constituer un pays de façon que toutes les affaires se fassent sur les lieux où elles naissent, et que la justice et l'intérêt commun soient respectés par tous, sans qu'il faille, pour éviter de se battre, se soumettre au commandement d'un imbécile que son rang et son éducation rendraient tel quand la nature l'aurait fait autrement? Le genre humain fait cette grande question aux États-Unis d'Amérique, et si, par hasard, ils répondaient mal, il faudrait le demander encore à la raison. »

Voici bientôt un siècle que l'Amérique résout tous les jours le problème posé par l'immortel tribun, triomphante réponse dont la raison doit s'emparer pour convier le genre humain à suivre le plus salutaire des exemples.

IV

LE RAPPORT DE M. LE PRÉFET

(*Revue politique et littéraire* du 27 juin 1868)

Nous voudrions clairement exposer à notre tour et aussi exactement que le permettent les documents connus, la situation de la Ville de Paris, au double point de vue de ses revenus ordinaires et de sa dette consolidée; nous réservant d'entretenir ultérieurement nos lecteurs du traité particulier de la ville avec le Crédit foncier.

Le rapport du préfet de la Seine, inséré au *Moniteur* du 18 juin dernier, en ramenant l'attention publique et les discussions de la presse sur la gestion dictatoriale de M. Haussmann, nous fournit l'occasion et le texte de cette exposition et de cette critique; nous laisserons de côté tout ce qui, dans ce rapport, est relatif à la personne même du proconsul, à ses colères et à ses rancunes, à l'admiration qu'il s'inspire, aux invocations passionnées qu'il adresse à la postérité.

Nous n'avons que faire de toute cette rhétorique administrative; M. Haussmann veut prouver à son maître, qui, lui aussi, se pique de littérature, que tout préfet qu'il soit, il caresse avec succès les Muses; membre de l'Académie des beaux-arts, peut-être rêve-t-il le quarantième fauteuil, celui de M. Viennet, le vénérable maçon.

Au demeurant, ce rapport, dépouillé de tous les

faux dehors et ramené à la question des chiffres, ne nous apprend rien de bien nouveau sur la comptabilité si compliquée de nos finances municipales ; tout cela peut se résumer en un petit tableau. Les lecteurs de la *Revue*, nous permettront de le leur mettre sous les yeux, pour juger d'un coup d'œil les quinze années de l'administration de M. Haussmann.

En 1853, M. Haussmann, choisi par le chef de l'État pour gouverner Paris, prenait la Ville dans la situation suivante :

1852		**Service de la Dette :**	
Recettes. .	52.576.631,02	Emprunts 1849-1852.	
Dépenses .	29.785,888,11		10.840.132
			1.617.449
1859		Total. .	12.457.581
Recettes. .	79.327.125,48		
Dépenses. .	43.082.973,80		
Depuis l'annexion. 1860		**Emprunts 1855-1860-1865**	
Recettes. .	106.353.616,99		
Dépenses. .	66.038.729,06		
1867			
Recettes. .	151.643.293,34		
Dépenses. .	81.970.323,15		
Excédent. .	69.672.970,19		27.427.972

Donc, il a porté les dépenses ordinaires de 29 à 81 millions, soit 52 millions en 15 ans, sans compter le service de la dette municipale.

Il faut bien remarquer que dans ce compte de dépenses ordinaires, c'est-à-dire qui doivent se retrouver d'une manière permanente dans le budget de la Ville, M. Haussmann ne fait pas figurer les sommes nécessaires au service des emprunts municipaux, charges ordinaires s'il en fût, puisqu'elles sont annuelles; et le service de la Dette, d'après les chiffres mêmes de M. Haussmann que nous ne voulons pas contester, réclame 27.124.972 fr. 15 centimes, ce qui, en prenant les chiffres mêmes du budget de 1867, présentés par M. Haussmann, donnent 119.095.295 fr. 05 centimes auxquels il faut faire face avec 150 millions : ou autrement un excédent libre de 32.547.998 francs et non de 53 millions. Cette différence provient de ce que, dans son rapport, M. le préfet fait figurer aux recettes ordinaires un chiffre de 6.504.365 francs qui n'est pas réellement une recette ordinaire, puisqu'il l'intitule lui-même : Recette accidentelle; plus une différence de 4 millions environ, sur l'évaluation des recettes accidentelles en 1868; en débarrassant en outre le budget extraordinaire de dépenses véritablement ordinaires, comme l'amortissement de la dette municipale, on trouve qu'il reste à M. Haussmann 32.547.998 francs, si l'on veut strictement le condamner à payer les dépenses ordinaires avec les recettes ordinaires. Si on admet, au contraire, l'assimilation qu'il fait des ressources dites accidentelles aux ressources ordinaires, et qu'on le laisse exclure des dépenses ordinaires le service annuel de la Dette, on trouve un chiffre de 42.542.998 fr. 09 centimes, ce qui lui fait bien un excédent libre d'autant, mais avec lequel cependant, vu l'exagération de ces dépenses extraordinaires et les engagements démesurés qu'il a pris, il se trouve en déficit comme nous allons l'établir. C'est ce second point de vue que nous appellerons les *emprunts de M. Haussmann*. Nous laissons de côté les emprunts de 1815, 1832, 1849, qui sont éteints; nous ne nous occupons même pas de celui de 1852 qui touche à son terme, puisque la dernière annuité de 5.841.000 francs, sera payée en 1871, et l'emprunt complètement amorti. M. Haussmann, dès 1855, avait parfaitement saisi qu'il lui serait impossible de donner satisfaction au projet de Sa

Majesté l'empereur sans beaucoup d'argent, d'où lui
vint l'idée de doubler Paris pour augmenter les
revenus, de faire de ces revenus la base d'un emprunt
et, grâce à l'emprunt, d'installer dans Paris de véritables ateliers nationaux chargés de le détruire et de
le reconstruire; et par le mélange de ces trois éléments, annexion, emprunt, grande agglomération
ouvrière, créer un grand courant factice de hausse
sur les salaires, sur les revenus indirects de la Ville ;
s'enivrer soi-même de ces chimériques résultats, et
s'avancer chaque jour plus avant dans cette route de
prodigalités, de surexcitations économiques et financières qui mènent droit au déficit.

$$\begin{array}{lll}
\text{2 mai 1855, emprunt de} & & \text{60,000.000} \\
\text{1}^{\text{er}} \text{ août 1860} & - & \text{138.786.025} \\
\text{12 juillet 1865} & - & \text{250.000.000} \\
\hline
\text{Total} & & \text{448.786.025}
\end{array}$$

Depuis 1865, le même M. Haussmann, dédaignant
sans doute de s'adresser au Corps législatif trop
souvent sollicité , crut avoir découvert le moyen
d'emprunter une somme de 465 millions sans autorisation. En effet, il s'était entendu avec des Compagnies concessionnaires envers lesquelles il s'engageait
à payer le montant de ces 465 millions, dans le délai
de 10 années, par annuités de 50 millions. Ces engagements à court terme de 465 millions, représentent le
mécompte, la simple erreur commise dans ce que
M. Haussmann appelle les travaux du troisième
réseau. Croyait-il la chose possible en droit, c'est là
ce dont nous n'avons cure : ce qui nous importe,
c'est de rappeler le dernier chiffre que nous donnions
plus haut, à savoir qu'en 1868, époque actuelle,
M. Haussmann, après avoir fait face à ses dépenses
strictes, n'avait dans les mains qu'un excédent de
42 millions avec lesquels il lui était impossible d'en

payer 50 ; et c'est pour empêcher de faire peser sur le budget de la Ville, une échéance qu'il ne peut pas porter, que le préfet a traité avec le Crédit foncier. A la faveur de ce traité, pour l'approbation duquel on est en instance devant la Chambre, la Ville se débarrasse de l'obligation de faire face chaque année au paiement d'une somme de 50 millions, et substitue à son obligation le Crédit foncier ; mais elle n'en reste pas moins obligée pendant 60 ans à verser chaque année au Crédit foncier, pour l'amortissement et le remboursement des 398 millions, une annuité de 21 millions qui, pris sur l'excédent de 42 millions, laissent à peu près 21 millions de libres.

Il faut ajouter à cette terrible liste du passif de la Ville une somme de 99 millions de bons de la Caisse des travaux, quoique M. Haussmann prétende que des ressources générales les couvriront en partie pour 72.800.000 fr. ; il faut ajouter encore 54.965.025 francs qui restent dus sur les subventions applicables aux opérations de voirie concédées ; plus 12.742.190 francs : soit en tout 67.335.155 francs 68 centimes. Ces trois éléments de passif, 1° l'annuité du Crédit foncier et les annuités ci-dessus forment un ensemble de :

$$21.574.387,02$$
$$8.416.894,40$$
$$\overline{29.991.281,42}$$

soit 30 millions en chiffres ronds.

30 millions étant pris annuellement sur l'excédent de 42 millions, il ne reste pas 12 millions aux mains de M. le préfet : et nous allons voir que d'ici à 1870, il va perdre nécessairement 17 millions de revenu. En effet, en 1870, la surtaxe et le deuxième décime d'octroi doivent cesser d'être perçus : c'est une somme de 10 millions par an, ce n'est pas un dégrèvement à consentir : c'est une surimposition qui doit légalement disparaître en 1870.

Ce n'est pas tout : l'administration municipale actuelle a élevé de moitié les droits sur les suifs, charbons de terre, sur le chauffage et l'éclairage ; elle a frappé d'une taxe nouvelle les fers, la fonte, les glaces ; plus 3 centimes sur le principal des contributions. Cet ensemble lui a donné un gain annuel de 7 millions ; c'est, de ces deux chefs, 17 millions à retrancher du fameux excédent libre, de sorte qu'il reste un déficit de 5 millions. Et nous n'avons pas tout compté, par exemple la réserve de 2 à 3 millions pour travaux imprévus que le budget municipal voit figurer régulièrement à son extraordinaire et qui sont régulièrement dépensés chaque année.

L'année 1870 place donc la Ville en face de ce dilemme : ou arrêter les travaux, ce qui fera baisser les revenus de la Ville et créera une situation de plus en plus critique ; ou bien les continuer même avec modération, et dans ce cas, impossible de marcher sans un cinquième emprunt. Mais, de dégrèvement il ne saurait en être question ; — une fois le terme des surtaxes arrivé, les excédents qui se produiront seront, pendant 60 ans, destinés à aller s'engloutir au Crédit foncier. Voilà en quelques mots le dernier aboutissement de toutes ces entreprises du pouvoir personnel : la surcharge des contribuables dans le présent, des sacrifices imposés pour trois quarts de siècle à l'avenir ; le renchérissement général mis à la place du bon marché tant de fois annoncé, l'emprunt cessant d'être un expédient pour devenir la ressource quotidienne ; et malgré quelques travaux utiles, la plus grande partie des ressources de la capitale enfouies et perdues sous des terrassements sans profit. On pourrait croire que cette triste et coûteuse leçon est de nature à faire réfléchir nos gouvernants et à inspirer de meilleures résolutions aux gouvernés ; c'est avec amertume que nous croyons constater le contraire. Après ces folies, ces échecs, ces déconvenues de milliards, nos maîtres conservent la même superbe, étalent le même optimisme, et presque la conviction qu'ils ont fait notre fortune et notre bonheur ; c'est à peine s'ils veulent bien nous expliquer où sont passés ces milliards des contribuables. Les gouvernés se laissent faire ; ils sont sans doute ravis d'avoir une capitale pleine de casernes, d'églises et de théâtres, pleine de monuments difformes, sans style, sans caractère, sans grandeur, et de payer sans voir.

Tous les six ans, Paris, interrogé par voie d'élection générale, décide bien que la politique gouvernementale ne lui agrée en aucune façon, repousse les neuf candidats de M. le préfet, « l'élite de la commission municipale » ; mais c'est tout ; en voilà pour six ans pendant lesquels M. Haussmann pourra tout à son aise s'approprier et exproprier, molir et démolir, planter et déplanter, élever des buttes et raser des coteaux, alterner ses divers modes d'administration et d'exploitation et n'être invariable que sur un point : emprunter la veille, emprunter le jour, emprunter le lendemain, emprunter toujours ; voilà le vrai « bouquet » que M. Haussmann dépose aux pieds du maître.

Dans soixante-quinze ans, ajoute-t-on, les petits Parisiens seront si heureux ! c'est cela qui s'appelle avoir un grand cœur. Nous, pauvres hères contemporains qu'on sacrifie avec cette aimable désinvolture, nous nous permettons de trouver et dire que si Paris avait appartenu aux Parisiens, que si l'Hôtel de Ville avait été administré comme il convient à la première commune de France, par des citoyens de Paris, librement discutés, librement élus, rééligibles, responsables, nous aurions peut-être quelques bastilles de moins, quelques rues plus étroites — et moins d'impôts, moins de dettes. Mais nous avons voulu qu'on fît notre bonheur chez nous, malgré nous, sans nous.

Le bonheur que les autres vous font est hors de prix, et on nous l'a bien fait voir. Cette contradiction

entre le fait et le droit semble avoir fait germer, tant
au Palais-Bourbon qu'aux Tuileries, le projet de placer
le budget de la ville de Paris sous le contrôle des
députés de la France. Ce serait là un moyen injuste,
impuissant à rien réparer, une nouvelle violation du
droit commun, triste symptôme, nouvelle preuve de
l'incertitude et de la confusion qui dominent nos gouvernants, et les pousse à chercher aux maux qu'ils
ont créés eux-mêmes des remèdes empiriques et sans
valeur. Revenons aux principes : tout impôt, toute
dépense, doit être voté et contrôlé par ceux qui les
payent ou par leurs représentants directs ; les Parisiens payent les impôts de Paris, toutes les autres
communes de France y sont étrangères ; les représentants de ces communes sont sans qualité, sans
compétence pour apprécier les charges et voter les
impositions de la commune de Paris.

La dictature du préfet de la Seine est, sans équivoque, un fait exceptionnel, on n'en altérera pas le
caractère en lui associant la collaboration du Corps
législatif. La responsabilité de cette dictature ne peut
être déplacée ; elle est là où la pensée dictatoriale l'a
mise ; il n'y a qu'un moyen, qu'un seul, de sortir de
l'arbitraire et du régime exceptionnel, c'est de resti-
tuer sans réticence aux citoyens domiciliés de la ville
de Paris les droits et les franchises communales ;
toute autre solution est mauvaise et n'aboutit qu'à
compliquer les responsabilités encourues, à tourner
le principe et à prolonger, après une si cruelle et si
décisive expérience, le désir de la liberté communale
de la France. Ce n'est pas en transformant le Corps
législatif en cour d'appel connaissant des décisions de
la commission municipale que le Gouvernement peut
espérer de donner satisfaction aux principes et à
l'opinion publique, ce serait ajouter un vain décor à
l'appareil jugé et condamné des derniers quinze ans.
Ce qu'il faut, ce que la raison publique de jour en

jour plus éclairée, plus résolue, réclamera et finira
par obtenir, c'est l'abdication de M. Haussmann, c'est
la dissolution de la commission qui l'assiste, c'est la
liquidation irrémissible du passé, la prudence et la
sécurité introduites pour l'avenir, c'est, d'un mot,
Paris aux Parisiens.

V

DU BUDGET MILITAIRE

(*Revue politique et littéraire* du 4 juillet 1868)

Le mouvement démocratique, qui entraîne irrésistiblement la société française, a pénétré profondément dans l'armée. Nos lecteurs en trouveront la trace dans le travail suivant qui n'est que la reproduction faite par nous, la photographie, pour ainsi parler, d'observations critiques qui nous ont été présentées verbalement sur le budget militaire de la France par un homme spécial très compétent et très érudit dans toutes les parties du métier des armes [1].

I

« Voici, Sire, un métier fort difficile que je vais entreprendre », écrivait [2] de Fontainebleau à Louis XIV.

[1]. Le colonel d'artillerie Th. Jung, alors capitaine, auteur de travaux historiques remarquables sur la Révolution et l'Empire est le véritable auteur de l'article *du Budget militaire*. Comme cette étude ne pouvait paraître sous le nom de l'officier qui l'avait écrite et comme la publication d'articles anonymes était interdite par la législation impériale, M. Gambetta prêta sa signature au capitaine Jung. Il marquait d'ailleurs ainsi qu'il acceptait (1868) la plupart des idées émises par son ami. — Bien que l'étude sur le *Budget militaire* soit l'œuvre de M. Jung et non de M. Gambetta, il nous a paru intéressant de la reproduire dans ce recueil.

Un autre article du capitaine Jung (*les Déclarations du maréchal Niel*, 25 juillet 1868) porte également la signature de M. Gambetta.

[2]. Pierre Clément, Cabinet de M. le duc de Luynes.

le 22 juillet 1666, le secrétaire d'État Colbert, effrayé du budget militaire qu'il allait avoir à solder, 200,000 livres pour les écuries du roi, 30 millions de livres pour l'armée); « il y a près de six mois que je balance à dire à Votre Majesté les choses fortes que je lui dis hier et celles que je m'en vais encore lui dire. »

Il ajoutait, sous forme de péroraison : « Plût à Dieu, Sire, que Votre Majesté eût une fois bien examiné cette matière, qu'elle eût même pris elle-même ou fait prendre les sentiments de tout ce qu'il y a de gens sensés. Elle trouverait que sa gloire souffre quelque diminution de ces fanfares et de tous ces ornements inutiles dont, outre cela, la dépense ruine les officiers et les cavaliers, et que la véritable gloire de Votre Majesté recevrait de l'augmentation si elle retranchait toutes ces superfluités, si elle répandait ses soins également sur les troupes de ses armées et sur celles de sa maison, si elle prenait soin que toute la cavalerie portât cuirasse, que les armes fussent bonnes et que chaque cavalier eût un bon buffle, un bon chapeau de pluie et un manteau de même sur la croupe de son cheval; tout le reste ne sert qu'à ruiner, à embarrasser et est absolument inutile. »

Cette lettre ne semble-t-elle pas écrite d'hier?

Les questions militaires, les questions budgétaires surtout, ont ce côté fâcheux qu'on ne peut les traiter aujourd'hui, si l'on n'est pas M. de Colbert, sans se voir tout aussitôt accusé de prêter un appui moral aux ennemis du pays.

Ose-t-on s'inquiéter du déficit accusé, des dépenses futures et forcées, on passe pour souhaiter le désarmement de la nation ou tout au moins pour vouloir la livrer pieds et poings liés aux ennemis du dehors.

Se permet-on quelque critique sur l'organisation de l'armée, sur le pourquoi ou le comment de tel ou tel mécanisme, on vous déclare que vous allez détruire le lien de la discipline, de la hiérarchie, et

que vous allez indiquer aux voisins le point faible
de notre système. Or, il n'est pas d'officier qui, dans
le tête-à-tête, ne se plaigne de l'état présent, ne fasse
ses doléances sur l'organisation de tel ou tel service,
ne pressente une ère de transition pour cette armée
dont il est un des intimes rouages. Cependant chacun
d'eux voit, partout ailleurs que dans l'armée, les
recherches, les travaux, les études de critique militaire, essayés par des écrivains et acceptés par le
public; mais aucun officier n'ose s'y livrer. Il ne peut
que répéter tout bas ce passage si parfaitement juste
du livre sur l'*Armée française en 1867* :

« On sait aujourd'hui, on saura demain. C'est la
loi du temps ; les armées bien avisées seront celles au
contraire qui, mettant cartes sur table, soumettront
leurs voies et moyens à la discussion la plus étendue,
par comparaison avec les voies et moyens des autres
armées qu'elles auront l'obligation d'étudier avec
soin. »

Pourtant un officier aurait à dire bien des choses
utiles pour le public, utiles pour les députés qui
votent les lois et l'impôt : ainsi d'abord sur le
budget.

II

Dans la question militaire, le chapitre budget est
la partie vivace. C'est en somme la carte à payer de
l'organisme actuel, et, comme celui qui la solde est le
pays, il semble assez logique qu'il ait le droit de discuter les moyens propres à lui faire apurer son compte
sans cependant accroître continuellement le chiffre
de ses charges financières.

Par suite des événements qui se sont passés en
Europe ces dernières années, le dilemme des armées
modernes se présente fatalement sous les quatre
termes de cette même formule :

1° Obligation pour les États d'augmenter le chiffre effectif de leurs armées ;

2° Nécessité d'autre part de ne pas peser indéfiniment sur la nation ;

3° Comme conséquence, simplification des rouages ;

4° Facilité du passage du pied de paix au pied de guerre.

Une loi vient de donner le premier terme de cette formule. Les trois autres restent encore à l'état hypothétique.

Occupons-nous seulement de la question des dépenses.

En présence du compte à régler, faible avant-coureur de celui de l'avenir, véritable abîme financier qui ne fera que se creuser plus profondément avec les nécessités de chaque minute, que dire, que faire?

Jusqu'à un certain point il y une sorte de logique dans l'argumentation des défenseurs du budget proposé : « Nous avons besoin, disent-ils, d'être forts pour n'être pas menacés et tenir notre rang. Le chiffre de l'effectif de l'armée a été augmenté; cet accroissement a été reconnu urgent, donc il ne faut point discuter la note, mais la payer sans sourciller. »

Admettons pour un instant cette conclusion, nous ne nous en trouvons pas moins en face de ce problème insoluble : d'un côté, augmentation du chiffre de l'armée (armée active, réserve, garde nationale mobile), et des dépenses de toute nature qui en sont la conséquence logique.

D'un autre côté, accroissement de la cherté de la vie en France, des besoins journaliers des officiers et des soldats, des prix de revient de la matière première et de fabrication.

Donc, à chaque pas, se présentent forcément de nouvelles causes de déficit.

Dans une organisation d'armée, disons-le, il ne s'agit pas seulement de porter par un décret le chiffre

XI. 11

de l'armée active et de réserve à 800.000 hommes,
celui de la garde nationale mobile à 500.000 ; il faut
réunir ces hommes, habiller et équiper tout ce monde ;
l'armer et l'armer d'un fusil nouveau modèle ou tout
au moins transformé ; l'instruire, le grouper dans ce
but, donner une solde aux cadres de création
récente, etc… Comme conséquence, les places fortes
insuffisantes sont condamnées à être modifiées, à être
agrandies, si l'on veut les conserver ; le matériel roulant
(artillerie, ambulances, transports de toute nature…)
doit être calculé et établi sur une base plus large, de
manière à répondre aux nécessités futures, etc., etc.

A ces mille et mille causes de dépenses, ajoutons
celles que produisent les services nouveaux :

Ceux de l'état-major et de l'intendance, insuffisants
et étendus ;

La télégraphie militaire créée ;

Les canons nouveau modèle ;

Les écoles militaires accrues ;

Les approvisionnements de toutes sortes plus nombreux, les munitions plus coûteuses, etc.

La solde des officiers devenue illusoire en raison
des besoins de la vie actuelle et de la position morale
que réclame la dignité d'un grade dont l'honorabilité
ne doit pas être discutée, en raison même de l'abnégation et de l'instruction qu'on se trouve obligé de
réclamer chaque jour plus complètes.

Un fait digne de remarque s'est produit dans le
recrutement des cadres de l'armée : 2.000 à 2.300
jeunes gens se présentaient annuellement de 1840
à 1854 pour l'École militaire ; ce chiffre, au lieu d'augmenter, atteint à peine 700 à 800. Il faut être riche
pour faire partie de l'armée. Si l'on ne veut pas y
être plus que dans la gêne ni dissiper forcément le
peu qu'on possède. Tout individu appartenant à la
classe moyenne et laborieuse du pays se voit donc
obligé d'opter pour toute autre carrière qui lui per-

mette d'espérer une position présentant, plus que celle des armes, des garanties d'avenir en raison de son travail et de sa persévérance.

Actuellement les hommes raisonnent. Le *chauvinisme* est mort. Les armées inintelligentes et inertes ont fait leur temps. Il faut compter avec les masses. Ce que l'on a fait pour le *suffrage universel*, pour les traités de commerce... il faut se décider à l'accomplir pour l'armée. Une troupe vraiment française doit s'appuyer sur la nation et non sur des classes et des castes. Sinon, l'on a de grandes chances de voir s'aggraver l'état existant actuellement dans les cadres : ou le manque absolu de fortune, ce qui est le cas général, ou les avantages de la richesse, ce qui n'est qu'un fait très particulier. De là aux deux catégories où nous sommes arrivés, celles du possesseur d'un habit noir et de celui qui n'en a pas, la transition est naturelle. Le premier seul a le droit de participer à la vie générale, d'être admis dans la société qu'il est chargé de défendre. Le second est condamné, par droit de tailleur et de misère, à se retirer à l'écart et à attendre, muet, impassible, sans but, sans espérance et sans joie, l'époque de la retraite où il aura juste assez pour aller s'enfermer et mourir dans quelque bonne ville bien écartée et bien triste.

C'est ainsi, et pour beaucoup d'autres causes qu'il est inutile d'énumérer ici, que l'esprit militaire s'est considérablement altéré depuis quinze ans. Une armée doit se baser sur ce principe : que la moyenne de ses cadres est pauvre, et ce principe s'est trouvé vrai de tout temps.

Colbert, dans sa fameuse lettre du 22 juillet, le disait bien, en parlant des officiers que le roi, par ses voyages, ses revues et ses camps, obligeait à des dépenses exagérées :

« Il faut, Sire, que, par douceur ou par force, il vive aux dépens de son hôte. Sa Majesté croit que leurs

parents leur fournissent; peut-être que cela pourra
être pour trente ou quarante. Pour le surplus, elle se
trompe; qu'elle s'en informe. »

Ainsi donc, tout se tient, tout s'enchaîne dans un
pareil mécanisme, et l'on a le droit de rester effrayé
devant les besoins que réclame cet ogre insatiable
qu'on appelle une armée. Ce n'est pas par centaines
de mille francs, mais par millions qu'il faut compter
si l'on espère rester dans le vrai. Vouloir présenter la
question sous une autre forme, c'est ou tromper le
pays ou se tromper soi-même, en tout cas s'exposer à
des étonnements dangereux.

A chaque pas, on se trouve en face d'une dépense
nouvelle, dépense utile, urgente même. Mais enfin, le
total est là, le budget n'est pas élastique, et le contribuable et le pays en souffrent. Or, si le pays paye,
avant tout il aime mieux voir les sommes qu'il donne
employées à l'augmentation de sa richesse nationale,
à ses colonies, à l'Algérie, qu'à les voir servir à perpé-
tuer une situation devenue chaque jour plus terrible,
non seulement pour nous, mais encore pour la plupart
des nations européennes.

L'excès d'un mal est quelquefois un bien, il fait
ouvrir les yeux.

A cette situation n'y a-t-il donc pas de remède?

Nous osons espérer qu'il y en a un.

III

Dans une famille dont le budget serait fixe, régulier,
que dirait-on d'un père qui, au lieu de payer 3 ou
4.000 francs un appartement, se verrait forcé tout
d'un coup d'y mettre 10.000 francs, sans pour cela
diminuer le reste de ses dépenses courantes? On
dirait de lui qu'il n'est pas un sage économe de son

revenu et que fatalement il doit arriver à un déficit et par suite à une faillite. S'il voulait arriver à un équilibre possible de son budget, il devait atténuer d'un côté ce qu'il augmentait de l'autre.

Eh bien, nous ressemblons un peu à ce père de famille, sans ordre ; nous allons, nous allons, sans trop nous occuper du lendemain.

Or, toutes ces dépenses ne sont encore que pour la paix ; que deviendront-elles en temps de guerre ? Cette guerre de demain qui ne ressemblera en rien à celle d'hier ? Si la campagne d'Italie avec 200.000 hommes au plus en mouvement et pour trois mois nous a coûté un milliard, à quel chiffre nous reviendra une lutte quelconque européenne, où nous serons obligés d'entrer dès l'abord en ligne avec 4 à 500.000 hommes ?

Tout change ici-bas : système de guerre, esprit militaire, esprit des nations. Les guerres modernes ne sont plus des guerres de quelques-uns, mais des luttes de masses, et de masses nationales et *intelligentes.*

Intelligentes, mot effrayant mais vrai.

Ce ne sont plus des luttes de quelques-uns où le courage, la hardiesse du chef suffisaient à renverser un obstacle qu'il avait devant lui, que son intelligence quelque ténue qu'elle fût, arrivait à saisir parfaitement. Ce ne sont plus des combats de Kabylie, du Mexique, mais des masses énormes à diriger sur les routes, à combiner, à condenser sur un point donné, en un moment donné, en présence de masses également capables avec des moyens d'action terribles comme rapidité et comme puissance. L'idée s'élève en raison du but à atteindre. Elle réclame chez les chefs une puissance d'esprit, une puissance de compréhension, que le travail et l'instruction la plus étendue peuvent seuls arriver à donner. Ce ne sont plus des spécialités, des généraux de telle ou telle arme qu'il nous faut, mais des chefs aptes à tout, voyant tout. Cette idée réclame également chez les subordonnés une compréhension capable de saisir la pensée du chef et de l'appliquer. Du petit au grand le phénomène est le même. C'est la force appliquée, mais la force mise en jeu sur une immense échelle.

L'avenir des guerres modernes appartient donc aux armées les plus instruites; d'ailleurs on peut dire avec raison qu'entre les mains d'un chef habile un instrument intelligent vaudra toujours mieux qu'un instrument brutal mais inerte.

Qu'en conclure? L'urgence de préparer l'armée en raison de ce nouveau mobile, la lier plus intimement à la nation. Ce ne sera qu'à cette condition de lui faire quitter ses vieux oripeaux, de la débarrasser de tout cet antique attirail qui date de Louvois ou de la Restauration, que l'on aura créé une armée vraiment moderne.

IV

Quand la Prusse a réformé son armée, elle a complètement et brusquement rompu avec une partie de son passé, avec la tradition, la *routine*, ce *chauvinisme* de nos armées.

Est-elle l'exemple parfait des troupes organisées pour l'avenir? Nous ne le croyons pas.

Ce qui est bon un jour, ne l'est plus le lendemain. A notre époque, on ne peut se tenir à la hauteur des circonstances qu'en travaillant toujours, étudiant, simplifiant et marchant de l'avant. L'esprit militaire comme l'esprit humain sont sans cesse en mouvement. Ils peuvent avoir des temps d'arrêt; mais rétrograder, jamais.

L'armée prussienne d'hier, notre modèle aujourd'hui, ne le sera plus demain, quoi que nous en disions. Elle a un grand vice, un vice indélébile attaché à sa nature. Comme simplicité des rouages, facilité du passage du pied de paix au pied de guerre,

instruction, honnêteté, dignité, elle peut revendiquer
le premier rang. Mais elle est encore la digne fille de
l'armée de Frédéric II, elle n'est pas démocratique,
elle forme une caste. Aussi, quelque imperfection que
puisse présenter notre armée, l'armée prussienne a
sur elle le désavantage immense de n'être pas l'expression vraie du pays, de son esprit. Et quelque sédui-
sante que soit l'idée que l'habile ministre prussien
sait faire briller aux yeux de l'Allemagne, *l'idée de
l'unité allemande*, cette idée, pour être celle du
peuple, n'est point celle de l'armée, qui reste ce qu'elle
est, ce qu'elle a été par sa constitution même : mes-
quine, guindée, gourmée, et sans liaison dans les
parties constitutives de son organisme.

Si nous sommes supérieurs à nos voisins comme
esprit militaire, il n'en reste pas moins pour nous
une obligation, celle de simplifier à tout prix notre
mécanisme et par suite d'alléger les charges de notre
budget.

Il nous reste à examiner les différents services qui
peuvent se prêter à une diminution de dépenses, en
conservant à cette étude son point de vue général,
point de vue qui ne permet malheureusement pas
d'approfondir, comme elles le méritent, chacune de
ces questions.

V

Pourquoi des corps privilégiés comme solde?
Pourquoi la garde?

C'est le cas de citer un passage de cette même
lettre de M. de Colbert :

« Sire, disait ce grand ministre, la prodigieuse différence qui se trouve entre ces troupes et celles des
armées abattra le cœur des officiers et soldats de
celles-ci et les ruinera, parce que, dès lors qu'il y
aura un bon officier ou un bon soldat dans les troupes

d'armée, il fera tous ses efforts pour entrer dans celles de la maison de Votre Majesté. Ces troupes seront toujours regardées comme l'objet particulier de l'amitié, des soins et de la dépense du Roi, ce qui causera de mauvais effets dans l'esprit des autres troupes, qui forment assurément le plus grand nombre. Le compte du Roi n'est pas d'avoir un corps de troupe extraordinairement bon, et le reste faible et mauvais; parce que partout où le bon corps se trouvera, il battra, mais l'autre sera battu, et comme l'autre sera beaucoup plus grand, il y a quelque risque qu'il emporte l'autre. Le compte du Roi est que toutes ses troupes soient également fortes et bonnes et que partout elles fassent une résistance égale à ses ennemis.

« Cette distinction trop grande de sa maison en toutes choses ralentit le zèle de tous les autres sujets. Les grands rois ont toujours embrassé leur dernier et plus éloigné sujet comme le plus proche, toutefois avec quelque différence pour la distribution des grâces seulement. Nos grands rois, François Ier, Henri IV, n'ont jamais fait ces distinctions. Ce dernier s'est fait garder souvent par tous les vieux corps et, de son temps jusqu'au règne de Louis XIII, le régiment de Picardie l'a toujours disputé au régiment des gardes.

« Louis XIII a été le dernier roi qui ait fait la distinction des troupes de sa maison, encore n'y avait-il que sa compagnie de mousquetaires à cheval de cent hommes avec ses compagnies de gendarmes et de chevau-légers. »

Cette critique, curieuse à plus d'un titre, a bien plus de raisons d'être aujourd'hui. Des motifs autres que ceux énoncés plus haut et qui doivent décider de la suppression des corps privilégiés, sont à mettre en ligne de compte.

La garde forme une espèce d'armée dans l'armée.

Elle choisit ses hommes et ses officiers. Elle se régit un peu par elle-même et n'admet guère l'immixtion d'une autorité étrangère. De là le danger, partout où le chef de l'État ne sera pas pour imposer sa volonté !

Ces mouvements circulaires dans les garnisons de Paris et des environs, privent d'autant les autres corps de troupes qui ne peuvent rien, et sont obligés de se contenter des quelques casernes et des forts qu'on veut bien leur laisser. De là des comparaisons et des jalousies inutiles qui se perpétuent en campagne. Qu'en marche, un corps de troupes arrive à une grande ville, qu'y trouve-t-il toujours installée ? La garde. Quant à lui, forcé de traverser les rues en présence de ses camarades bien postés, bien logés, il va former ses tentes une lieue plus loin, dans les prairies voisines, le long de routes poudreuses.

Demeurant dans les plus belles garnisons de France, ne pouvant se marier, officiers inférieurs, sous-officiers et soldats peuvent se laisser entraîner à la formation de ces ménages fictifs qui altèrent souvent la valeur morale des individus.

Citons en dernier lieu ces uniformes coûteux et inutiles pour les officiers, ruineux pour l'État et incommodes pour le soldat.

Que de bons régiments d'infanterie ne ferait-on pas avec ces régiments bariolés des grenadiers, des voltigeurs, des chasseurs, des zouaves !...

Que de belles troupes de cavalerie n'obtiendrait-on pas avec ces corps de guides, de lanciers, de cuirassiers, de carabiniers, de dragons, etc !...

D'ailleurs, ces uniformes sont autant d'indices pour l'ennemi, qui sait, par avance, à quelle nature de troupes il a affaire.

VI

Cette question des uniformes est importante au point de vue de la bourse des officiers et de celle de l'État. Par suite de la masse des troupes que l'on va se trouver dans l'obligation d'employer, elle est devenue d'une importance capitale et mérite une explication plus complète.

Si nous prônons notre système d'artillerie, à cause de sa simplicité, de la facilité de la réparation qui ne réclame qu'une seule et même espèce d'affûts et de roues, il semble tout naturel que l'avantage deviendrait le même pour l'État s'il simplifiait la tenue. Il a tout intérêt à ne pas voir enfouis dans ses magasins centraux, ces draps et ces uniformes de toute nuance, véritables oripeaux, débris d'une vieille époque, qui n'ont qu'une tradition factice de quelques années.

C'est la nation qui s'arme actuellement; que son uniforme se rapproche de celui de son existence normale! Qu'elle soit juge de la tenue de ses soldats! Qu'on mette au concours le vêtement militaire; qu'une commission composée d'officiers de toutes armes, de sous-officiers et de soldats choisisse, et ce jour-là l'uniforme adopté deviendra celui de tous, et non pas le résultat d'une enluminure plus ou moins bien faite, passée sous les yeux des chefs qui, n'ayant plus les mêmes besoins et les mêmes habitudes, sont appelés à perdre trop souvent de vue le but auquel on doit tendre.

Tout a sa cause ici-bas, et si l'on cherchait bien le motif de telle ou telle tenue, on serait fort étonné du mobile qui l'a consacrée.

Cette simplification de l'uniforme amènera celle des armes. Ces régiments de grosse cavalerie, de réserve, ne formeront plus que des régiments de cavalerie de ligne plus simples, plus mobiles, plus en rapport avec le but encore incertain qu'ils doivent atteindre. Les régiments de cavalerie légère ne feront plus qu'un seul et même corps de cavaliers légers, souples à l'excès, en raison de la rapidité des mouvements actuels. Ces corps de la garde aux bonnets à poil fantastiques, digne copie des dragons chinois, ces chasseurs à pied, cette infanterie, cette garde nationale mobile, etc... ne seront plus que le noyau d'une seule et même infanterie, avec quelque différence dans la couleur du képi, du turban, des parements, pour indiquer leur variété, et sauvegarder leur personnalité.

Il y aura là économie pour l'État, pour l'achat des approvisionnements et l'entretien. Pour l'officier il y aura économie, et le passage d'un corps dans un autre ne sera plus pour lui un effroi. Si sa solde est minime, on l'augmentera en diminuant ses dépenses, en lui donnant un costume simple, pratique et commode qui ne l'oblige pas à cacher son identité sous le vêtement bourgeois. En campagne cette simplicité sera pour l'ennemi une cause d'hésitation. Il ne pourra reconnaître les corps qu'il a devant lui, ni modifier son attaque ou sa défense suivant ce qu'il aura vu.

VII

Les grands commandements ont été abandonnés dans tous les pays, dernièrement encore, en Italie, pendant un temps l'imitatrice servile de notre organisation. Dans la machine administrative, les grands commandements ne forment qu'un rouage de plus, non encore bien défini, puisque la combinaison continue à reposer sur le système divisionnaire.

Ils n'aboutissent en réalité qu'à un état-major de

plus et à des installations dignes de recevoir les chefs revêtus de cette dignité.

Un des grands inconvénients de cette institution est d'obliger le chef de l'État, vu le nombre restreint des titulaires, à choisir constamment les mêmes hommes pour commander les armées.

On peut avoir été victorieux à un moment donné; on ne peut être condamné à rester heureux toute la vie. Il arrive une heure où les facultés de l'homme ne possèdent plus le ressort suffisant pour l'activité que réclament de pareils commandements. On n'a même plus le désir de vaincre. N'ayant plus rien à espérer puisque l'on a atteint le sommet de l'échelle, on finit, sans s'en douter, par trouver tout bien puisqu'on a tout obtenu. Pour surexciter le travail de l'homme, il faut toujours laisser une certaine latitude à son ambition, à son imagination. Trop souvent la plénitude de la vie, les désirs assouvis, ont leur écueil pour l'orgueil humain. C'est là tout un danger et un danger capital pour un pays, qui peut voir ses enfants confiés dans de telles mains, à un moment solennel, celui du champ de bataille. A notre époque, la guerre n'a plus le temps de former des généraux; les luttes sont trop courtes. Ce qu'il faut, ce sont des hommes jeunes, des chefs jeunes se renouvelant souvent.

Qu'aux généraux victorieux on accorde des dotations, des honneurs, c'est *justice* si l'on veut. Mais que, le service une fois payé, ils ne demeurent pas au-dessus des autres; qu'ils aient encore la possibilité de désirer une nouvelle victoire, une nouvelle récompense, ce sera *prudence*.

Par cette simple suppression de sept grands commandements, de sept chefs d'état-major, de sept états-majors généraux sans compter les aides de camp, de sept hôtels affectés à leur logement, de frais de représentation, de solde, etc., on se procurerait l'argent nécessaire pour solder largement l'aug-

mentation de solde réclamée depuis si longtemps
pour les officiers inférieurs de l'armée.

VIII

Le système hiérarchique s'est compliqué comme
à plaisir. Au ministère de la guerre correspondent
les grands commandements, les divisions territoriales,
sur lesquelles sont venues se placer les divisions
actives de la garde. Cette variété n'empêche pas qu'à
un moment donné, c'est-à-dire à l'heure où l'on a
besoin de toute sa lucidité d'esprit et liberté d'action,
on est dans l'obligation de créer tout un double
emploi de corps d'armée, de divisions. Il y a là une
cause de temps d'arrêt, d'à-coup, qui, avec l'esprit
d'assimilation et d'initiative militaire de notre pays,
a offert jusqu'à présent moins de danger que pour
toute autre nation.

Toutefois, en présence de nos guerres rapides, il y
aurait économie d'abord, avantage ensuite à simplifier
ce passage du pied de paix au pied de guerre. Avec le
système actuel nous ressemblons assez à ces gens qui
ont maison de ville et de campagne. C'est coûteux
d'abord, gênant ensuite, quand on n'a ni l'argent ni
le personnel nécessaires.

Des divisions actives organisées sur tout le territoire et toujours prêtes à partir correspondraient
mieux à l'état des armées futures, éviteraient des
inquiétudes, des désordres au moment du départ, des
sollicitations de la part des officiers, des faveurs in-
tempestives, des combinaisons qui font souvent
passer l'intérêt particulier avant l'intérêt général.

IX

Aux centres de nos divisions, les services sont dispersés comme à plaisir au grand détriment de la bourse du pays. Dans les petites villes de province, ce mécanisme peut avoir moins d'inconvénients ; mais dans de grandes cités comme Marseille, Lyon, Paris, où les *passages* sont continuels, il en résulte un mouvement fatigant pour l'homme, fatigant pour les fonctionnaires, coûteux pour l'État, rien que pour se rendre du commandant de la division à l'état-major, à la place, à l'intendance, etc.

Une maison de commandement unique où les différents services se trouveraient réunis et placés de suite sous les ordres de leur chef naturel, le chef d'état-major, éviterait toutes ces allées et venues et des locations inutiles.

Dans les corps de troupes, bien des grades se sont perpétués par habitude. Tel grade, qui avait sa raison d'être à une époque, s'est trouvé conservé sans raison :

Dans l'infanterie, le lieutenant-colonel ;

Dans la cavalerie, le lieutenant-colonel et les chefs d'escadron ;

Dans l'escadron, le capitaine en second, pourraient être utilement supprimés comme en Prusse. Institués dans un temps où le colonel et le capitaine, propriétaires de leur régiment et de leur compagnie, demeuraient à la cour pendant la paix, ils remplaçaient leurs supérieurs et commandaient en réalité le régiment ou l'escadron. Au xix° siècle, ils n'ont plus de nécessité.

Dans tous les régiments, les officiers comptables, cette préoccupation constante des chefs de corps qui veulent en posséder toujours un ou deux sous la main, pourraient être remplacés avec avantage et économie par un seul comptable, officier d'administration, appartenant au service de l'intendance.

Dans cet ordres d'idées, les intendants généraux inspecteurs verraient également leurs fonctions supprimées, et leurs attributions confiées plus logiquement aux inspecteurs des finances.

X

Les distinctions honorifiques ont fini par voir diminuer leur prestige dans l'armée, du jour où elles ont été payées et regardées comme un droit ou la conséquence de tel ou tel grade.

A vingt ans de service, on est chevalier de la Légion d'honneur. Qu'on est-il résulté? C'est qu'un officier supérieur veut être tout au moins officier de l'ordre, qu'un colonel est commandeur, qu'un général se plaint s'il n'a pas sa plaque, un général de division son cordon et, à sa retraite, une petite place au Sénat.

Un officier non décoré est une exception, tandis que le contraire devrait avoir lieu. De plus, la rente attachée au brevet a modifié l'esprit d'appréciation à ce sujet. On envisage encore le ruban sans doute, mais on envisage beaucoup aussi les 250, 500, 1.800 ou 2.000 francs qui sont au bout. Voilà comment on a diminué cette institution.

Si c'est une aumône qu'on déguise sous cette dotation, qu'on donne franchement ces 250 francs à tous les officiers supérieurs, ces 1.000 francs à tous les colonels et généraux, on aura fait autant de contents, et on aura rendu à la croix sa valeur.

Qu'elle ne soit plus donnée après tant d'années de service, mais seulement pour faits de guerre où services éminents. Une distinction honorifique est d'autant plus appréciée qu'elle est plus rare et qu'elle est l'indice chez celui qui la porte de qualités essentielles pour un militaire. Avant tout elle devra se distinguer, ne fût-ce que par un filet noir, d'avec la décoration de l'ordre civil.

XI

Parlons des places fortes, ces nids à dépense pour le budget.

Nous n'envisagerons cette question qu'à un point de vue général. Traitée comme elle le mérite, elle réclamerait tout un chapitre. Les places de guerre n'ont été que la continuation du système féodal, du règne de l'individualité, époque où chaque ville, chaque fief se défendait contre le voisin. Gardées pour les besoins de nos frontières, elles n'ont plus à présent qu'une valeur indirecte.

Ce qu'elles ont coûté depuis leur création est incalculable. Au point de vue économique, il serait curieux de rechercher l'utilité relative qu'elles ont produite. D'ailleurs, au même point de vue a-t-on le droit d'enserrer perpétuellement une ville dans des murailles, de la priver d'air, d'extension, de menacer son commerce? Les pertes qu'on fait ainsi journellement ne sont-elles pas supérieures au gain qu'on compte retirer de leur construction? C'est une question plus que douteuse. Au point de vue stratégique, elles ont perdu de leur importance. Dans le cas d'une guerre offensive, elles sont devenues inutiles, puisque l'armée agit en dehors de leur rayonnement d'action.

Dans une guerre défensive, ces places renfermant des écoles, des arsenaux, un matériel considérable, sont dangereuses; car, accumulées sur une même ligne à la frontière, du jour où l'ennemi est à l'intérieur, elles privent le pouvoir central de ressources considérables.

D'ailleurs, il existe un principe de guerre de plus en plus vrai : c'est sur le champ de bataille et non autour d'une place forte que se décident les destinées d'un peuple. Dans l'état actuel les places réclament des travaux considérables qui ne seront jamais qu'imparfaits et qui coûteront fort cher, sans remplir le but qu'on espère.

Il est hors de doute que les places fortes sont nécessaires; mais des places fortes dans le sens réel du mot, situées dans les endroits choisis, des places dont la puissance défensive soit d'autant plus grande que leur position devient plus centrale, et qui soient plutôt de vastes camps retranchés ne contenant absolument que les troupes appelées à les défendre et n'entraînant pas dans leur chute celle de toute une population, de tout un commerce.

La suppression d'un grand nombre de ces points fortifiés mettrait donc tout de suite à la disposition de l'État quantité d'arsenaux, de magasins, de locaux qu'on pourrait céder avec avantage aux populations, de même qu'elle donnerait le moyen de supprimer quantité de fonctions devenues superflues. Il y a donc urgence à poursuivre l'examen de ce problème continuellement posé devant les Chambres.

XII

Dans un pays où toute la nation va se trouver armée, les blessés restent plus que jamais les blessés de la nation. Les associations libres doivent donc ici se substituer à la charité toujours si coûteuse et si incomplète de l'État. Nous voulons parler des *Invalides* et de leur *hôtel*. Construit à une autre époque, en dehors de Paris, dans un siècle où les blessés étaient les blessés du Roi, où les soldats étaient les soldats du Roi, *l'hôtel des Invalides* répondait à une idée majes-

tueuse qu'il n'a plus. Il n'a qu'un mérite, celui d'être
très coûteux et insuffisant. Sans parler de la valeur
intrinsèque de l'hôtel, les 1.800.000 francs annuels,
prix auquel reviennent les 12 à 1.400 invalides qui
s'y trouvent, pourraient être employés partout ailleurs
utilement. Or, le musée d'artillerie, le dépôt des
cartes de la marine, du génie, le dépôt de la guerre,
la bibliothèque militaire, les archives, l'école d'état-
major exigent autant de bâtiments spéciaux, de directeurs, de sous-directeurs qu'on pourrait placer plus
économiquement et plus pratiquement pour les études dans un même édifice, les Invalides, ce centre de
nos vieilles gloires militaires.

XIII

Parlons aussi de ces chirurgiens militaires passant
leur vie à suivre leur régiment, de garnison en garnison, à signer des billets d'entrée aux hôpitaux.
Dans une armée nationale l'élément médical civil doit
participer aux soins à donner aux enfants du pays
présents sous les drapeaux.

En temps de paix un personnel médical restreint,
attaché exclusivement aux hôpitaux militaires et prêt
à marcher pour les petites expéditions et à diriger
les hôpitaux ambulants ; les médecins des localités
possédant des garnisons, faisant à tour de rôle le service de consultation, voilà l'application possible et
économique. La garde nationale mobile serait là pour
former l'appoint avec un élément nouveau. Avec les
jeunes gens qui se destinent à la carrière médicale on
aurait toutes les ressources voulues pour la création
d'un corps de santé volontaire. D'ailleurs, quand le
pays entier serait en armes, quel serait le médecin, le
chirurgien encore jeune qui ne se présenterait pas
pour ce service, auquel il aurait été habitué en temps

de paix dans les camps d'instruction de la garde
nationale mobile. Il n'oserait rester dans son pays,
près des parents dont les enfants seraient à la frontière.

XIV

Citons encore sommairement comme pouvant subir
de grandes simplifications et modifications :

Les services des plans à remettre entre les mains
des chefs de dépôt d'instruction :

Le personnel du ministère de la guerre à diminuer
et à remplacer d'une manière utile par des employés
uniquement militaires ;

Le mouvement des troupes à régler d'une façon
constante et non arbitraire ;

Le génie et l'artillerie à réunir en un seul et
même corps, grande idée déjà mise à exécution au
xviiie siècle ;

L'action individuelle, industrielle remplaçant l'action de l'État dans les travaux de construction militaires de toute nature, excepté pour les ateliers de
modèles et d'essais, etc., etc.

Bien d'autres parties du service seraient à énumérer et surtout à expliquer pour montrer le point
d'origine, le motif de la création. Seulement, dans
l'examen de semblables questions, il ne faut pas
s'arrêter aux petits intérêts lésés, froissés, aux habitudes rompues. On ne peut faire quelque chose ici
bas sans nuire à quelqu'un : c'est le lot de l'humanité.

Il faut voir le but et non le moment et surtout,
comme pour une bataille, se placer au sommet le plus
élevé et non rester dans un sentier encaissé, si l'on
veut saisir l'ensemble. L'important est d'avoir montré
que le champ des réformes, des études, des économies est vaste, infini.

Alors, à l'œuvre !

Pour la première fois dans notre histoire militaire, nous sommes devenus les plagiaires des institutions de nos voisins ; à notre tour, marchons courageusement en avant. Si nous augmentons le chiffre de notre armée, diminuons celui de notre armée active, faisons-la plus forte, plus homogène ; rendons nos cadres plus sérieux, plus dignes du rôle qu'ils sont appelés à jouer ; payons mieux nos officiers, nos soldats ; surexcitons le travail, instruisons partout, élaguons, taillons dans le vif ; laissons les officiers libres de traiter, de discuter ces grandes questions de l'avenir du pays, ouvrons l'enquête largement et franchement. N'ayons ni parti pris, ni routine, ni crainte. N'ayons qu'un but, l'intérêt de la France et, comme corollaire, celui de l'humanité ! Et rappelons-nous sans cesse que c'est aux armées intelligentes, simples, mobiles, expression vraie de la nation, qu'appartient l'avenir des luttes modernes, ces malheurs auxquels seront condamnés les peuples, tant qu'il existera des passions humaines et que les nations ne seront point assez fortement constituées, assez fortement liées par leurs intérêts réciproques pour régler par elles-mêmes leurs intérêts en litige.

VI

LE BUDGET ET LES CHAMBRES

(Revue politique et littéraire du 4 juillet 1868)

Depuis le 29 juin, la discussion générale du budget de 1869 est ouverte au Corps législatif; nos lecteurs connaissent les termes de la question. Notre collaborateur, M. Allain-Targé, leur a exposé l'importance des cinq lois de finance actuellement en discussion, il a déjà examiné et jugé le travail de la commission; il se réserve d'apprécier prochainement, au point de vue du présent et de l'avenir, la situation financière du pays, telle que le gouvernement personnel l'a faite et qu'elle doit ressortir de ce solennel débat. Sans empiéter sur le domaine réservé à notre ami, compétent en ces délicates matières, nous voudrions émettre ici les réflexions que nous inspire le spectacle des dernières séances parlementaires.

Malgré l'époque déjà avancée de l'année, l'affluence est très considérable au Palais-Bourbon; on étouffe bravement dans les tribunes. La question financière passionne tous les esprits. Dans ce pays si frivole et naturellement enclin à dédaigner les questions d'argent et de chiffres, si habitué à se laisser gérer, se produit un symptôme tout à fait nouveau et bien étrange : chacun sent aujourd'hui que la politique et les finances sont affaires de chacun, chacun veut savoir où en est le Trésor, le budget, le crédit de l'État, le patrimoine du peuple ; les chiffres n'effrayent plus personne, les détails les plus techniques ne sont plus arides, la passion publique s'en mêle, tout le monde veut pénétrer les difficiles ressorts des finances publiques; on compte, on énumère, on dissèque les budgets, on les réunit, on les additionne; le total, pour être exact, n'en est que plus monstrueux. On critique l'ordinaire, l'extraordinaire, le spécial, le rectificatif, le supplémentaire, l'amortissement, les caisses; tout cela devient accessible et presque usuel. Dette fondée, dette flottante, sont des mots à la mode; le déficit, son synonyme plein d'ampleur, le découvert, sont sur toutes les lèvres. Encore un peu et les erreurs budgétaires seront des banalités : ce progrès est bon; ces ténébreuses formules, une fois sondées et dissipées, le contribuable verra clair dans ses affaires. Il comprendra; de là à vouloir surveiller et régir lui-même, la distance est mince, il n'y a que l'épaisseur d'un bulletin de vote.

Le pays est surtout redevable de cette bonne et récente aptitude à ses députés de l'opposition, qui se multiplient depuis huit mois pour faire la lumière sur toutes les parties de la machine budgétaire; on ne saurait trop célébrer le zèle infatigable de ce petit groupe d'hommes qui ne se lasse pas de nous soutenir et de nous instruire. Quels enseignements, quelles leçons ne trouvons-nous pas par exemple dans les derniers discours de MM. Magnin, Garnier-Pagès et Thiers?

M. Garnier-Pagès, avec la compétence particulière qu'il possède en matière de finances, s'est attaché, depuis sa rentrée à la Chambre, à faire tous les ans une exposition détaillée du mécanisme, compliqué à plaisir, des finances impériales. Grâce à lui nous avons été introduits dans toutes les parties spéciales et techniques de nos nombreux budgets, et nous avons toujours applaudi à cette manière simple, franche, familière dont la bonhomie n'exclut ni la finesse ni la

fermeté. On doit lui savoir surtout gré de la conclusion ordinaire de tous ses discours financiers : nous
périrons par le poids des dépenses militaires.

M. Garnier-Pagès, tout comme le vieux Caton, a son
delenda Carthago. C'est le militarisme et les grosses
dépenses qu'il traîne à sa suite. S'il détaille avec tant
de complaisance et de sûreté de main les diverses
branches de la dépense publique, c'est pour mieux
établir l'enflure et l'exagération du budget de la
guerre. Là est le mal, de là doit sortir le remède.

A côté de lui siège et parle M. Magnin. Trois années
ont suffi à ce vaillant député pour acquérir, dans la
Chambre et dans le pays, la renommée et l'autorité
qui ne s'attachent d'habitude en ces matières qu'aux
plus vieux parmi les plus expérimentés; les dons si
brillants qu'il tenait de la nature n'eussent pas suffi
à lui gagner ce rang. Il y faut de plus de solides
qualités et surtout un esprit de scrupule, de travail
et d'ordre, qui est le seul moyen de s'imposer définitivement aux hommes froids, sérieux et difficiles qui
dédaignent les dehors éclatants et ne se livrent qu'à
la raison. C'est le trait original de cette nouvelle et
brillante figure parlementaire, que l'alliance des
grâces extérieures de la personne dans un jeune
orateur, avec la maturité de l'esprit, la sévérité et
l'aridité des études. Lorsqu'il apparaît à la tribune,
on a le sentiment très vif de cette double séduction;
il y reste à l'aise comme dans un salon, il semble
ignorer qu'il parle, et préfère conter avec clarté et
non sans enjouement, sur ces terribles matières. Son
langage n'a rien d'apprêté ni d'ambitieux; il expose
simplement, avec une pointe d'ironie bourguignonne,
le résultat de ses longues et pénibles recherches, dis-
simulant la trace de l'effort sous l'abandon même du
débit; il évite ainsi la monotonie sans nuire à la
clarté, qualité maîtresse des hommes d'affaires. Le
dernier discours que nous avons entendu de lui est

certainement un des plus remarquables qu'on puisse
prononcer sur les finances; il révèle dans tout leur
éclat les précieuses qualités du représentant de la
Côte-d'Or; d'un dessin plus grand, plus large plus
mouvementé que ses précédents, ce discours est une
merveille d'ordonnance méthodique. M. Magnin s'est
promené à travers les dédales et les labyrinthes
tracés depuis dix-sept ans par les fantaisistes financiers du second Empire, en éclairant à chaque pas les
précipices, les fondrières et les écueils. On revient de
ce voyage avec les impressions de Dante, et un peu
aussi sa figure; à d'autres de dire si ce compte de
toutes les comédies humaines vaut une page de la
Divine Comédie.

A proprement parler, et sans image, le discours de
M. Magnin est incontestablement un guide financier.
Les deux qualités principales de cet esprit sont donc
la modération et l'ordre, le *lucidus ordo.*

Le langage de l'homme est bien ici l'homme lui-
même, concis et clair. *Né pour la vie parlementaire,*
il y est devenu en quelques années, ce que les
Anglais indiquent d'un mot, un *debater.*

Ajoutons, pour compléter cette esquisse, que
M. Magnin est un caractère; en tout temps, sur
toutes les questions, il pourra apporter au service
des idées communes les mêmes ressources de ténacité et de convictions lucides dont il fait preuve en
matière de finances. Il continue d'ailleurs une glorieuse tradition démocratique, et, fils d'un père cher
à la démocratie radicale, il sait ce qu'il doit à son
nom et à son parti, et le leur rend.

Après eux, M. Thiers a occupé la tribune la journée
entière du mercredi; avec quelle force et quel succès,
ses adversaires le savent. L'illustre orateur vient
d'ajouter à la série déjà si complète de ses magis-
trales harangues, un discours dont l'éloge serait superflu. La seule louange qu'il en faille faire, c'est d'in-

viter le pays à le lire, les politiques à le méditer, car il nous semble que l'avoir lu c'est avoir appris, et l'avoir appris, c'est se réserver de le réciter à propos. A la vérité ce discours ne contient pas la doctrine rigoureuse, nécessaire de la démocratie, et dès lors, nous devons, non sans inopportunité, y trouver des lacunes, faire nos réserves et attendre de rencontrer pour nos opinions radicales un aussi vigoureux interprète ; ce qui viendra par la suite de la discussion. — D'ici là, force nous en est bien d'admirer tel qu'il est ce prodigieux orateur, le chef de l'école libérale, et de remarquer la puissance de ses coups. A ce point de vue, nous ne saurions exprimer tout le plaisir que nous avons ressenti à voir cet infatigable et junévile vieillard résumer, étreindre tous les chiffres budgétaires amoncelés depuis vingt ans, établir sans réplique, sans réfutation possible, une de ces foudroyantes vérités qu'il excelle à envelopper dans la plus simple, la plus facile, la plus courante des formules : « Vous dépensez, bon an, mal an, 2 milliards 200 millions, vous ne recevez que 2 milliards, vous êtes en déficit annuel, constant, réglementaire, de 200 millions. »

Voilà le point culminant de la partie financière. nous laissons de côté tous les développements, toutes les démonstrations, toutes les preuves accumulées par lui avec cette solidarité spirituelle, cette persuasion railleuse dont il a pris le secret à Voltaire, quoi qu'il en ait. Mais constater le déficit, signaler le gouffre, c'est à coup sûr le moindre effort de cet admirable orateur ; c'est au contraire chercher à indiquer la cause, la cause unique du mal qu'il a consacré ses prodigieuses ressources, toutes les habiletés de sa parole ; écoutez avec quelle véhémence de dialectique il établit que les recettes sont désormais stationnaires, que les dépenses ne peuvent être arrêtées, que les économies sont illusoires. Quelle ironie

sur les rigueurs de la commission du budget, quelle
audace et quel à-propos dans cette protection inattendue, prêtée par lui aux *deux illustres maréchaux*,
quelle concision, quelle sobriété de touche quand il
porte la main sur la Constitution et indique fièrement
le remède! Cet art prodigieux dans ses effets, si léger
et si gracieux dans ses apparences, d'arracher une
assemblée à ses habitudes, à ses sentiments, à ses
préjugés pour la tourner tout entière vers la politique
est vraiment désespérant; ne faire servir l'étude la
plus approfondie des affaires qu'à une leçon de
politique constitutionnelle, conduire graduellement
ses auditeurs dans l'enceinte même des pouvoirs
réservés, les convier à agir et les abandonner brusquement en face d'un présent critique et d'un avenir
plein de péril; enfin trouver constamment, pour terminer et couronner ses discours, une de ces sentences
où respire la sagesse politique et dont plusieurs ont
déjà reçu la consécration politique de l'histoire, tout
cela M. Thiers l'accomplit comme en se jouant; son
esprit cache même les profondeurs de sa tactique;
on est tout confondu de tout ce qui reste de puissant
après ces sémillantes oraisons; amis et adversaires,
tout le monde gagne à y réfléchir encore, et ce qui
est la marque même de la supériorité du politique,
ses discours sont des actes.

Outre ces trois grands discours d'opposition vraie,
nous avons eu une véritable nouveauté, c'est l'opposition *in extremis* de messieurs de la majorité officielle. Un grave symptôme, presque un miracle.

En effet, tous les membres de la majorité de la
Chambre ou de la commission du budget qui ont
pris part aux débats ont tenu un langage tout à fait
voisin de celui de l'opposition; à la longue, vous
verrez que l'opposition n'aura été qu'une prévoyante
avant-courrière. Les événements viennent à la file lui
donner raison sur l'Allemagne, comme sur le Mexique,

comme sur les finances, et son rôle pourrait se borner aujourd'hui à recueillir les aveux et les déceptions des vaincus. C'est le premier budget de l'Empire qui aura soulevé d'aussi vives et d'aussi unanimes critiques. Les amis du premier degré s'en mêlent : M. Louvet, M. Calley Saint-Paul, M. de Talhouët. Le premier, député de Saumur, membre perpétuel des commissions budgétaires depuis 1852, vient de retrouver la parole publiquement, pour peindre, sous les plus noires couleurs, la crise du présent et les sinistres perspectives de l'avenir. M. Louvet est un homme considérable dans cette Chambre en sa double qualité d'ancien député et de banquier renommé. Petit, sec, avec une voix tremblante, les cheveux rares, le corps anguleux, la face osseuse et parcheminée, avec des traits effilés, une grande mâchoire que disloque à intervalles égaux un spasme nerveux, toute sa personne offre l'aspect resserré et coupant du personnage que Balzac a peint sous le nom du père Grandet. Avec tout cela, les gens de cette espèce sont fins. Ils flairent le vent et savent presque toujours se garer à temps. Circonspects et avisés, ils savent également se taire et parler à propos. Avec leur mine futée qui rappelle le *Peseur d'or* d'Holbein, ils sont d'assez madrés politiques. La politique c'est une manière particulière de dresser le cours du change. Donc, M. Louvet se croit arrivé à ce moment particulier de l'histoire de France, où il est de bon expédient, après s'être tu très longtemps, après avoir prêté ses votes, son concours, ses acclamations et son enthousiasme, de changer tout cela. L'imminence même des élections ne paraît pas tout à fait étrangère à ce subit retour de l'esprit de critique et d'indépendance. On croit le suffrage universel semblable au seigneur du Nouveau Testament qui prodigue tous ses biens au travailleur de la onzième heure.

Nous espérons bien qu'il n'en sera rien, et que le

pays réveillé ne pardonnera pas à ceux-là mêmes qui ont réveillé sa torpeur. D'ailleurs, une fois ces doléances faites sur l'état de nos affaires, M. Louvet ne connaît d'autre moyen d'y remédier, que de faire appel à la tempérance des ministres. Ah! le bon billet! Que voulez-vous? M. Louvet n'a pas de secret comme M. de Saint-Paul. Ce dernier est tout à fait réjouissant; il croit qu'il n'est pas bon de tout dire, et après avoir trouvé nos finances malades, ce qui de la part d'un député *tant mieux*, l'une des sept planètes du groupe Cassagnac, doit paraître inquiétant aux bonnes gens, il affirme à haute voix qu'il a trouvé un vulnéraire financier. On le somme de s'expliquer; il se tait; cela probablement touche à la vie privée, car il a refusé d'en faire part à la Chambre. Ce secret n'est peut-être pas bien difficile à percer, c'est peut-être, pour obvier aux déficits qui vont croissant, une augmentation d'impôts, la non-exécution des promesses faites depuis un an. L'augmentation des impôts pour sortir de la crise semble la panacée cachée derrière tous les discours de la majorité. M. de Talhouët lui-même, dont les alarmes, exprimées par une vive et loyale parole, ont profondément impressionné l'Assemblée, ne semble pas éloigné de ce détestable moyen. Oui, la situation est tellement grave que, à moins de se vouer à l'emprunt permanent avec les affreuses conséquences qu'il engendre, il faut choisir entre les impôts nouveaux et la réduction énergique des dépenses.

Ces diverses solutions seront certainement examinées et soutenues au cours de cette grande discussion, et, lorsqu'on descendra dans le fond même de la question, nous savons que la gauche radicale ne faiblira pas à sa mission, et tracera fermement le programme du budget d'une démocratie économe et libre.

VII

LA SESSION LEGISLATIVE DE 1867-1868

Revue politique et littéraire du 1er août 1868

Commencée le 17 novembre 1867, la session législative a été close mardi dernier, 28 juillet 1868.

Nos honorables se sont séparés avec impatience,
mais non sans tristesse. Ils partent pleins d'incertitude
et, comme dit leur favori, *remplis d'angoisses patriotiques*, c'est-à-dire sans espoir sinon sans esprit de
retour. Leur ministre-oracle a refusé (il ne pouvait!)
de calmer leurs anxiétés, de dissiper leurs terreurs
d'une fin prochaine; leur agonie est une prérogative
du prince; ils agonisent depuis trois mois, mais
c'est encore quelque chose qu'une agonie persistante,
mieux vaut souffrir que mourir. Mais le cas est clair,
leur existence tient à un fil, et on annonce que M. de
Saint-Paul, suivi de M. Pinard, se rend à Plombières,
auprès de l'Empereur. Grave symptôme : c'est le
conseil des trois Parques. Le mois d'août peut-il se
passer sans une lettre impériale? *Grandis epistola
venit a Capreis...* et la Chambre est enterrée.

Donc, à courte échéance, les députés actuels vont
comparaître devant le suffrage universel, et il y aura
débat. Le verdict du peuple éclairé ne saurait être
favorable à ces hommes qui ont laissé passer toute
bonne occasion de le servir. Il doit s'en souvenir au
scrutin. Oui, nous espérons fermement qu'une telle
majorité ne reviendra plus siéger sur les bancs du
Palais-Bourbon; mais ce ne sont pas seulement des

vœux, ce sont des actes et encore des actes qu'il faut
pour empêcher ce désastreux retour; c'est un devoir
civique de combattre et de lutter contre cette majorité. Désormais convaincue et jugée à l'épreuve même
des événements, rien ne peut la sauver; incapable de
protéger les grands intérêts de la patrie à l'intérieur
ou à l'extérieur, il suffit d'un patriote pour l'exclure.
A la fois surannée et inexpérimentée, elle n'a ni le
sens politique ni aptitude à l'acquérir, elle n'a même
pas de passion, elle ne vit pas, elle ne sent pas, elle
n'agit pas, c'est à peine si elle remue pour voter;
c'est un grand moribond qui ne se galvanise qu'au
moment de la clôture. Elle ignore le commencement
des questions et répugne à s'instruire; sur toutes
choses elle s'en rapporte au maître, surtout pour
finir; après tant et de si cruelles déceptions, elle
affiche une inépuisable, une incurable complaisance.

D'ailleurs, marquée du péché originel de la candidature officielle, elle ne peut réclamer sérieusement
des garanties qu'elle est incapable d'exercer. On lui
octroierait les prérogatives des Communes anglaises
ou du Congrès américain, qu'elle n'en saurait que faire;
son impuissance à user des libertés, s'il y en avait, est
réellement constitutionnelle et d'essence. Il ne suffit
pas, en effet, de donner des libertés aux hommes
réunis en assemblée pour en faire des hommes libres
et forts; il faut surtout, à peine d'avortement, que ces
hommes soient propres à la vie publique, qu'ils en
aient la science ou tout au moins le goût, sinon ils
ressemblent à ces sauvages Indiens qui adoraient avec
terreur le fusil que Las Cases leur avait donné et
n'osaient y toucher, même pour se défendre.

Ce qui étonne l'observateur le plus désintéressé
dans le spectacle de ces neuf mois de session parlementaire, c'est l'impuissance de la majorité actuelle à
faire un acte politique de quelque valeur, de quelque
signification. Loin de chercher à jouer un rôle, cette

majorité s'est neutralisée, effacée, aplatie comme à plaisir. Saisis des plus graves, des plus redoutables problèmes, dont la solution importait le plus à l'avenir de la France, ces députés pouvaient interroger, cerner les ministres, les presser de questions, les obliger à aller chercher et à rapporter la parole, l'engagement décisif; ils pouvaient s'allier, se réunir, pour exiger, dicter des conditions précises et fermes sur la paix, la liberté, l'économie, la responsabilité et le contrôle. Ils se sont alliés et réunis dans le silence, l'adhésion, la complaisance. Ils n'ont rien fait, rien tenté d'énergique et d'efficace. Ils ont accepté, ils ont subi toutes les exigences, les réticences et les entreprises du pouvoir. Ils ont voté, voté, voté. Ils ont voté une armée de 1.300.000 hommes et des milliards, emprunts ou budgets pour le Trésor et le prince, sans chercher à obtenir, sans arracher au pouvoir la promesse de clore à l'extérieur l'ère des intrigues diplomatiques, à l'intérieur l'ère des déficits; ils ont voté, non sans mauvaise humeur; car ils préfèrent à tout l'arbitraire bien cru et bien vert, une loi contre la presse, plus rétrograde que les lois de la Restauration, plus dure que la législation de septembre 1835; ils ont voté, régulièrement, sans sourciller, des budgets de 2 milliards 300 millions; ils ont voté, sans autre scrupule, les emprunts de l'État et ceux des villes; ils ont voté sans remords le rejet de toutes les interpellations sur la politique extérieure, si gravement compromise depuis dix ans, sauf sur la question romaine où leurs passions cléricales pouvaient se donner libre carrière.

Ils ont mis neuf mois à abattre cette belle besogne préparée et broyée au préalable par le Conseil d'État. Neuf mois pourraient vous sembler un bien long temps pour un simple travail de ratification, mais il faut être juste, ce temps a été mis à profit; en dehors des propositions du Conseil d'État, la majorité a fait deux

véritables trouvailles ; elle a engendré pour son
propre compte deux créations originales à coup sûr, et
qui font apparaître, dans toute sa puissance, l'esprit
d'invention de messieurs de la majorité ; oui, ils ont,
par génération spontanée, mis au monde, de leur
seul chef, l'article 11 de la loi contre la presse, et les
20 millions de supplément pour les porteurs mexicains.
Ces deux conceptions suffiraient à illustrer de plus
célèbres assemblées, et je doute que la Chambre
introuvable elle-même s'en fût avisée. Voilà ce que
c'est que le progrès du temps.

C'est d'ailleurs un spectacle dont nous serons
bientôt débarrassés qu'une Chambre pareille. Ces
hommes étrangers par leur éducation et leurs goûts
aux choses de la politique ne pouvaient jouer ce rôle
de comparses enthousiastes du gouvernement personnel qu'à une époque où le parterre était vide, et où
la voix du pouvoir résonnait seule dans le silence universel. La France réveillée se ressaisit elle-même ; les
journaux, les comités électoraux s'organisent sur la
surface entière du pays, la majorité actuelle est déjà
évanouie comme élément de puissance ; le décret de
dissolution ne fera que constater sa mort, il ne sera
que la lettre de faire part de la perte tout à fait
agréable que nous avons faite.

Les discussion agitées entre le gouvernement et
l'opposition sur la loi militaire, la presse, les réunions,
le traité de commerce, les finances, le Mexique, ont
servi à rejeter de plus en plus la majorité en dehors
de l'opinion publique ; elles ont mis à nu l'effroyable
inertie des hommes du centre et de la droite. A
mesure que grandissait et se fortifiait l'opposition, on
a vu disparaître et fondre dans les mains du pouvoir
cet instrument de règne qu'il avait tiré depuis seize
années d'une majorité subalterne, compacte, muette
et unanime ; c'est le signe concluant du péril politique
des candidatures officielles, de n'avoir pu produire

qu'un corps politique aussi pauvre en hommes de valeur et d'une aussi médiocre utilité gouvernementale.

Ces députés officiels n'ont, en effet, ni su ni pu
aider, éclairer ou pousser leur gouvernement. Durant
ces neuf mois de session, il y avait là, présents à la
barre, tous les ministres avec ou sans portefeuilles ;
une Chambre animée d'instincts politiques eût tiré
de ces apparences parlementaires les réalités les plus
efficaces et les plus fécondes, mais pour mener à bien
de semblables entreprises, il faut savoir, il faut vouloir,
il faut au moins comprendre. Ces trois qualités font défaut à la Chambre actuelle, rien ne les remplace : c'est
dans ce vice que gît la responsabilité de cette Chambre
devant le suffrage universel ; elle n'a rien pu empêcher, parce qu'elle n'a rien pressenti, rien compris,
rien voulu. C'est bien d'elle qu'on peut dire qu'elle
a le gouvernement qu'elle mérite ; petits ministres,
petite politique, députés plus petits encore, il n'y a
en tout ceci de grands que les échecs du passé, les
crises du présent, les périls de l'avenir. Il est temps
de mettre le pays lui-même à la place de tout ce petit
monde, et c'est le sens du cri de M. Pelletan et de
ses amis à la séance de clôture : « Vive la Nation ! »

C'est, en effet, à la nation, c'est au peuple entier
qu'il faut faire appel, c'est à lui qu'il appartient de tout
redresser ; il faut au plus tôt le mettre en demeure de
se prononcer en connaissance de cause, par la libre
propagande des journaux et des réunions électorales.

Après trois révolutions, qu'a-t-il donc manqué à ce
peuple français pour fonder le meilleur et le plus
libre des gouvernements ? Ce ne sont ni les penseurs,
ni les politiques, ni les orateurs, ni les proscrits, ni
les martyrs, ni même les grands capitaines !

C'est le peuple qui s'est manqué à lui-même. C'est
à lui, aux prochaines élections, à prouver son repen-
tir, à proclamer son émancipation, à assurer son rang
chez lui et dans le monde.

DEUXIÈME PARTIE

PIÈCES ET DOCUMENTS DIVERS

RELATIFS A LA MALADIE,
A LA MORT ET AUX OBSÈQUES DE M. GAMBETTA

I

BLESSURE ET MALADIE DE M. GAMBETTA

1° OBSERVATION CLINIQUE RÉDIGÉE PAR M. LANNELONGUE;
2° AUTOPSIE RÉDIGÉE PAR M. CORNIL [1]

OBSERVATION

Le lundi 27 novembre, à midi, un serviteur de M. Gambetta entrait précipitamment chez moi, me priant de me rendre en toute hâte à Ville-d'Avray : « M. Gambetta vient de se blesser à la main avec un revolver, me dit-il, sa voiture vous attend. » Je partis immédiatement, muni de quelques instruments qui me parurent utiles.

Il était une heure quand j'entrai dans la chambre du blessé; M. Gambetta était couché dans son lit, la main recouverte d'un pansement. On alla chercher MM. les docteurs Gilles et Guerdal qui avaient donné les premiers soins; M. Gilles arriva seul. Le pansement fut défait : l'avant-bras

1. Extrait de la *Gazette hebdomadaire de médecine et de chirurgie*, n° du 19 janvier 1883. — Cet extrait a été publié en brochure par M. Masson, éditeur, libraire de l'Académie de médecine.

placé à angle droit sur le bras et maintenu vertical au plan
du lit, il fut aisé de procéder à un examen attentif de la
blessure, dont le trajet occupait la main et la section inférieure de l'avant-bras droit.

L'orifice d'entrée du projectile apparaît dans la paume
de la main, immédiatement en dedans du sillon qui sépare
l'éminence thénar du creux de la main, à la rencontre de
ce sillon et d'une ligne transversale partant de la racine
du pouce et coupant la main perpendiculairement à son
axe. Les dimensions de cet orifice sont inférieures à celles
d'une pièce d'argent de 20 centimes; il est régulièrement
circulaire, légèrement déprimé au centre où se trouve un
caillot qui le ferme; il présente sur les bords une zone noirâtre d'un millimètre environ.

L'orifice de sortie est placé dans l'avant-bras, mais non
sur sa face antérieure ou palmaire; sa situation précise est
plutôt sur la face dorsale ou, plus exactement, à l'union du
bord interne de la face dorsale, à 5 centimètres au-dessus
de l'apophyse styloïde du cubitus. Les bords de cet orifice,
légèrement déjetés en dehors, également entourés d'une
zone noirâtre moins large, sont fissurés en deux points
opposés. Par la plaie béante de sortie, il s'écoule un filet de
sang rouge, sans rutilance pourtant, qui n'a cessé qu'avec
l'application du pansement. Pendant l'examen ultérieur, les
deux orifices sont mis à l'abri du contact de l'air, à l'aide
d'un carré de protective.

Le trajet compris entre ces deux orifices mesure en ligne
droite 13 centimètres; il se dirige de bas en haut, de dehors
en dedans et d'avant en arrière; il ne suit pas le membre
parallèlement à son axe longitudinal, il coupe obliquement
cet axe; il n'est pas non plus compris dans un même plan
transversal puisque l'un des orifices se trouve à la face palmaire, tandis que l'autre est placé presque sur la région
dorsale de l'avant-bras.

M. Gambetta m'avait fait le récit de l'accident dès mon
arrivée; il a été publié en ces termes, le 2 décembre, dans
la *République française:*

« Les journaux ayant répandu toutes sortes de bruits sur
« la blessure de M. Gambetta, nous devons à nos lecteurs
« d'entrer dans des détails précis.

« M. Gambetta s'est blessé lui-même; il tenait dans sa

« main gauche un revolver dans lequel était restée une car-
« touche ; il en avait fait basculer le canon et pour le remet-
« tre en place il appuyait la paume de la main droite sur
« l'extrémité de l'arme. A ce moment la cartouche, n'étant
« qu'en partie engagée dans le cylindre, s'opposait au
« redressement du canon. Aussitôt que la pression fut assez
« forte, la capsule de fulminate partit, et M. Gambetta reçut
« le projectile dans la paume de la main droite. Le trajet
« de la balle a suivi le sens de l'avant-bras et le projectile
« est ressorti[1]. »

Ce document montre quelle était la situation de la main
droite : elle se trouvait en pronation forcée et fortement
renversée dans l'extension exagérée sur l'avant-bras ; dans
cette attitude, le creux de la paume de la main et la gout-
tière radio-carpienne se dirigent vers le bord cubital de
l'avant-bras, et c'était cette direction qu'avait suivie le projectile. On nous l'avait remis, et ses dimensions (9 millimètres de long sur 6 millimètres de large) contribuèrent à
nous éclairer, après un examen plus complet, sur l'étendue
des altérations produites.

Le bruit de la détonation avait été peu intense : le blessé
ressentit immédiatement dans la main une douleur extrêmement vive que dans son récit il compara à un éclair ; de
plus, il se produisit immédiatement un écoulement de sang
par l'orifice d'entrée du projectile. Ainsi averti de sa blessure, M. Gambetta crut tout d'abord que la balle n'était
pas ressortie ; il lui sembla, pendant plus d'un quart
d'heure, qu'elle était encore dans sa main et il fit plusieurs
tentatives de compression pour l'extraire. Bientôt une tache
de sang sur la manche de la chemise fit découvrir l'orifice

1. Les trois premières notes publiées dans la *République française* étaient ainsi conçues :
« 28 novembre (numéro du 29 novembre). — M. Gambetta, en
maniant hier matin un revolver, s'est légèrement blessé à la
main. La balle n'a fait que traverser les chairs, et la blessure ne
présente aucune gravité.
« 29 novembre (numéro du 30 novembre). — M. Gambetta,
après l'accident d'avant-hier, a passé une nuit et une journée
très calmes, sans fièvre ni hémorragie. La blessure suit un
cours normal, et le premier appareil a été levé ce matin.
« 1er décembre (numéro du 2 décembre). — L'état de M. Gambetta était hier des plus satisfaisants et de nature à faire pré-
sager une guérison prochaine. »

de sortie. Pendant ce temps, on s'était empressé autour de
lui, et, comme le sang continuait à couler, non en jet,
mais à la manière du filet d'un petit ruisseau, les gens de
sa maison apportèrent un grand vase d'eau salée dans lequel il plongea sa main ; par deux fois on renouvela l'eau,
et chaque fois, nous dit-il, elle était fortement rougie ; il
estime qu'il a perdu *pas mal de sang* [1]. Puis, il enveloppa sa
main successivement dans deux serviettes et un grand mou-
choir ; tout ce linge était couvert de taches de sang. MM. les
docteurs Gilles, de l'hospice Brézin, et Guerdat, de Ville-
d'Avray, arrivèrent alors et procédèrent à un pansement
légèrement compressif qui arrêta l'hémorragie.

La direction du trajet indiquait que le projectile avait dû
pénétrer directement sous l'aponévrose palmaire et s'engager
probablement dans le canal radio-carpien pour gagner l'orifice de sortie ; il pouvait atteindre le pisiforme, l'os crochu
ou le cubitus, intéressant peut-être en même temps les ar-
ticulations de ces os et celle du poignet. Cependant, la position de la main n'impliquait pas nécessairement une lésion des os, et l'examen méthodique qui en fut fait nous
donna l'assurance de l'intégrité du squelette. Ce premier
résultat acquis nous rassura beaucoup et la remarque en
fut faite à haute voix devant le blessé.

Dans la partie antibrachiale de son trajet, la balle avait
suivi la direction de l'artère cubitale en la croisant très
obliquement cependant : de plus, au moment de notre examen, le blessé perdait un sang rouge, quoique sans rutilance, qui s'écoulait avec continuité par l'orifice de sortie.
Il y avait donc à rechercher si ce vaisseau n'était pas intéressé : il n'existait pas de gonflement le long de l'artère,
les tissus étaient souples ; néanmoins je ne perçus pas les
battements artériels, et je dus rester dans le doute sur ce
point, ne voulant ni prolonger l'exploration, ni la rendre
douloureuse, pour m'éclairer au delà de ce qui était nécessaire. Du côté de la paume de la main, le projectile avait
pénétré juste en face de la ligne anatomique de l'arcade
palmaire superficielle ; l'hémorragie avait été assez considérable par l'orifice d'entrée ; on pouvait donc supposer
que cette artère était atteinte, ou tout au moins qu'un des

1. Expression de M. Gambetta.

rameaux importants de l'arcade avait fourni le sang. Mais
l'hémorragie étant suspendue et la plaie bouchée par un
caillot, il n'y avait pour le moment qu'à se tenir sur la
réserve et à exercer une surveillance attentive pour l'avenir.

L'examen de la sensibilité fut très significatif : elle était
intacte sur toute la périphérie de la main et des doigts, sauf
sur les faces palmaires du petit doigt et de la moitié interne
de l'annulaire. Là elle était complètement abolie, et un
certain nombre de piqûres faites à l'abri du regard du
blessé, avec la pointe d'une aiguille, en évitant l'ébranlement des doigts, ne furent pas senties: la sensibilité nous
parut cependant conservée, mais obtuse et vague, sur la
face dorsale du petit doigt, de l'annulaire et de la moitié
interne du médius. Le nerf cubital se trouvait donc incomplètement intéressé.

Le projectile ayant pénétré dans le canal radio-carpien,
la lésion des gaines tendineuses était certaine et ces cavités
avaient dû être suivies dans une longueur de plusieurs centimètres. Les tendons qu'elles reçoivent avaient dû souffrir
aussi de la blessure, mais probablement d'une manière
incomplète: le malade pouvait, en effet, ramener les doigts
dans la paume de la main, non toutefois sans gêne. On re-
marquait encore que la troisième phalange de l'index, du
petit doigt et un peu celles de deux doigts intermédiaires,
ne se fléchissaient qu'imparfaitement.

Il s'était produit un gonflement notable de la main, loca-
lisé dans la région de l'éminence thénar et du premier
espace interosseux. Non seulement l'éminence thénar était
soulevée jusqu'à la ligne articulaire du poignet, mais elle
était plus ferme et le gonflement encore plus marqué dans
l'intervalle qui sépare le pouce de l'index. Dans ces deux
régions qui sont en continuité anatomique, d'ailleurs, il y
avait du sang collecté et infiltré en abondance; la recherche
attentive des pulsations caractéristiques d'un anévrysme
traumatique fut négative.

En résumé : ouverture certaine des gaines des tendons
fléchisseurs, altération presque aussi certaine de quelques
tendons du groupe des fléchisseurs superficiels et profonds,
blessure incomplète du nerf cubital, doutes légitimes sur la
blessure de l'artère cubitale et de l'arcade palmaire superficielle, tel fut le résultat des investigations de la première

heure. Il convient d'ajouter que le muscle cubital antérieur était nécessairement traversé de la face profonde à la face superficielle.

L'examen du blessé a duré environ un quart d'heure, puis on a procédé au pansement.

Dans l'espoir d'obtenir une guérison immédiate et une réparation des désordres sans suppuration, j'adoptai les principes suivants pour la direction du traitement : en premier lieu, l'immobilisation absolue de la main placée dans l'extension physiologique ; en second lieu, la protection des plaies et leur mise à l'abri de tout contact irritant ou infectieux. Le même pansement ouaté et phéniqué réalisa complètement ces conditions jusqu'à la cicatrisation définitive ; il ne lui fut apporté de modifications que dans quelques détails insignifiants. Les plaies furent recouvertes de protective, la main fut entourée d'une simple couche de bandelettes de gaze phéniquée, chaque doigt fut séparé de son voisin par une faible épaisseur d'ouate, deux couches d'ouate furent appliquées sur les faces dorsale et palmaire de la main, et tout le membre enfin jusqu'au coude fut recouvert par une enveloppe de coton phéniqué. Une bande de tarlatane phéniquée maintint chacun de ces plans en exerçant en même temps une très légère compression sur le membre ; on l'étendit sur une planchette matelassée d'ouate ; la position en était légèrement élevée.

Telles ont été les règles des pansements ultérieurs qui furent rares afin de mieux remplir les conditions qu'on voulait obtenir. Jamais le pansement n'a été enlevé sans qu'on fît une pulvérisation phéniquée et personne, jusqu'au jour de la cicatrisation définitive de la blessure, n'a touché la main sans s'être préalablement lavé dans une solution phéniquée forte.

Certaines dispositions furent prises en vue de parer aux éventualités qui pourraient se produire : hémorragies secondaires ou plus tardives, inflammation suppurative des gaines, accidents nerveux, névrite et tétanos. Les limites extrêmes de la température de la chambre furent fixées à 16 et 18 degrés. On recommanda expressément qu'il n'y eût pas de courants d'air dans la pièce ; ordre fut donné d'éloigner toute visite.

L'état général du blessé demandait également à être

surveillé de près; son embonpoint, son genre de vie récla-
maient quelques précautions. Aussi M. Siredey, son médecin habituel, et M. Fieuzal, son ami, qui connaissaient ses
habitudes et sa santé, furent-ils prévenus dès le soir même.
Pendant tout le traitement où la main seule fut en cause,
j'ai été assisté dans mes visites par MM. Gilles et Guerdal,
très souvent aussi par MM. Siredey et Fieuzal. Trois internes
des hôpitaux, MM. Walter, Berne et Martinet, se sont succédé auprès de M. Gambetta, lui donnant les soins de tous
les instants et veillant à l'exécution de nos prescriptions.

27 novembre, neuf heures du soir. — Température, 37°,2;
pouls, 88.

L'hémorragie n'a pas reparu depuis le pansement. Le
blessé, fortement enrhumé depuis deux jours, tousse beaucoup. Il éprouve dans la main un sentiment de tension qui
s'est manifesté presque immédiatement après l'accident et
qui va en augmentant depuis quelques heures; cette douleur se localise dans l'éminence thénar. Le régime alimentaire a consisté aujourd'hui en un simple bouillon et deux
grogs. M. Gambetta a pris successivement 3 grammes de
chloral, un gramme à quatre heures, un gramme à six
heures, un dernier enfin à huit heures; M. Launelongue
passe la nuit près de lui.

28 novembre, huit heures du matin. — Température,
37°,8; pouls, 84.

La nuit a été agitée et presque sans sommeil; à quelques
minutes de repos succède un réveil en sursaut, et un peu
de calme n'est survenu que vers six heures du matin; durant
toute la nuit une transpiration abondante s'est produite.

Le phénomène de tension de la main a pris de très
grandes proportions; M. Gambetta le traduit ainsi : « Ce ne
sont pas des élancements douloureux, à proprement parler,
ceux-ci sont rares; c'est une compression comparable à
celle que ferait subir un étau; on dirait qu'il y a dans les
tissus de la main un corps étranger volumineux dont le
gonflement menace de faire éclater les téguments. » Cette
sensation persiste trois quarts d'heure, une heure sans dis-
continuer, puis elle cesse pendant quelques minutes pour
se reproduire ensuite. La toux du malade en augmente
l'intensité.

Même régime que la veille, quelques grogs dans la journée, lait froid et un bouillon si le malade le désire. 2 grammes de chloral sont pris au milieu du jour, un troisième gramme dans la soirée, et on donnera vers dix heures du soir enfin une cuillerée de sirop de morphine si la douleur persiste avec la même intensité.

28 *novembre*, cinq heures du soir. — Première visite de MM. Siredey et Fieuzal avec M. Lannelongue.

Température, 37°,4; pouls, 80. M. Fieuzal passe la nuit à Ville-d'Avray.

29 *novembre*, huit heures du matin. — Visite de MM. Siredey et Lannelongue. Température, 37°,2; pouls, 76.

Le renouvellement du pansement fait constater un gonflement égal à celui du premier jour; il existe de plus un léger œdème avec une teinte à peine rosée de la face dorsale de la main. Au toucher, absence de chaleur dans le membre et de pulsations dans les parties gonflées. La nuit a été meilleure et le malade a pu prendre trois heures entières de repos; dans l'intervalle il a ressenti des douleurs identiques à celles de la nuit précédente. On fait un examen sommaire des urines[1]. Même sévérité dans le régime alimentaire. Continuation du chloral.

29 *novembre*, six heures du soir. — Visite de M. Lannelongue. Température, 37°,2; pouls, 88.

Depuis le pansement du matin le blessé a ressenti deux fois des élancements dans la main, où il éprouve une incessante compression; il a eu néanmoins du repos dans la journée. La toux est fréquente et grasse, la respiration bruyante et le visage un peu rouge, la langue est humide.

30 *novembre*, matin. — Visite de MM. Siredey et Lannelongue. Température, 37 degrés; pouls, 76.

La nuit a été bonne, fort calme, sans élancements dans la main, sans transpiration gênante. Au moment de notre visite le blessé ne ressent plus la compression si vive de la veille, il se trouve très bien, sa physionomie est gaie, son moral est excellent. Les fonctions du ventre ne s'étant pas encore accomplies depuis la blessure, un remède à la glycérine est ordonné malgré la répugnance qu'il inspire. Un

---

1. L'examen des urines montre qu'elles ne renferment ni sucre ni albumine. Les résultats des analyses et des examens faits dans le cours de la blessure et de la maladie ont été réunis à la suite de l'observation.

œuf frais sans pain pour le déjeuner, lait et grogs dans la
journée.

30 *novembre*, soir. — Visite de M. Lannelongue. Température, 37 degrés; pouls, 72-76.

Langue humide. Le malade se défend de n'avoir pas pris
le remède prescrit en parlant de velléités qui n'ont pas encore abouti. La physionomie est d'ailleurs excellente, l'humeur naturelle et pleine d'entrain. La journée eût donc été
on ne peut plus satisfaisante sans la persistance de la sensation pénible de la main; cependant la douleur est moins
continue. M. Gambetta cherche à l'éviter en réclamant de
fréquentes modifications dans la position du membre; chacune de ces manœuvres le soulage, mais le malaise reparaît au bout de peu de temps. Il prend à l'heure du dîner
un potage seulement. Sirop de morphine pour la nuit.

1er *décembre*, matin. — Visite de MM. Siredey, Fieuzal et
Lannelongue. Température, 39°,0; pouls, 72.

Excellente nuit, sept heures de sommeil. Langue humide.
Absence de garde-robes; nous prescrivons deux grands
verres d'eau d'Hunyadi Janos à prendre dans la matinée.
Le pansement est renouvelé; la blessure palmaire est à
peine visible, étant recouverte par un gonflement blanchâtre de l'épiderme; la blessure brachiale n'offre pas la moindre rougeur, les bords n'en sont pas gonflés et on n'y remarque aucun suintement. La paume de la main s'est
élargie en prenant la forme d'un battoir, les sillons y sont
moins profonds, et le bourrelet de la racine de chaque
doigt plus prononcé; le gonflement est surtout marqué
entre le pouce et l'index, on n'y sent pas de pulsations.

Il existe aussi un très léger œdème dorsal sans rougeur.
Les doigts ne sont plus dans l'extension complète, mais
fléchis sur la main d'une vingtaine de degrés environ.

Quatre jours pleins se sont écoulés depuis l'accident, et
l'examen actuel ne constate qu'une légère inflammation
adhésive des gaines.

En refaisant le pansement on s'attache à redresser l'attitude vicieuse des doigts et on y parvient aisément.

Il est permis au malade de manger quelques huîtres et
un œuf après son purgatif; on continue l'usage de l'eau de
Vichy (source de la Grande Grille) commencé depuis la
veille.

1er *décembre*, soir. — Visite de M. Lannelongue. Température, 36°,8; pouls, 76.

La physionomie est parfaite; cependant la douleur de la main a été plus vive qu'hier, et elle se localise plus particulièrement entre le pouce et le poignet; de plus, le blessé ressent un phénomène étrange qu'il traduit ainsi : « Il n'y a pas un de mes doigts qui ne soit le siège d'un phénomène de rétraction irrésistible vers la paume de la main. »

Le purgatif n'ayant produit qu'un effet très incomplet, on en prescrit un second pour le lendemain.

Reprise du chloral, 2 grammes, et du sirop de morphine s'ils sont nécessaires.

2 *décembre*, matin. — Visite de M. Lannelongue. Température, 36°,8; pouls, 72.

La douleur de la main a rendu la nuit moins bonne que la précédente. Le malade a repris deux grands verres d'Hunyadi Janos à six heures du matin. Le pansement est renouvelé afin de surveiller le gonflement plus marqué qui existait la veille; on le trouve aujourd'hui très atténué et les doigts sont dans une bonne attitude; on sent un peu de crépitation articulaire en faisant exécuter quelques mouvements dans les phalanges.

2 *décembre*, soir. — Visite de M. Lannelongue. Température, 36°,6; pouls, 72.

Le purgatif a agi très efficacement. Malgré quelques douleurs ressenties d'une manière irrégulière à la racine du petit doigt et de l'index, malgré la persistance du phénomène de tension de la main, la journée a été excellente et le blessé nous montre toute la bonne humeur qu'il a en pleine santé.

Dimanche, 3 décembre, neuf heures du matin. — Consultation de MM. les professeurs Verneuil, Trélat, et de MM. les docteurs Siredey, Fieuzal, Gilles, Guerdat et Lannelongue. Température, 36°,4; pouls, 72.

Le pansement est défait et la main examinée avec attention.

Les orifices de la blessure sont presque fermés; la tuméfaction persiste cependant dans l'éminence thénar de même qu'entre le pouce et l'index; mais le gonflement palmaire est presque nul et les doigts sont bien redressés. L'entretien chirurgical qui a suivi cet examen a été bref. MM. les professeurs Verneuil et Trélat exprimèrent l'avis que la blessure se réparait sans suppuration, que toute complication paraissait conjurée et que la guérison était prochaine. Aussi conseillèrent-ils de plus rares pansements.

Le bulletin suivant fut livré au public : « L'état de M. Gambetta est absolument satisfaisant à tous les points de vue ; sa santé générale ne laisse rien à désirer, et la blessure touche à la guérison. » Signé par les médecins consultants.

3 *décembre*, cinq heures du soir. — Visite de M. Lannelongue. Température, 36°,4 ; pouls, 72.

La journée a été excellente et le moral est tout à fait naturel ; M. Gambetta ne se plaint que de la sensation locale déjà signalée. On lui a permis ce matin une côtelette et un œuf ; il a eu une garde-robe naturelle dans la journée.

4 *décembre*, huit heures du matin. — Visite de M. Lannelongue. Température, 36°,5 ; pouls, 68.

Le malade a souffert deux heures environ dans la soirée du 3 ; puis, il a passé la meilleure des nuits, il a dormi huit heures sans chloral, et ce matin il ne sent pas sa main.

4 *décembre*, soir. — Visite de M. Lannelongue. Température, 36°,5 ; pouls, 68.

Le malade a bien déjeuné et la journée a été très calme ; il n'a plus en effet cette tension permanente qui l'a beaucoup éprouvé jusqu'ici ; mais il a eu trois ou quatre crises dans lesquelles la douleur a pris un nouveau caractère. De la paume de la main partent des irradiations à forme fulgurante se dirigeant vers les doigts et principalement vers l'index et le petit doigt.

Deux fois ces douleurs ont remonté vers le coude et l'épaule.

Une évacuation naturelle assez abondante a eu lieu.

5 *décembre*, matin. — Visite de MM. Siredey et Lannelongue. Température, 36°,4 ; pouls, 68.

Cinq heures du soir. — Visite de M. Lannelongue. Température, 36°,7 ; pouls, 72.

Le déjeuner a été pris avec plaisir. M. Gambetta a beaucoup moins souffert et a ressenti seulement trois à quatre crises comparables à celles de la veille. Le pansement est défait, la main est dans le meilleur état, la plaie palmaire est presque cicatrisée, et celle de l'avant-bras offre une couche de bourgeons de la dimension d'une lentille. Le pansement est très allégé et les doigts restent à découvert.

On permet au malade de changer de lit, et il est autorisé
à recevoir M. Arnaud (de l'Ariège), son ami et son secrétaire.

La santé générale est excellente, il y a eu une garde-robe
abondante dans la journée.

6 *décembre*, matin. — Température, 36°,6; pouls, 68.
Soir. — Température, 36°,7; pouls, 72.

7 *décembre*, matin. — Température, 36°,7; pouls, 68.
Soir. — Température, 36°,7; pouls, 72.

8 *décembre*, matin. — Visite de M. Lannelongue. Température, 36°,5; pouls, 68.

Soir. — Température, 36°,7; pouls, 72.

Cinq heures du soir. — Visite de MM. Siredey et Lannelongue.

Renouvellement du pansement : l'aspect du membre est
excellent, presque normal; les doigts sont dans l'extension
complète; tout œdème a disparu; la paume de la main ne
présente plus de gonflement que dans le premier espace
interosseux, et là on ne trouve ni tension ni soulèvements
pulsatiles.

L'orifice de la blessure palmaire est à peu près cicatrisé
et l'orifice brachial est oblitéré par une couche rosée fort
petite de bourgeons charnus. Le trajet intermédiaire semble
être entièrement réparé; l'articulation du poignet jouit de
tous ses mouvements. Le blessé nous dit qu'il ne perçoit
plus de douleur que dans les doigts; l'index et le petit doigt
le *travaillent surtout*; il a l'impression qu'ils sont fléchis
dans la paume de la main, et il regarde souvent pour s'assurer du contraire.

Une perversion plus étrange de la sensibilité est celle-ci :
M. Gambetta n'a pas le sentiment vrai de la position de sa
main qui est étendue sur un coussin en dehors du lit; il
lui semble qu'elle repose sur sa poitrine et il a besoin de la
voir pour se remettre dans la réalité.

M. Gambetta a fait un déjeuner un peu plus abondant
(un bouillon, un œuf à la coque, 4 huîtres avec du pain,
les ailes d'une bécasse); il a ce soir le ventre distendu par
des gaz; il s'en plaint.

Un purgatif lui est ordonné pour le lendemain samedi.

9 *décembre*, matin. — Visite de M. Lannelongue. Température, 36°,9; pouls, 80.

Soir. — Température, 37 degrés; pouls, 84.

Dans la journée de samedi les phénomènes douloureux de la main ont été beaucoup moins prononcés; mais le malade qui ne s'est pas purgé le matin a ressenti les mêmes troubles gastriques que la veille et en particulier du dégoût pour les aliments; il a fort peu mangé ce jour-là.

Dimanche 10 décembre, matin. — Température, 37°,5; pouls, 84.

Soir. — Température, 37°,6; pouls, 84.

Visite de M. Lannelongue dans la soirée. — Le malaise abdominal s'est accentué et M. Gambetta nous apprend que, la veille au soir, en faisant des efforts pour aller à la garde-robe, il a ressenti subitement une vive douleur dans le flanc droit, dont il précise mal le siège. Cette douleur a déterminé de l'insomnie, et le dimanche il s'en plaint encore, quoiqu'elle soit beaucoup moins accentuée. L'état saburral est plus prononcé, l'inappétence est complète.

M. le professeur Charcot qui l'a vu dans la journée lui a conseillé un lavement purgatif. L'examen du ventre ne révèle rien d'anormal; il n'y a nulle part d'empâtement, le siège de la douleur est très vague, et M. Gambetta se plaint à peine quand on presse fortement dans le flanc ou dans la région lombaire.

On réveille pourtant de la sensibilité sur la paroi latérale et inférieure du thorax du côté droit; il est proposé d'appliquer sur ce point un sinapisme; mais, comme on a déjà pratiqué un large badigeonnage de laudanum, M. Gambetta ne paraît pas disposé à accepter le sinapisme, et il ajoute qu'il ne souffre pour ainsi dire plus.

11 *décembre*, matin. — Température, 37 degrés; pouls, 80.

Soir. — Température, 36°,8; pouls, 76.

Visite de M. Lannelongue dans la matinée.

Le visage est légèrement congestionné, la langue blanche et très saburrale; le dégoût pour la nourriture est absolu; 40 grammes de citrate de magnésie sont ordonnés. L'état de la main est tout à fait satisfaisant, l'orifice palmaire est cicatrisé, et le brachial n'offre plus qu'une agglomération de petits bourgeons exubérants; on les cautérise. L'examen de la région, qui a été le siège de la douleur subite mentionnée plus haut, ne révèle aujourd'hui qu'une sensibilité très obtuse, que d'assez fortes pressions seules mettent en évidence. M. Gambetta, qui se levait chaque jour pour aller d'un lit dans un autre, demande avec insistance l'autorisation de passer quelques heures dans un fauteuil; elle lui est accordée s'il n'est pas trop fatigué par les effets de la purgation.

12 décembre. — Visite de M. Lannelongue à une heure. Température à huit heures du matin, 36°,7; pouls, 76.

Température à sept heures du soir, 36°,8 pouls, 76.

La purgation a été efficace la veille; la nuit dernière a été bonne.

M. Gambetta est dans son fauteuil, et s'y trouve aussi bien qu'hier. Son visage est naturel, et il reçoit avec une satisfaction évidente les personnes qui viennent le voir.

Il lui est recommandé ce jour-là, comme les jours précédents, d'être encore très réservé sur ce point.

Pour nous donner la preuve que son dégoût pour la nourriture a disparu, il nous fait part du bon déjeuner qu'il a fait, et qu'il complète en fumant un cigare; il a fumé la veille pour la première fois depuis son accident.

13 décembre. — Température, 36°,8; pouls, 76. Visite de MM. Siredey et Lannelongue.

La main est dans un si bon état que j'ai cru devoir exercer quelques mouvements de flexion dans les phalanges des doigts, m'arrêtant toujours à la première sensation de douleur; la blessure brachiale n'offre plus qu'un bourgeon à peine gros comme la tête d'une épingle. M. Gambetta examine sa main en détail et en est très satisfait; sa santé générale ne laisse rien à désirer, son ventre est libre.

14 décembre. — Température, 36°,7; pouls, 76. Visite de M. Lannelongue à deux heures du soir.

M. Gambetta est très bien; il mange à table, circule dans sa maison. On fait les mêmes manœuvres de flexion des doigts que la veille; elles s'accomplissent sans douleur.

15 décembre. — Température, 36°,6; pouls, 72.

Nous visitons M. Gambetta à deux heures, avec M. le professeur Gavarret; il nous reçoit dans son fauteuil. La nuit précédente a été bonne, et il n'a été ressenti qu'à des intervalles éloignés une légère douleur dans l'index et le petit doigt. Le pansement est défait: rien d'anormal; on renouvelle les tentatives de flexion des doigts et le blessé exécute devant nous quelques légers mouvements dans ces organes. Mais M. Gambetta se plaint de nouveau d'un malaise abdominal; il a des éructations fréquentes depuis le matin, et il ne peut pas s'en défendre. Spontanément il a pris aujourd'hui un verre d'eau de Pullna qui n'a pas encore agi. Son déjeuner a été marqué par un petit incident; il s'est endormi à table après avoir mangé un œuf, et n'a pas continué son repas.

Le temps étant très beau, il nous a demandé de faire sa première sortie avec nous, et il nous a accompagné, en effet, jusqu'à la grille de son parc.

Cette promenade, qui lui a fait le plus grand plaisir, a duré vingt minutes.

Soir. — Température, 36°,6; pouls, 76.

Samedi 16 *decembre*, matin. — Température, 36°,6; pouls, 72.

Soir. — Température, 39°,6; pouls, 88.

Visite de M. Lannelongue à deux heures. M. Gambetta est dans son fauteuil; il nous dit que la veille au soir il n'a presque pas mangé, n'ayant pas faim, et qu'il a éprouvé une sensation de chaleur sans frisson préalable. Il a dormi toute la nuit. A son déjeuner, il a éprouvé le même malaise que le jour précédent.

L'examen du membre blessé atteste que l'orifice de sortie est complètement cicatrisé, et que la blessure est totalement fermée. Pendant le pansement, M. Gambetta est tourmenté par d'assez violentes coliques; il a des renvois incessants; sa figure est rouge, son ventre un peu tendu.

Il est tellement persuadé de la nécessité de prendre l'air qu'il a commandé sa voiture, avant mon arrivée, pour une promenade qui fut faite en prenant de grandes précautions.

Un verre d'eau de Pullna pour le lendemain, et dans la journée de la limonade tartrique avec de l'eau de Vichy lui furent prescrits.

Sa promenade en voiture lui fut très agréable; à son retour, il ne cessa de manifester le bien-être qu'il en avait ressenti, et en rentrant il resta quelque temps encore dans son jardin.

Néanmoins, les éructations persistent, et à six heures il éprouve une chaleur vive non précédée de frisson, qui ne fait qu'augmenter dans la soirée.

A huit heures du soir, M. Berne, chargé de ses soins particuliers, trouvant une température de 39°,6, avec un pouls à 88, crut devoir me prévenir, et je me rendis à Ville-d'Avray, où j'arrivai à dix heures du soir. M. Gambetta ressent une grande chaleur; il est en pleine transpiration. L'examen de la poitrine ne révèle rien; tous les phénomènes sont concentrés dans le ventre, qui est tendu et un peu douloureux à la pression du côté droit; on n'y trouve pas pourtant d'empâtement. — Limonade; lait froid; 50 centigrammes de sulfate de quinine à la fin de l'accès.

Je fais prévenir M. Siredey dans la nuit.

Dimanche 17 décembre. — Température du matin, 39°,4; pouls, 80.

Température à deux heures de l'après-midi, 39°,5; pouls, 80.

Température à huit heures du soir, 39 degrés; pouls, 84.

Neuf heures du matin. — M. Siredey, après avoir procédé à un examen complet du malade, rejette l'hypothèse de toute complication thoracique. Ayant constaté un empâtement douloureux et très circonscrit dans la fosse iliaque droite, il me transmet une note que je trouve à Ville-d'Avray à deux heures de l'après-midi, et dans laquelle je lis cette phrase : « Je crois que la typhlite est ce qu'il y a de plus probable. » A ce moment la température est encore élevée, et M. Gambetta ressent les mêmes symptômes de tension abdominale et d'éructation. Le régime prescrit comprend exclusivement des boissons : limonade tartrique, grogs et bouillons.

Lundi 18 décembre, huit heures du matin. — Température, 38°,4; pouls, 76.

Onze heures et demie. — Température, 38°,5; pouls, 80.

Six heures du soir, pendant un frisson. — Température, 38°,4; pouls, 72.

Dix heures du soir. — Température, 39°,9; pouls, 96.

M. Siredey voit le malade à huit heures du matin; il apprécie de la même manière l'état local, persiste dans le même sentiment à l'égard de ce qu'il a trouvé la veille, et conseille le même régime. Je le vois à mon tour à deux heures, et je procède d'abord à un examen du membre blessé; il n'est le siège d'aucune complication. Sa forme, son volume, ses apparences sont les mêmes que ceux du membre sain, il ne conserve plus que les macules cicatricielles de la blessure. J'écarte définitivement la pensée d'une résorption purulente, qui ne se trouvait être justifiée ni par l'état local actuel du membre, ni par la marche absolument apyrétique de la blessure, ni par les conditions antérieures qui ont été celles d'une réparation tout à fait heureuse, sans production de pus, ni enfin par les nouveaux symptômes qui se produisent depuis deux jours. Toute l'attention doit se concentrer désormais sur les accidents qui ont pour point de départ la cavité abdominale, et rendez-vous est pris avec M. Siredey pour que nous ayons le lendemain une conversation à ce sujet. Aujourd'hui d'ailleurs la tuméfaction persiste malgré la purgation de la veille, qui a produit trois évacuations abondantes. M. Gambetta est fatigué et cherche à reposer.

A six heures moins un quart, il se produit pour la première fois un frisson assez intense de vingt-cinq minutes de durée, suivi d'une forte impression de chaleur et de quelques efforts de vomissements. Appelé dans la soirée, je trouve une température de 39°,9. A dix heures du soir, le malade est dans une abondante transpiration. Il est ordonné 50 centigrammes de quinine après l'accès, et une dose pareille pour le lendemain matin à la première heure.

Mardi 19 décembre, huit heures du matin. — Température, 36°,5; pouls, 76.

Midi. — Température, 36°,4; pouls, 72.

Trois heures. — Température, 36°,5; pouls, 72.

Six heures. — Température, 39°,9; pouls, 80.

Dix heures du soir. — Température, 38°,1; pouls, 72.

Nous nous réunissons avec M. Siredey pour visiter le malade à huit heures du matin. Il a eu dans la nuit un nouveau frisson très intense d'une demi-heure de durée, suivi d'une forte chaleur, d'une évacuation d'urine abondante et aussi d'une transpiration considérable. On lui a fait prendre 50 centigrammes de quinine immédiatement après ce second accès; puis il a dormi jusqu'à notre arrivée, et nous le trouvons calme et reposé. La température est basse, 36°,5, le pouls est à 76, la langue est très humide. L'examen attentif de la cavité abdominale donne les résultats suivants : le ventre est souple et d'un aspect uniforme; l'exploration de la fosse iliaque droite est facile et fort peu douloureuse superficiellement; on constate dans sa partie la plus élevée, à deux travers de doigt environ au-dessus de l'épine iliaque supérieure, un empâtement très profond et douloureux à la pression, de forme allongée et cylindrique, ressemblant à un boudin. Cet empâtement suit le trajet du côlon ascendant et cesse d'être senti au delà d'une longueur de 4 à 5 centimètres environ. La percussion en révèle aussi l'existence; il y a là une submatité circonscrite, séparée de la matité du foie par une zone transversale sonore d'un pouce environ; l'inspection de ce dernier organe permet de le considérer comme sain et plutôt d'un petit volume. En explorant la région lombaire on ne découvre rien d'anormal; une pression forte au niveau du rein ne réveille pas de sensibilité. Les mouvements du membre inférieur de ce côté sont tout à fait libres. Les urines examinées avec soin révèlent l'existence d'une assez forte proportion d'albumine, elles sont très épaisses, de couleur betterave et jumenteuses (voyez l'analyse de l'urine).

Nous eûmes avec M. Siredey un long entretien qui nous amena à conclure à l'existence d'une pérityphlite que paraissait rendre indéniable la constatation d'un engorgement péricæcal.

Régime lacté, boissons fraîches, limonade et eau de Vichy. 1 gramme de sulfate de quinine dans la journée.

A trois heures, petit frisson ou plutôt sensation de froid légère et de courte durée, chaleur et sueur consécutives.

Visite de M. Lannelongue à six heures du soir. La température est élevée (39°,9) la chaleur grande; le ventre est dans le même état et le malade n'y ressent aucun élancement, aucune douleur spontanée; les mouvements du membre inférieur du côté droit sont absolument libres.

Entre sept et huit heures, il se produit plusieurs petites impressions de froid; le malade a une expectoration assez abondante et quelques nausées. A partir de dix heures, sensation de bien-être très marquée et sommeil à la suite.

Mercredi 20 décembre, huit heures du matin. — Température, 36°.2; pouls, 68.

Une heure du soir.— Température, 37 degrés; pouls, 72.

Trois heures, immédiatement après un frisson. — Température, 39°,7; pouls, 84.

Huit heures du soir. — Température, 37°,5; pouls, 76.

Huit heures du matin. — Visite de MM. Siredey et Lanne-

longue. La nuit a été excellente, le sommeil prolongé.
M. Gambetta se trouve très bien, il ne souffre pas du ventre;
l'examen que nous en faisons ne révèle que de la sensibilité
à une pression assez forte toujours dans le même point;
l'état local a la même apparence que la veille. La quantité
des urines rendues est normale, elle était moindre hier;
elles sont beaucoup plus limpides et toujours albumineuses[1].

Régime lacté, quelques bouillons, eau rougie. 1 gramme
de sulfate de quinine dans la journée.

A deux heures de l'après-midi, frisson assez intense,
longue période de chaleur suivie de sommeil, transpiration
moins abondante. Pendant le frisson, vomissement du grog
ingéré. Dans la soirée, le malade se trouve bien, il ne se
plaint aucunement, il a eu d'assez longs moments de sommeil et quelques bourdonnements d'oreille provoqués par
la quinine.

En dehors de nos conversations du matin et du soir, nous
eûmes souvent à Paris de longs entretiens avec M. Siredey
sur la situation de M. Gambetta; elle nous occupa une
partie de la soirée de ce jour. Le fait de l'existence d'une
pérityphlite ressortit de notre discussion comme la donnée
la plus certaine; mais le mode d'invasion, l'intensité des
frissons et des accès fébriles auxquels succédait une chute
de la température jusqu'au degré normal et une rémission
complète, le bien-être du malade dans les intervalles apyré-
tiques, ne nous parurent pas suffisamment en harmonie
avec l'idée d'une inflammation franche, légitime, d'un type
régulier et continu. Pour la première fois, nous parlâmes
d'une perforation extra-péritonéale de l'intestin comme
cause première des accidents; l'hypothèse d'une ulcération,
d'une fissure, qu'un corps étranger venu de l'intestin aurait
déterminée dans ses parois fut nettement posée, et nous
dessinâmes sur le papier les adhérences qui devaient exister
et dont nous supposions en tous cas la possibilité.

Jeudi 21 décembre, huit heures du matin. — Température, 36°,4; pouls, 68.

1. A partir de ce jour, les urines sont toujours restées à peu
près limpides, suffisamment abondantes, contenant constamment
de l'albumine, nous n'en parlerons plus et nous renvoyons aux
analyses chimiques et histologiques faites. L'examen quotidien
des évacuations intestinales n'a jamais révélé de traces de pus.

Deux heures et demie. — Température, 39°,4; pouls, 70.

Neuf heures du soir. — Température, 39°,9; pouls, 80.

22 décembre, quatre heures du matin. — Température, 39°,5; pouls, 84.

Huit heures du matin. — Visite de MM. Siredey, le professeur Cornil et Lannelongue.

Le malade se trouve très bien et nous parle de l'excellente nuit qu'il a passée. Notre examen nous fait reconnaître un ballonnement du ventre plus marqué que les jours précédents. La pression est plus douloureuse que la veille, et nous observons que l'empâtement descend encore vers l'épine iliaque supérieure, tout en restant profond et séparé de la paroi abdominale par une zone sonore; cet empâtement est dur et la peau du ventre n'offre ni œdème, ni rougeur apparente. M. Cornil prend les urines pour faire l'examen des dépôts qu'elles renferment.

On prescrit un lavement au miel de mercuriale, 60 centigrammes de sulfate de quinine, la continuation du lait, de l'eau de Vichy avec ou sans vins. Il survient dans la journée deux très courtes sensations de froid suivies d'une élévation de température et, dans la nuit, à quatre heures du matin, un véritable frisson moins fort que ceux du début. Le lavement a amené une évacuation abondante suivie d'un excellent repos.

Vendredi 22 décembre, matin. — Température, 36°,8; pouls, 72.

Soir. — Température, 37 degrés; pouls, 72.

Visite de MM. Siredey et Lannelongue. A la suite du frisson de la nuit, le malade a reposé et son état général est satisfaisant au moment de notre visite, la physionomie est bonne et la langue très humide.

L'empâtement iliaque est dans le même état; il n'y a ni œdème superficiel, ni induration de la paroi antéro-latérale de l'abdomen, tout se passe plus profondément. M. Gambetta nous dit qu'il a ressenti la veille au soir quelques petites douleurs spontanées. Les mouvements du membre inférieur droit sont complets et faciles, il n'y a pas d'œdème de ce membre.

M. Gambetta refuse une consultation que lui offre M. Siredey dans les termes les plus amicaux.

Un verre d'eau de Pullna, cataplasmes, onctions sur la

partie engorgée avec la pommade mercurielle belladonée, sulfate de quinine 60 centigrammes.

Sommeil d'une à quatre heures, et bien-être pendant toute la soirée.

Dix heures du soir. — Petite évacuation, puis frisson de moindre intensité que les précédents, suivi de chaleur.

Samedi 23 décembre, matin.—Température, 36°,2 ; pouls, 72.

Soir. — Température, 38 degrés ; pouls, 80.

Le malade a désiré dans la soirée de la veille voir M. le professeur Charcot; la réunion a eu lieu à huit heures du matin. La fin du jour précédent et la nuit ont été très bonnes: M. Gambetta a longuement dormi. M. Charcot trouve un état général dans de bonnes conditions, la physionomie favorable, la langue humide. Le ventre étant moins distendu par les gaz, l'exploration de la fosse iliaque est facile et M. Charcot reconnaît que la partie inférieure et interne est libre; il n'en est pas de même en dehors et en haut où existe un empâtement qui occupe le cæcum et la partie inférieure du côlon ascendant ; c'est la portion postérieure de ces organes qui semble atteinte ainsi que le tissu graisseux sur lequel ils reposent. Actuellement, selon M. Charcot, l'affection serait une pérityphlite primitive se propageant sur le côlon, et il prononce le nom de péricolite concomitante. Il n'y a aucun indice de suppuration, ni œdème, ni fluctuation, ni douleurs spontanées. L'opinion du professeur Charcot confirme et précise le diagnostic posé par les médecins ordinaires.

En face de l'engorgement profond, on décide l'application d'un large vésicatoire qui ne devra produire que de la rubéfaction de la peau et ne sera laissé en place que trois heures. On prescrit 25 centigrammes de calomel en trois paquets. Lait, eau rougie, grogs, bouillon et même potage si l'amélioration persiste [1].

La journée du samedi a été bonne et le malade a dormi à plusieurs reprises; dans la soirée, le calomel n'ayant pas agi, on donne un lavement qui est efficace.

---

1. A l'issue de la consultation, ce jour-là comme les jours suivants, les médecins rédigèrent un bulletin intentionnellement favorable. Ils n'ignoraient pas que M. Gambetta, dans sa lecture quotidienne des journaux, tenait à savoir ce qui était dit de sa santé.

(*Note de M. Lannelongue.*)

Dimanche 24 décembre, matin. — Température, 37°,4; pouls, 76.

Soir. — Température, 38°,2; pouls, 80.

Visite de MM. Siredey et Lannelongue. Excellente nuit, physionomie presque normale, langue humide. Absence de douleurs et d'élancements dans le côté droit. Le vésicatoire a déterminé de la rubéfaction et une légère vésication en deux points. Le malade désire un œuf frais pour son déjeuner; lait et bouillon dans la journée, lavement purgatif dans la soirée.

Lundi 25 décembre, matin. — Température, 36°,8; pouls, 76.

Soir. — Température, 38°,6; pouls, 80.

La nuit dernière a été fort calme, avec du sommeil. M. Gambetta a pris le matin un verre d'eau de Pullna qui n'amène pas d'évacuation dans le jour; le soir un lavement est suivi d'abondants effets. Le malade prend un œuf et du vin à son déjeuner, du lait et de l'eau vineuse dans le jour. A cinq heures, il reçoit la visite de MM. Charcot et Siredey qui constatent que l'empâtement est un peu descendu vers l'épine iliaque supérieure et qu'il se prolonge en arrière; la pression lombaire ne détermine aucune douleur. Il n'y a pas eu de nouveaux frissons depuis le 22 décembre à dix heures.

Mardi 26 décembre, matin. — Température, 38 degrés; pouls, 80.

Soir. — Température, 38°,2; pouls, 80.

Visite de M. Siredey dans la matinée, de M. Lannelongue à trois heures.

M. Gambetta a eu un sommeil ininterrompu de dix heures à huit heures du matin; il a pris entre huit et dix heures 25 centigrammes de calomel en trois doses; à midi on lui donne un œuf frais et un demi-verre de vin. Plus tard, sommeil d'une à deux heures; à son réveil, léger frisson suivi de chaleur à la tête; à trois heures, il prend 50 centigrammes de sulfate de quinine. M. Lannelongue le visite à quatre heures et procède à un examen approfondi.

Le ventre présente un tympanisme prononcé qui gêne le malade depuis quelques moments; sur la place occupée par le vésicatoire existe une inflammation de la peau assez prononcée avec rougeur et œdème (c'est la première fois

qu'on constate ce phénomène nouveau, mais il perd de sa
valeur clinique, car il n'existe qu'à la place même du
vésicatoire). L'empâtement profond se présente dans les
mêmes conditions que la veille; il se prolonge un peu en
dehors dans la paroi latérale de l'abdomen; la fluctuation
y est recherchée avec soin dans tous les sens, elle n'y est
pas rencontrée. Par la percussion, on trouve de la sonorité
partout, même dans les points de la paroi qui font suite à
l'induration profonde; mais la sonorité y est moins éclatante. L'empâtement est plus sensible qu'hier et non seulement on réveille par la pression une douleur profonde,
mais il existe une sensibilité de la peau très évidente au
niveau de la cutile : les ganglions inguinaux sont douloureux. La pression au niveau du sein ne réveille pas de douleur; M. Gambetta a souffert spontanément dans le côté, il
est un peu affaissé. Un lavement pris le soir amène une
évacuation.

Mercredi 27 décembre, matin. — Température, 38 degrés;
pouls, 80.

Soir. — Température, 39 degrés; pouls, 80.

Visite de MM. Siredey et Lannelongue. La nuit a été un
peu agitée et le sommeil très interrompu. Le malade accuse
quelques douleurs superficielles dans le côté, dans la racine
du membre et jusque dans la jambe; il tient plus volontiers
le membre inférieur droit fléchi sur le bassin et dans la
rotation en dedans. Quand on lui demande d'étendre ce
membre, il le fait sans douleur, mais il le ramène dans la
flexion; il y a incontestablement un certain degré d'irritation du psoas.

Même état local qu'hier, pas de fluctuation, subsonorité
sur la paroi latérale correspondante à l'engorgement. La
surface du vésicatoire est rosée et œdémateuse, on voit
quelques traînées qui vont vers le pli de l'aine. Le malade
a pris du chocolat au lait à son déjeuner, du lait et deux
grogs dans la journée. Le soir évacuation après un lavement purgatif.

Jeudi 28 décembre, matin. — Température, 38 degrés;
pouls, 80.

Soir. — Température, 38°,8; pouls, 100.

Consultation de MM. Charcot, Verneuil, Trélat, Siredey,
Gilles, Fieuzal et Lannelongue.

Matin. — Le malade a passé une bonne nuit et il se sent
reposé ; il prend deux verres d'eau de Pullna à huit heures
qui amènent dans la journée une évacuation abondante de
matières liquides et de gaz. Le régime alimentaire est
composé de lait, de vin et de grogs. A cinq heures du soir
a lieu la consultation.

Les médecins réunis, après avoir discuté toutes les hypothèses que pouvait suggérer l'état du malade, furent unanimement d'accord sur les conclusions suivantes :

L'existence de la pérityphlite est incontestable; toute
autre hypothèse doit être écartée; les probabilités en faveur
d'une suppuration autour du gros intestin, dans le tissu
cellulo-graisseux sur lequel il repose, sont très grandes.
Les résultats fournis par la recherche attentive de la fluctuation étant absolument négatifs, il n'existe en aucun point
de collection purulente. Peut-être y a-t-il un infiltration de
pus? La sonorité intestinale déborde de toutes parts, même
en arrière, l'empâtement profond.

Ces conditions réunies interdisent une intervention chirurgicale qui serait pleine de périls sans donner aucun
espoir fondé d'un résultat favorable[1].

Vendredi 29 décembre, matin. — Température, 36°.8;
pouls, 100.

Soir. — Température, 38°.7 ; pouls, 108.

Matin. — La nuit a été médiocre, pas d'agitation, mais
peu de sommeil. Un verre d'eau de Pullna.

Cinq heures. — Visite de MM. Siredey et Lannelongue.

1. La note suivante fut publiée le lendemain dans la *République
française* :

« M. Gambetta ayant souffert de nouveau, ces jours derniers, de
douleurs intestinales qui ont ramené plusieurs fois des accès de
fièvre, une consultation a eu lieu hier à cinq heures à Ville-
d'Avray. Aux médecins et chirurgiens qui, depuis le début, ont
soigné M. Gambetta avec le dévouement que l'on sait, s'étaient
joints MM. les professeurs Charcot, Trélat et Verneuil. Après
examen, tous, d'accord sur chacune des données du diagnostic,
ont reconnu qu'il n'y avait pas lieu d'intervenir actuellement par
les procédés chirurgicaux. Une opération n'était nullement indiquée.

« Les phénomènes inflammatoires qui ont été constatés ont un
caractère local, et tout fait espérer que la résolution en sera
obtenue par un traitement approprié, sur lequel les consultants
sont également d'accord.

« L'état général est satisfaisant. »

L'expression faciale est calme, mais la langue est sèche pour la première fois, la peau est fraîche, le ballonnement du ventre est toujours prononcé et le malade a eu deux éva-cuations dans la journée.L'examen local montre un érysipèle fort étendu, couvrant la partie latérale droite de l'abdomen et le tronc du même côté depuis l'angle inférieur de l'omo-plate jusqu'à la racine de la cuisse, qui est aussi envahie en arrière; un bord abrupt et un liséré rouge limitent le gonfle-ment de la peau. Sous cet érysipèle on ne distingue pas de partie plus saillante et une recherche attentive et modérée de la fluctuation est absolument négative. Les ganglions de l'aine sont douloureux. Toute la région est déjà depuis quelques jours fortement saupoudrée d'amidon et recou-verte d'une forte épaisseur d'ouate. On donne au malade, plus affaissé aujourd'hui, une potion avec 4 grammes d'extrait mou de quinquina,et il prendra plus fréquemment des grogs et des vins généreux.

Samedi 30 décembre, matin. — Température 37°,7; pouls, 108.

Soir. — Température 38°,6; pouls, 110.

Matin. — Visite de MM. Siredey et Lannelongue. La nuit a été mauvaise et le sommeil interrompu sans qu'il y ait eu cependant du délire. La bouche est amère et la langue sèche, la peau est moite; le malade a pris sa potion au quinquina, mais il a vomi la dernière cuillerée; la rougeur de l'érysipèle est moindre et le gonflement de la peau peu accusé, le ventre est aussi plus souple. M. Gambetta ne paraît pas inquiet, il semble moins absorbé qu'hier et nous parle de l'insomnie de la nuit; la parole est facile, mais la voix est moins forte, et le nombre des respirations s'élève à 34 par minute. Thé au lait, lait additionné de kirsch, grogs.

Quatre heures du soir. — Consultation de MM. Charcot, Verneuil, Trélat, Siredey et Lannelongue, M. Paul Bert étant présent. Pendant la journée, M. Gambetta s'est mon-tré indifférent à toutes choses, il a eu quelques moments de sommeil; il n'a ressenti aucune douleur, il est toujours gêné par les gaz et a eu un vomissement.

Les médecins qui ont pris part à la consultation donnent successivement leur avis. D'un commun accord, ils recon-naissent que la situation s'est considérablement aggravée et qu'aucune opération n'est indiquée, ni possible. Ils considèrent que les seules indications à remplir sont relatives à l'état fébrile et à la nécessité de soutenir les forces du malade[1].

Dimanche 31 décembre, matin. — Température, 37 degrés; pouls, 120. 40 respirations par minute.

Huit heures. — Visite de M. Siredey. Nuit calme et dans l'affaissement jusqu'à cinq heures du matin. A ce moment, M. Gambetta est pris d'un délire léger, qui reparaît à plusieurs reprises jusqu'à sept heures et demie; un peu plus tard, il a le hoquet pendant quelques instants. La faiblesse est grande, il n'éprouve d'ailleurs aucune souffrance. On lui donne du café, il le rejette; on recommande l'usage du vin de Champagne et l'emploi plus continu de l'eau-de-vie et du rhum.

Une heure. — Visite de M. Lannelongue. La physionomie du malade est calme, mais le visage présente une teinte légèrement violacée apparente sur les joues, le nez et les oreilles; la cavité buccale est extrêmement sèche et quand on adresse la parole au malade, il répond avec difficulté tant qu'il n'a pas humecté sa bouche: du reste, M. Gambetta possède toute sa lucidité et, jusqu'à quatre heures, il ne se plaint d'aucune souffrance. Vers deux heures les parties qui sont hors du lit, les mains surtout, deviennent fraîches. Le pouls oscille entre 120 et 110 et par temps il a quelques irrégularités; le nombre des respirations est de 38 à 40. L'état du ventre est toujours le même, l'érysipèle semble éteint.

Le vin de Champagne est mal toléré; il est recommandé de ne plus employer que le thé fortement additionné de rhum, les grogs à l'eau-de-vie et de réchauffer le malade avec des boules d'eau chaude.

Dix heures du soir. — M. Lannelongue. Les symptômes

---

1. Il fut rédigé pour la soirée un bulletin favorable. Les médecins étaient surtout préoccupés d'éloigner toute inquiétude de l'esprit de M. Gambetta qui, le matin même, s'était fait communiquer les journaux.

« Le bulletin qui parut dans la *République française* du 31 décembre était ainsi conçu.

« L'état inflammatoire local est en voie de résolution. L'état général est satisfaisant.

« CHARCOT, VERNEUIL, TRÉLAT, PAUL BERT, « SIREDEY, LANNELONGUE. »

alarmants se sont multipliés et s'aggravent, le malade a
cependant encore sa connaissance et il répond un dernier
mot à onze heures moins un quart. Le dénouement est imminent et la mort arrive sans secousse quelques minutes
avant minuit.

RENSEIGNEMENTS COMPLÉMENTAIRES

La santé de M. Gambetta laissait beaucoup à désirer depuis
plus d'un an ; fréquemment il éprouvait des malaises abdominaux dont il lui répugnait de parler, malgré les conseils
de ses amis qui le voyaient souffrir. Il lui est arrivé de
quitter plusieurs fois les personnes avec lesquelles il se
trouvait ou de se tenir à l'écart tant la douleur le dominait.
Il nous a lui-même parlé de *véritables angoisses* qui deve-
naient fréquentes depuis quelque temps, et la conversation
suivante qu'il a eue avec un des internes, M. Waller, chargé
de le soigner, en témoigne encore plus que tous les renseignements venus de différentes sources :

« Un soir après dîner, 9 décembre, M. Gambetta fut pris
de douleurs assez pénibles au creux épigastrique, douleurs
qui furent accompagnées de pyrosis, d'éructations fréquentes
et bientôt de nausées et de vomissements. Il me dit alors
que, souvent, après le repas, il éprouvait les mêmes accidents; dès que ceux-ci se manifestaient, dès qu'il éprouvait
une sensation de tension à l'estomac et quelques nausées,
il sortait et marchait au grand air pendant quelques instants,
pour éviter les vomissements qui, sans cette précaution, ne
tardaient pas à se produire.

« La constipation était habituelle chez lui et, pour la combattre, il prenait, de temps à autre, le matin, trois verres
d'eau de Pullna[1]. »

---

1. M. Liouville, ayant interrogé M. Gambetta père à Nice, sur
les antécédents pathologiques de son fils, il lui a été répondu ceci :
« A l'âge de onze ans, M. Léon Gambetta a été atteint d'une affection abdominale du côté droit qui dura trente-deux jours et
donna de telles inquiétudes qu'on crut l'enfant perdu à plusieurs
reprises. Le médecin de Cahors qui le soignait avait exprimé
toutes ses craintes à la famille. Dans le cours de cette affection,
traitée surtout par des médicaments externes, il y aurait eu des
évacuations dans lesquelles il semble qu'on ait trouvé du pus. Il
se serait manifesté en même temps une suppuration parotidienne. »
(Note de la *Gazette de médecine et de chirurgie*.)

ANALYSES DES URINES. — L'analyse des urines, faite pour la première fois le 29 novembre, surlendemain de la blessure, ne révèle ni sucre ni albumine; elles sont chargées d'urates et contiennent en même temps 1 gramme d'acide phosphorique par litre. Pendant la durée du traumatisme, on a de nouveau plusieurs fois recherché la présence du sucre et on ne l'a jamais rencontrée, pas plus que celle de l'albumine. Les examens faits à l'hospice Brézin par M. Gilles et à Paris ont été d'accord en tous points.

Dans le cours des accidents abdominaux, on a procédé, les 19, 21 et 29 décembre, à trois analyses chimiques et histologiques dont la publication intégrale suit. Les urines, de plus, ont été examinées presque tous les matins chez le malade, et elles ont constamment révélé la présence de l'albumine dans les doses suivantes : 2 gr. 18 par 1,000 centimètres cubes, 25 centigrammes par litre, et 1 gr. 12 par 1,000 centimètres cubes.

DISSECTION DE LA MAIN BLESSÉE. — Les doigts ont leur volume normal; la face dorsale de la main ne présente pas d'œdème, mais les tissus mous de la paume sont un peu plus épais que du côté gauche. On a quelque peine à distinguer l'orifice d'entrée du projectile; une teinte plus blanchâtre l'indique seulement. L'orifice de sortie présente au contraire une teinte grise et un amincissement de la peau qui frappent les yeux.

La description qui va suivre portera d'abord sur la portion palmaire du trajet et il est utile d'indiquer que la dissection de la main a été faite couche par couche, en procédant d'une incision médiane qui a respecté les orifices d'entrée et de sortie de la balle.

La couche sous-cutanée et l'aponévrose palmaire sont intimement unies à la peau au niveau de l'orifice d'entrée par de très fortes adhérences; l'aponévrose palmaire est épaissie, et elle présente, en outre, une teinte noire ecchymotique qui la recouvre vers le poignet dans une étendue de 2 à 3 centimètres; le sang est infiltré dans l'épaisseur même de cette aponévrose au milieu des faisceaux fibreux.

Sous l'aponévrose palmaire, le projectile a rencontré l'arcade palmaire superficielle, à l'angle même de sa courbure, en face du tendon de l'index, à 3 millimètres en dehors du tronc commun des collatérales de l'index et du médius. A ce niveau, le tronc de l'artère ne peut plus être disséqué, elle se résout en tractus fibreux et disparaît dans une gangue inflammatoire qui unit la face profonde de l'aponévrose à la face externe de la gaine des tendons.

La paroi antérieure de la grande gaine ou gaine interne des tendons fléchisseurs est très épaissie dans toute son étendue et on n'y reconnaît le trajet du projectile qu'à des adhérences su-

perficielles avec l'aponévrose et la peau, ou profondes et en
regard de la cicatrice cutanée. Le siège anatomique du trajet
dans la paroi de la gaine est placé dans l'angle de bifurcation des
troisième et quatrième branches du nerf médian. A ce niveau,
la surface interne de la gaine présente des adhérences avec le
tendon superficiel du doigt indicateur. Ce tendon est légèrement
éraillé à sa surface et présente quelques ecchymoses; il est ac-
colé au tendon du médius dans une étendue de 1 centimètre; en
séparant ces deux tendons, on reconnaît que celui du médius a
été traversé d'avant en arrière par le projectile. Deux fissures
longitudinales s'y dessinent en effet, l'une en avant et en dehors,
l'autre en arrière et en dedans, et lorsqu'on en écarte les bords,
on met à découvert une cavité placée au centre du tendon, et
tapissée par une couche noirâtre.

Plus profondément, le projectile a rencontré les tendons fléchisseurs profonds du médius et de l'annulaire. La surface de
ces tendons a été intéressée dans une étendue de 2 centimètres
environ; une couleur noire ecchymotique, des déchirures visibles se remarquent dans cette partie du trajet; enfin de très
fortes adhérences unissent étroitement les deux tendons.

En suivant le trajet dans son parcours ultérieur dans la gaine,
on trouve qu'il gagne la paroi postérieure du canal radio-carpien
immédiatement en dehors de l'apophyse unciforme de l'os crochu;
il existe à ce niveau, sur la paroi postérieure de la gaine interne,
une traînée noire formée par une infiltration sanguine qui
s'étend jusqu'au cul-de-sac antibrachial de cette gaine. En ce
point, le projectile a perforé la paroi réfléchie de la membrane
séreuse, et il s'est formé un épaississement fibreux assez notable.
Ce noyau d'induration adhère à l'artère cubitale qui présente au
même endroit une dilatation sacciforme sur sa paroi postérieure;
il semble que le projectile n'ait intéressé que les membranes
externe et moyenne de l'artère, et qu'une poche anévrysmale en
voie de formation ait été la conséquence de l'affaiblissement de
la paroi artérielle; l'une des veines cubitales a été coupée et se
perd dans un caillot fibrineux assez dense. Les adhérences de
l'artère cubitale à son nerf satellite ne sont plus normales, et,
dans une étendue de 2 centimètres environ, un tissu fibreux
résistant unit ces deux organes.

Le nerf cubital présente, immédiatement au-dessus de la dilatation artérielle précédente, un renflement longitudinal et fusi-
forme de 12 millimètres de longueur sur 7 millimètres de largeur.
Ce névrome de réparation adhère étroitement en dehors et en
bas à l'artère cubitale et au tissu cellulaire adjacent qui est
induré; par sa surface interne et antérieure, il est intimement
uni au muscle cubital antérieur.

Lorsqu'on isole ce nerf du muscle en détruisant le tissu fibreux qui les réunit, on constate à la surface du nerf une plaque ovalaire, de l'étendue d'une lentille, d'une teinte gris rose, d'un tissu plus dense qui paraît correspondre au trajet même du projectile dans le nerf. Cette plaque occupe plus particulièrement, ainsi que le renflement qui la supporte, la partie postérieure du cordon nerveux ; d'autre part, la partie antérieure n'est presque pas recouverte de tissu de nouvelle formation, sa continuité est uniforme. On est donc en droit de conclure que le projectile n'a intéressé que la partie postérieure du nerf cubital.

Le muscle cubital antérieur est traversé directement de sa face profonde à sa face superficielle à 3 centimètres et demi au-dessus de son insertion à l'os pisiforme. De résistantes adhérences l'unissent à la peau en ce point.

Puis, le projectile a parcouru dans la couche sous-cutanée un trajet de près de 3 centimètres environ avant d'arriver à l'orifice de sortie qui occupe le bord cubital au point indiqué dans l'observation.

Dans la main, la région de l'éminence hypothénar n'offre aucune altération ; dans l'éminence thénar, au contraire, ainsi que dans le premier espace interosseux, il existe sous la peau une forte infiltration sanguine encore aujourd'hui très reconnaissable, avec des foyers sanguins en voie de transformation. — La gaine du fléchisseur propre du pouce est normale.

En résumé, le projectile a produit les désordres suivants : il a ouvert la grande gaine des fléchisseurs dans le milieu de la paume de la main et il en a parcouru toute la cavité jusqu'à son extrémité antibrachiale. Dans ce trajet, le tendon superficiel de l'index a été légèrement atteint, le tendon superficiel du médius a été traversé, les tendons profonds du médius et de l'annulaire, entre lesquels la balle a cheminé dans une longueur de 2 centimètres, ont été lésés à leur surface et très contus. Avant de pénétrer dans cette gaine, le projectile a coupé l'arcade vasculaire superficielle ; à sa sortie, il a légèrement atteint l'artère cubitale et incomplètement coupé le nerf cubital. Le trajet est cicatrisé dans toute son étendue, et nulle part il n'y a trace de suppuration.

Le décès a eu lieu le 31 décembre à onze heures cinquante-cinq du soir. Vingt-quatre heures après, M. Talrich a fait une injection conservatrice à base de chlorure de zinc. Au moment de l'autopsie, les altérations cadavériques dues à la putréfaction et celles causées par le liquide injecté étaient tellement prononcées que presque tous les organes étaient modifiés dans leur aspect microscopique et que l'examen histologique de la plupart était tout à fait impossible.

AUTOPSIE FAITE A NEUF HEURES ET DEMIE, LE 2 JANVIER 1883,
EN PRÉSENCE DE MM. PAUL BERT, BROUARDEL, CHARCOT, CORNIL,
TRÉLAT, VERNEUIL, LIOUVILLE, LANNELONGUE, SIREDEY, DUVAL,
FIEUZAL, LABORDE, GUERDAT, GILLES, GIBIER.

La rigidité cadavérique a disparu. Sur aucune partie du corps
il n'existe de traces de violences, si ce n'est sur la peau du membre
supérieur droit.

Dans la paume de la main, au croisement du pli de l'éminence
thénar et d'une ligne transversale partant de la base du pouce,
on trouve une cicatrice blanchâtre, à peine visible, recouverte
d'épiderme. Au côté interne de l'avant-bras, à 5 centimètres
au-dessus de l'apophyse styloïde du cubitus, il existe une cicatrice rosée, un peu irrégulière à ses bords, mesurant 5 millimètres dans son diamètre. Le bras blessé est identique à celui
du côté opposé par son volume, sa consistance, son degré de
conservation, et par la couleur de la peau.

Les veines du membre supérieur droit sont normales.

La peau de la région abdominale porte à droite, dans la région du flanc, les traces d'un vésicatoire. L'épiderme est soulevé
par places, sur l'abdomen, les cuisses, le dos, etc., par de larges
phlyctènes dues à la putréfaction cadavérique. Il n'y a, du reste,
aucune trace de solution de continuité ancienne ou récente de la
paroi abdominale.

A l'ouverture de la cavité crânienne, il s'écoule une grande
quantité de liquide employé pour l'injection conservatrice.

Les méninges cérébrales se décortiquent avec une grande
facilité.

Le cerveau est sain, il pèse 1,160 grammes. Le cerveau a été
remis à M. Duval, président de la Société d'anthropologie.

Le cœur est de volume normal ; il pèse 400 grammes. Le tissu
cellulo-adipeux situé sous le péricarde viscéral autour du cœur
n'est pas notablement plus épais qu'à l'état normal. L'aorte,
au-dessus des valvules sygmoïdes, offre à considérer une petite
plaque athéromateuse calcifiée de 7 à 8 millimètres de diamètre.
La paroi musculaire du cœur n'est pas épaissie, les valves sont
saines.

Les plèvres contiennent un peu de liquide provenant de l'injection conservatrice.

Les poumons sont absolument libres sans adhérences à la
plèvre pariétale. Ils sont légèrement emphysémateux ; ils ne
montrent aucune trace de lésions pathologiques anciennes ou
récentes, pas d'abcès, pas de nodules tuberculeux.

Le tissu cellulo-adipeux sous-cutané de la paroi de l'abdomen
est épais de 4 centimètres au-dessus de l'ombilic, de 8 centi

mètres au-dessous ; il présente dans la région hypogastrique des dilatations variqueuses des veines sous-cutanées.

Le péritoine contient des gaz fétides et une petite quantité de liquide séro-purulent collecté dans les parties déclives. La surface du péritoine pariétal est à peine rosée et sans trace de fausses membranes fibrineuses. Les anses de l'intestin sont libres d'adhérences et ne présentent pas non plus de fausses membranes fibrineuses.

Le foie pèse 1,920 grammes. Il est lisse à sa surface, gras, sans cicatrices ni épaississement général ou partiel de la capsule de Glisson. Il ne contient pas d'abcès.

Le fond de la vésicule biliaire est uni par une adhérence au côlon transverse. Elle est remplie de bile et ne contient pas de calculs. Sa paroi est notablement épaissie.

La rate pèse 230 grammes et ne contient pas d'abcès.

Les reins se décortiquent facilement ; le rein gauche pèse 200 grammes ; le droit 160 grammes. Leur surface est lisse, leur apparence normale. Ils ne renferment pas d'abcès.

L'intestin grêle et le gros intestin sont très distendus par des gaz. Les gaz contenus dans le cæcum se déplacent facilement par la pression et remontent alors dans le côlon ascendant. Ce dernier est moins dilaté que le cæcum. Le côlon ascendant présente, un peu au-dessus du cæcum, un pli transversal, sorte de rétrécissement relatif déterminé par la pression du côlon transverse.

La partie postérieure du cæcum est unie à la paroi abdominale par des adhérences résistantes et anciennes. En décollant le cæcum et en le soulevant, on découvre un foyer d'infiltration purulente anfractueux, cloisonné par des brides de tissu cellulaire, contenant environ deux cuillerées de pus. Ce foyer s'étend en haut jusqu'à la partie inférieure de l'atmosphère adipeuse du rein droit, en dedans jusqu'à la colonne vertébrale en arrière du muscle psoas, et il envoie en bas un prolongement long de 3 à 4 centimètres dans le petit bassin. En dehors, ce foyer est limité du côté du péritoine par les adhérences déjà décrites, mais il se propage en avant du fascia iliaca dans l'épaisseur du tissu conjonctif sous-péritonéal. En continuité avec ce foyer, il existe, dans la paroi antéro-latérale de l'abdomen, dans le tissu cellulo-adipeux sous-péritonéal de la région du flanc droit, des îlots disséminés de tissu cellulaire sphacélé, jaunâtre, tels qu'on les rencontre dans le phlegmon diffus.

La partie terminale de l'iléon, le cæcum et le côlon ascendant ont été enlevés pour être examinés en détail. Le cæcum étant ouvert, on voit la valvule iléo-cæcale proéminente, analogue par sa configuration au museau de tanche (voy. fig. 2, A). La saillie qu'elle forme mesure de 3 à 4 centimètres. Au lieu d'être constituée par deux valves minces, au contact l'une de l'autre, la valvule iléo-cæcale présente un bord circulaire, épais, induré, et une ouverture étroite et plissée qui permet à grand'peine l'intromission du petit doigt.

Lorsqu'on a ouvert l'intestin grêle et la valvule iléo-cæcale, on constate derrière le rétrécissement de celle-ci une dilatation, puis un nouveau rétrécissement à 5 ou 6 centimètres de la valvule.

On peut voir, sur la section de l'intestin grêle, que la saillie et le rétrécissement de la valvule sont déterminés par une invagination de l'extrémité inférieure de l'iléon dans le cæcum. La muqueuse de l'intestin grêle, en sortant du rétrécissement, revêt toute la partie externe ou cæcale du rebord épaissi de la valvule.

La muqueuse, ainsi réfléchie de dedans en dehors, tapisse un anneau fibro-musculaire très résistant, semi-transparent, de 4 à 5 millimètres d'épaisseur, qui forme, pour ainsi dire, la charpente solide de la saillie de la valvule de Bauhin.

La muqueuse du cæcum et celle du côlon ascendant sont plus épaissies et plus rigides qu'à l'état normal. Dans la partie postérieure du cul-de-sac cæcal, qui est en rapport avec le foyer purulent, la surface de la muqueuse est lisse, comme tendue et étalée. Dans le côlon ascendant, la muqueuse s'enfonce dans les plis et anfractuosités déterminés par le relief des fibres musculaires, mais on n'y trouve ni ulcérations ni perforations.

L'appendice cæcal s'ouvre dans le cul-de-sac du cæcum par une ouverture assez large. Examiné à la surface du cæcum, l'appendice est fixé d'abord au cæcum, dont il contourne l'extrémité inférieure, puis il se replie de bas en haut pour passer au-dessous et en arrière du cul-de-sac cæcal.

Dans la première partie de son trajet, qui mesure 5 centimètres (voy. fig. 3), l'appendice est recouvert, comme le cæcum auquel il adhère, par la séreuse péritonéale. Mais depuis le point où il pénètre en arrière du cæcum, jusqu'à son extrémité terminale, dans une étendue de 6 centimètres, l'appendice est situé dans le tissu cellulaire interposé au cæcum et au fascia iliaca, c'est-à-dire dans le foyer purulent rétro-cæcal [1]. Il est dirigé là de bas en haut ; il adhère à la paroi postérieure du cæcum ; il baigne dans le pus, et il est entouré d'un tissu conjonctif à faisceaux grisâtres dont les mailles sont remplies d'une sanie purulente.

La surface externe de l'appendice est grise, irrégulière, plissée. Il présente, à 2 centimètres de sa terminaison, une bosselure irrégulière due à un épaississement de sa paroi. A côté de cette induration, on voit une petite ampoule saillante (D, fig. 3) for-

---

1. Cette disposition a été signalée par la plupart des anatomistes, par M. Sappey en particulier, comme se rencontrant quelquefois à l'état normal, même chez les enfants nouveau-nés. M. Ch. Robin l'a vue une fois sur six.

mée par une membrane très mince et molle, revenue sur elle-
même et perforée à son centre en E.

Un peu au-dessus de cette perforation, qui mesure environ
1 millimètre et demi de diamètre, il en existe une autre plus
petite et déprimée (F, fig. 3).

Ces deux perforations communiquent avec la cavité de l'appendice.

Lorsqu'on injecte en effet de l'eau par l'extrémité cæcale de
l'appendice, on fait sortir le liquide par les deux perforations
que nous venons de décrire. Pendant l'injection, l'ampoule se
dilate et présente une forme hémisphérique; le liquide coule en
jet par le trou qu'elle présente à son centre; lorsqu'on cesse
l'injection, la membrane revient sur elle-même et s'affaisse en
se plissant.

L'appendice étant ouvert dans toute sa longueur, on n'y trouve
aucun corps étranger. Sa muqueuse est *lisse et normale* dans sa
première portion, tandis qu'elle est irrégulière, grise, épaissie
par places dans sa seconde portion, surtout près de son extrémité. Elle s'amincit progressivement au niveau des points per-
forés, qui paraissent être le fond d'ulcérations qui ont détruit
peu à peu toute la paroi.

*Dans le but d'élucider la question de savoir si l'épaississement
de la muqueuse était ancien ou récent,* j'ai fait durcir dans
l'alcool absolu un fragment de l'appendice pris dans un point où
sa paroi mesurait 2 millimètres. Sur les coupes perpendiculaires
à sa surface, on trouve d'abord les glandes en tubes parfaitement
conservées avec leurs cellules cylindriques normales; au-dessous
des glandes, il existe une couche épaisse formée de tissu conjonctif fasciculé contenant quelques vésicules adipeuses, puis
les deux tuniques musculaires, et enfin tout à fait à la surface
externe une couche assez épaisse de tissu conjonctif. Dans cette
dernière et dans la couche musculeuse superficielle, on trouve
une grande quantité de cellules lymphatiques interposées aux
faisceaux conjonctifs et musculaires. Mais il n'y a pas de cellules rondes migratrices dans le tissu conjonctif induré, situé
au-dessous des glandes, ni dans la tunique musculaire à fibres
annulaires.

De cet examen, on peut conclure que la muqueuse de l'appendice était altérée longtemps avant le début des accidents aigus
qui ont déterminé la pérityphlite.

*Les documents qui précèdent ont été collationnés et intégrale.ment approuvés par les médecins dont les noms suivent et qui ont
signé :*

    Professeurs Charcot, Verneuil, Trélat, Brouardel.
    Cornil; Docteurs Sirredey et Lannelongue.

II

LA MALADIE ET LA MORT DE GAMBETTA [1]

La calomnie qui s'est acharnée contre Gambetta pendant
toute sa carrière politique n'a pas même respecté sa dernière maladie. Elle s'efforce d'accréditer dans notre pays,
toujours avide de romanesque, des fables inventées de
toutes pièces, qui n'ont même pas le mérite de la vraisem-
blance. Si notre ami avait survécu et que nous eussions
exprimé l'intention de démentir les commentaires dont sa
blessure était l'objet, il nous eût répondu avec cette hauteur de mépris pour le mensonge qui était une des beautés
de cette âme vaillante : « Laissez donc dire ; cela ne compte
pas. » Mais Gambetta n'est plus ; l'histoire, où il vient d'entrer, ne tardera pas à appliquer à sa vie et à sa mort cette
implacable curiosité qui ne dédaigne aucun détail, aucune
source d'information. Il appartient à ceux qui l'ont connu
de près d'étouffer dans le germe des légendes que le
silence ferait bientôt passer au rang de faits établis.

C'est le lundi 27 novembre, à onze heures moins un
quart du matin, dans sa maison des Jardies, à Ville-d'Avray,
que Gambetta s'est blessé à la main droite d'un coup de
revolver. Voici dans quelles circonstances.

Il avait passé toute la matinée avec l'un de ses amis de la
Défense nationale, le général d'artillerie Thoumas, qui était
venu de Versailles à Ville-d'Avray pour causer avec lui de
questions militaires. Vers dix heures et demie, comme le
général Thoumas se levait pour prendre congé, Gambetta le
pria de rester à déjeuner. Le général, qui était attendu à

1. Article publié dans la *Revue politique et littéraire* du 6 janvier 1883 et reproduit dans la *République française* du 7 janvier.

Versailles, ne put accepter et partit. Gambetta monta au
premier étage, dans sa chambre à coucher. Un revolver à
bascule, construit sur un nouveau modèle, était sur une
table. Gambetta aimait beaucoup les armes à feu, les ma-
niait souvent avec imprudence, et, du reste, à la campagne,
dans un quartier relativement peu fréquenté, au fond d'un
jardin mal enclos, c'était une précaution presque indispensable que d'avoir chez soi des armes toutes prêtes. Ce jour-là
(selon le récit invariable qu'il fit depuis à tous ses amis),
Gambetta, tenant l'arme dans la main gauche, en fait
d'abord basculer le canon qu'il veut ensuite remettre en
place. Mais une cartouche, restée dans le revolver, est engagée en partie dans le cylindre. La résistance du canon,
quand Gambetta cherche à le rabattre sur le tonnerre, s'en
trouve accrue. Il exerce alors une pression violente avec la
main droite appuyée sur la tranche de la bouche, pendant
que la gauche continue à soutenir la poignée; le coup part
en crachant entre le tonnerre et le canon, et la balle entre
vers le milieu de la paume de la main droite, au-dessous de
la partie charnue où commence le pouce. La balle pénètre
aussitôt sous la peau parallèlement au tissu superficiel et
suit un peu obliquement le trajet des gaines musculaires;
elle ressort à cinq centimètres environ du poignet et à la
partie interne du bras.

L'amie dévouée[1], qui allait devenir la victime de la plus
cruelle curiosité, accourut au bruit avec les domestiques
et donna les premiers soins au blessé. Quelques minutes
après, un premier pansement fut fait par le docteur Gille,
de Ville-d'Avray. Le docteur Lannelongue arriva vers une
heure; il vérifia et compléta le pansement de son confrère.
Toute blessure à la main est une blessure sérieuse, même
lorsque la balle n'a fait, comme c'était le cas, que traverser
les chairs sans léser aucune artère. Ce qui rendait plus
grave l'accident du 27 novembre, c'était d'abord l'état général de la santé de Gambetta, qui depuis longtemps déjà
inspirait à ses amis de secrètes inquiétudes; c'était ensuite
la disposition des lieux où le blessé allait être confiné.

Trop de personnes ont fait depuis quelques jours le pèlerinage des Jardies pour qu'il soit nécessaire de décrire longue-

—————————

1. Mme Léonie Léon.

ment cette petite propriété, « le fruit des millions volés pendant la Défense nationale et dans les spéculations de Tunis et d'Égypte ». Un ravin profond, très vallonné, imprégné par l'écoulement des eaux pluviales qui descendent des collines surplombantes; puis, dans un angle, juste dans l'exposition la moins salubre, une pauvre maison, une bicoque de jardinier, qui tremble au moindre souffle d'orage et que l'humidité pénètre de toutes parts. On a vu le médiocre aménagement de cette bâtisse, le salon pauvrement meublé, décoré de quelques gravures insignifiantes, l'antichambre qui servait de salle à manger du temps de Balzac, l'escalier qui conduit à la petite chambre à coucher du premier étage, si étroit que la descente du cercueil a semblé d'abord impossible. Voilà l'endroit où Gambetta venait chercher de temps en temps quelque repos pour son cerveau excité par un travail incessant, réparer à la hâte ses forces constamment sollicitées par de nouvelles fatigues. Voilà la maison où, guéri à peine d'une blessure en apparence peu dangereuse, il a succombé, par une sorte de choc en retour, aux atteintes du mal qu'il couvait depuis quelques années et qui devait éclater, terrible et foudroyant, le jour même où la cicatrisation presque complète de la main transpercée semblait écarter tout péril immédiat.

Il n'appartient qu'aux hommes de science de faire l'historique des crises successives qu'a traversées la maladie dernière de Gambetta. Le procès-verbal d'autopsie, qui vient d'être publié, est d'ailleurs un premier document d'une autorité irréfutable, et qui coupe court à bien des discussions pénibles [1]. Nous avons aujourd'hui cette conso-

---

1.   Ville-d'Avray, 2 janvier, 11 heures.

L'autopsie, faite avec le plus grand soin et dont le procès-verbal détaillé sera publié ultérieurement, a fait reconnaître :

1° Une inflammation ancienne de l'intestin ayant produit un rétrécissement de la terminaison de l'intestin grêle et de la valvule iléo-cæcale;

2° Une large et profonde infiltration purulente siégeant en arrière du côlon et dans la paroi abdominale;

3° Un léger degré de péritonite généralisée qui s'est produite dans les derniers moments de la vie.

Les autres organes ne présentaient aucune lésion. La blessure était complètement cicatrisée.

En somme, M. Gambetta a succombé à une pérityphlite et pé-

lation à notre douleur de savoir que la science a fait pour sauver Gambetta tout ce qu'elle pouvait et devait faire. Comment en eût-il été autrement? Les docteurs Lannelongue et Siredey lui étaient attachés depuis longtemps; Paul Bert avait été pendant douze années l'un des plus fidèles parmi ses compagnons de lutte; Fieuzal était un camarade de collège: Trélat, Charcot, Verneuil apportaient à ces anciens amis le concours de leur expérience et de leur affection. On a été, on sera peut-être injuste pour l'un ou l'autre de ces hommes; la portion éclairée de l'opinion publique leur rendra à tous ce même témoignage qu'ils ont fait leur devoir.

L'accident du 27 novembre n'avait causé aux amis de Gambetta qu'une courte alarme. Telle était leur foi en cet homme si nécessaire à la grandeur de la République et au relèvement de la Patrie qu'on annonçait couramment, pour les premiers jours de janvier, le retour de Gambetta à Paris. La commission du recrutement, dont il était l'âme, ne voulut pas délibérer en son absence et s'ajourna. Du reste, il ne tarda pas à recevoir des visites dans sa chambre de malade. Il continuait à lire les journaux, les lettres qu'on lui adressait de tous les coins du monde. Il continuait à s'informer de tout, et, si le corps était condamné à l'immobilité, l'esprit, toujours en travail, ne sacrifiait aucun des grands intérêts qui lui étaient confiés.

La blessure, sous la direction du docteur Lannelongue, guérit rapidement, sans suppuration. Vers la fin de la première quinzaine de décembre, le malade put même profiter de quelques éclaircies pour sortir deux ou trois fois en voiture dans les bois de Ville-d'Avray; il se promena dans son jardin. C'est à cette époque que nous le vîmes en dernier lieu: d'abord, à plusieurs reprises, plein d'esprit et de belle humeur; puis, le samedi 16, déjà triste et souffrant

ricolite suppurées. Toute intervention chirurgicale eût été illégitime et dangereuse.

Elle n'eût eu d'autre résultat que d'abréger la vie.

Ont signé: les professeurs Paul Bert, Brouardel, Charcot, Cornil, Trélat, Verneuil; — les docteurs Lannelongue, Siredey, Fieuzal, Liouville, Mathias-Duval, Laborde, Guerdat, Gille; — M. Paul Gibier, interne des hôpitaux.

'un malaise encore mal défini. Malgré un optimisme qui s'obstinait à confondre les désirs avec la réalité, les amis qui lui rendirent visite ce jour-là, Challemel-Lacour, Ferdinand Dreyfus et moi, nous reçûmes une douloureuse impression; Gambetta était manifestement travaillé par un grand mal intérieur. Il causait peu et sans entrain. Nous partîmes avec un premier pressentiment sinistre : nous ne devions le revoir que sur son lit de mort.

C'est le 17 décembre que l'inflammation de l'intestin se déclara. On sait quel en a été le progrès rapide. Les quelques notes qui révélèrent au public la gravité de la situation, et dont les termes étaient sagement atténués pour ménager le moral du malade, rencontrèrent beaucoup d'incrédules; elles ne désarmèrent pas la malignité. On avait, dès les premiers jours, accumulé sur la cause de l'accident mille récits faux et absurdes; on prétendit fouiller dans la vie privée de l'homme qui succombait à la dépense excessive d'activité, de travail, qu'il avait faite pour la France, à l'épuisement de la force qu'il avait prodiguée sans compter, à pleines mains, pour le pays dont il avait dit un jour avec un accent pénétrant « qu'il l'aimait jusqu'à la mort ». Ce fut en vain que des journaux prussiens tentèrent de rappeler à la pudeur les « cannibales de Paris » qui piétinaient d'avance sur le cadavre du délégué de Tours.

La *République française* a raconté le détail exact et simple de la mort du grand citoyen [1]; rien de ce qui a

1. « M. Gambetta a rendu le dernier soupir avant-hier, 31 décembre 1882, à minuit moins cinq minutes.

« Dès le matin, on avait pu constater une aggravation notable dans l'état du malade; néanmoins il était encore permis de se faire illusion, puisqu'à neuf heures et demie il avait pu, sans trop de difficultés, changer de lit avec le seul concours de l'interne de service et de M. Étienne. Toutefois l'interne, toujours très circonspect jusque-là, ne pouvait taire les appréhensions que lui causait l'état du malade.

« Dans l'après-midi, en effet, le mal s'accrut encore, et les forces diminuèrent à vue d'œil. Quelques-uns des amis personnels de M. Gambetta, prévenus à temps, purent se rendre dans la soirée à Ville-d'Avray, où ils apprirent, en arrivant, que la situation était désespérée. On envoya immédiatement chercher M. et Mme Léris, le beau-frère et la sœur de M. Gambetta, ainsi que ceux de ses amis qui n'avaient pu être encore avertis. MM. Arnaud de l'Ariège et Arène partirent, dans ce but, pour Paris.

« Cependant le terrible mal gagnait de minute en minute; au-

été dit ailleurs ne mérite de créance. Gambetta ne s'attendait pas à une fin si proche. Il avait un sentiment trop profond de la mission qui lui restait à accomplir pour soupçonner que la mort brutale pût l'arrêter à mi-route. C'est du moins l'impression qu'ont ressentie tous ceux qui ont eu le triste bonheur de le soigner pendant ses derniers jours. Mais il avait le cœur si délicat, si bon, que nous ne serions pas surpris qu'il eût dissimulé, qu'il eût gardé pour lui seul ses appréhensions funèbres, de crainte d'attrister davantage ceux qui l'entouraient. Pas une plainte n'est sortie de ses lèvres. Deux heures avant de rendre le dernier souffle, il a remercié d'un geste, d'un sourire, le docteur Lannelongue. Il a peut-être reconnu dans un dernier regard son ami des premiers jours, son courageux compagnon de luttes, Eugène Spuller. Quand nous sommes arrivés à Ville-d'Avray, nous les soldats de la cause nationale dont il était le chef, tout était fini : il n'avait pas survécu à cette année 1882, si cruelle pour lui et pour la France.

Nous n'avons pas vu de spectacle plus noble et plus touchant que celui de Gambetta étendu sur son lit de mort, la figure rajeunie, l'homme de 1869, d'avant les épreuves de l'année terrible, l'œil tranquille, clair, à la fois puissant et doux. Des centaines d'amis connus et inconnus l'ont contemplé ainsi pendant la journée du 1er janvier et ne l'oublieront jamais. Bien des adversaires d'hier mêlaient leur douleur à la nôtre. Bonnat, Falguière, Antonin Proust, Carjat, Bastien-Lepage, ont pu garder pour la postérité le dernier aspect de cette grande figure. Déroulède nous disait : « Cette mort, c'est une défaite... »

Et maintenant il nous reste un suprême devoir à accomplir, en ce jour même des grandes funérailles où le deuil d'une famille durement frappée disparaît comme noyé dans le deuil de la France. Une femme s'est trouvée, fidèle,

---

tour du mourant MM. Spuller, Paul Bert, Étienne et Fieuzal se tenaient anxieusement, attendant d'une minute à l'autre la catastrophe. Elle se produisit à minuit moins cinq.

« L'agonie avait commencé à dix heures; mais c'est seulement à onze heures que M. Gambetta avait perdu connaissance et qu'il avait exhalé quelques faibles plaintes. Il s'est éteint, on peut le dire, sans souffrance et sans se douter que la mort était si proche. » (*République française* du 2 janvier 1883.)

dévouée, infatigable de bonté et de soins affectueux, qui a
veillé pendant trente-quatre mortelles nuits au chevet de
l'homme dont le cœur lui avait fait une si large place.
Nous connaissons cette femme à peine de nom, mais nous
devinons ce qu'elle a souffert, nous savons comment elle a
répondu aux calomnies dont on l'a abreuvée ; elle a été
tout entière à son devoir, à son amitié. Cette âme brisée
impose à tous ceux qui ont aimé et admiré Gambetta une
profonde sympathie. De loin, dans l'ombre, nous lui vouons
notre reconnaissance discrète pour les rayons de joie qu'elle
a répandus sur cette grande vie, pour les tendresses con-
solantes dont elle a réchauffé sa fin.

Joseph REINACH.

III

ACTES OFFICIELS

---

§ I

Monsieur le président,

Un grand malheur a frappé la France. Elle porte aujourd'hui le deuil d'un de ses fils les plus illustres.

Les services que M. Gambetta a rendus à son pays sont dans toutes les mémoires.

Dans les jours d'épreuves les plus douloureuses, il a porté le drapeau de la France envahie, sans désespérer d'elle, de sa vitalité, de son avenir. Il a été l'un des membres les plus éminents de ce gouvernement de la Défense nationale qui, par son énergie et son patriotisme, a du moins sauvé l'honneur de la patrie, s'il n'a pu réussir à en sauvegarder les frontières.

Pendant la période si difficile de la fondation de la République, il a, par son éloquence, par sa vigilance, par son sage et habile esprit de conduite, contribué à gagner à la cause du gouvernement nécessaire et national ces majorités qui sont aujourd'hui le ferme et inébranlable appui de nos institutions.

Citoyen dévoué, intègre, d'une intelligence si élevée et d'une âme si haute, orateur d'une incomparable puissance, cet homme ne saurait recevoir de ses concitoyens, qui l'aimaient, de trop grandes marques de l'estime et de la reconnaissance publiques.

Nous vous proposons de décréter que des funérailles nationales seront faites à M. Gambetta et que les frais de ces funérailles seront acquittés par le Trésor public.

Nous sommes sûrs, monsieur le président, en vous adressant cette proposition, de répondre aux sentiments dont vous avez été le premier interprète en apprenant cette fatale nouvelle, et d'aller ainsi au-devant des volontés du Parlement et de la Nation.

Si vous l'approuvez, nous vous prions de vouloir bien revêtir de votre signature le présent décret.

Veuillez agréer, monsieur le président, l'hommage de notre profond respect.

Paris, le 2 janvier 1883.

Le président du conseil, ministre
. des affaires étrangères,

E. DUCLERC.

Le ministre de l'intérieur et des cultes,

A. FALLIÈRES.

Le ministre des finances,
TIRARD.

§ II

Le Président de la République française,

Sur la proposition du président du conseil, ministre des affaires étrangères, du ministre de l'intérieur et des cultes, et du ministre des finances.

DÉCRÈTE :

ARTICLE PREMIER. — Des funérailles nationales seront faites à M. Gambetta.

ART. 2. — Les frais en seront acquittés par le Trésor public.

ART. 3. — Le président du conseil des ministres, le

ministre de l'intérieur et des cultes et le ministre des finances sont chargés de l'exécution du présent décret.

Fait à Paris, le 3 janvier 1883.

Signé : JULES GRÉVY.

Par le Président de la République :

Le président du conseil des ministres,

E. DUCLERC.

Le ministre de l'intérieur et des cultes,

A. FALLIÈRES.

Le ministre des finances,

TIRARD.

§ III

Le Président de la République française,

Sur le rapport du **ministre de l'intérieur** et des cultes et du ministre des finances,

Vu les articles 2, 3 et 4 de la loi du 11 décembre 1879;

Vu la loi du 29 décembre 1882, portant fixation du budget de dépenses de l'exercice 1883;

Vu le décret du 2 janvier 1883, qui décide que des funérailles nationales seront faites à M. Gambetta, aux frais de l'État;

De l'avis du conseil des ministres,

Le Conseil d'État entendu,

DÉCRÈTE :

ARTICLE PREMIER. — Un crédit extraordinaire de vingt mille francs (20,000 fr.) est ouvert au ministre de l'intérieur et des cultes pour pourvoir aux frais des funérailles de M. Gambetta.

Il sera inscrit au budget du ministère de l'intérieur et des cultes (1re section), sous le n° 56, et intitulé : « Funérailles de M. Gambetta. »

ART. 2. — Il sera pourvu à cette dépense au moyen des ressources générales du budget de l'exercice 1883.

ART. 3. — Le présent décret sera soumis à la sanction des Chambres dans la première quinzaine de leur plus prochaine réunion.

ART. 4. — Le ministre de l'intérieur et des cultes et le ministre des finances sont chargés, chacun en ce qui le concerne, de l'exécution du présent décret, qui sera inséré au *Bulletin des lois* et au *Journal officiel*.

Fait à Paris, le 3 janvier 1883.

JULES GRÉVY.

Par le président de la République :

Le ministre de l'intérieur et des cultes,

A. FALLIÈRES.

Le ministre des finances,

P. TIRARD.

§ IV

Les funérailles de M. Gambetta auront lieu samedi 6 janvier, à dix heures précises du matin.

Le corps diplomatique, les ministres, les sénateurs, les députés, les corps de l'État convoqués ou leurs délégations, le conseil municipal de Paris, le conseil général de la Seine et l'ordre des avocats se rendront à l'hôtel de la présidence de la Chambre des députés, par la cour d'honneur, rue de l'Université, 128.

Les voitures du corps diplomatique, de la Cour de cassation et des tribunaux stationneront seules dans la cour de la présidence ; les autres voitures seront dirigées sur les emplacements qui leur seront indiqués.

Les députations des municipalités des départements et les diverses délégations qui doivent faire partie du cortège se rendront, en corps, par le pont des Invalides et le quai d'Orsay, sur la place des Invalides, où des commissaires seront chargés de leur indiquer le rang qu'elles occuperont.

L'itinéraire suivi par le cortège a été fixé ainsi qu'il suit :

Pont et place de la Concorde, — rue de Rivoli, — boulevard Sébastopol, — rue de Turbigo, — place de la République, — boulevard Voltaire, — rue de Charonne, — avenue Philippe-Auguste, — boulevard Ménilmontant.

(*Journal officiel* du 5 janvier 1883.)

IV

EXTRAITS DE LA « RÉPUBLIQUE FRANÇAISE »

(1er à 7 janvier 1883)

1er JANVIER 1883. — La nouvelle de la mort de M. Gambetta ne s'est répandue à Paris que dans la matinée. Déjà, à partir de minuit, un certain nombre d'amis, informés de la perte de tout espoir, s'étaient rendus à Ville-d'Avray. MM. Isambert, Rouvier, Colani, Barrère, Joseph Reinach, Dumangin, Dépret, Ruiz, Bixio, Delpech, passèrent la fin de la nuit à la maison mortuaire.

Pendant toute la journée, les visites en nombre se succédèrent sans interruption. Sénateurs, députés, conseillers d'État, magistrats, fonctionnaires, amis connus et inconnus, sont venus s'inscrire à la maison des Jardies jusqu'à la tombée de la nuit. On a remarqué un grand nombre d'élèves de l'École polytechnique venus en escouade, d'Alsaciens-Lorrains éplorés et d'ouvriers.

Dans le courant de la matinée, M. Bonnat a fait une admirable esquisse de M. Gambetta couché sur son lit mortuaire, M. Falguière a fait procéder à un moulage du visage, et M. Carjat a tiré plusieurs photographies de notre ami. M. Bastien-Lepage a commencé plus tard un dessin de la chambre mortuaire.

M. Gambetta repose sur le lit où il a expiré et que de pieuses mains ont couvert de fleurs. La figure est d'une merveilleuse sérénité. La mort a rendu à M. Gambetta la physionomie des jours de jeunesse. L'émotion la plus vive s'est emparée de tous ceux qui ont été admis à voir M. Gambetta sur son lit de mort.

Vers quatre heures, le suppléant du juge de paix de Ville-d'Avray est venu apposer les scellés.

2 JANVIER. — Immédiatement après l'autopsie on a procédé à l'embaumement.

Un nombre considérable de personnes sont venues s'inscrire hier sur les registres déposés à la porte d'entrée. Au nom de la famille, M. Léris, beau-frère de M. Gambetta, recevait les amis et visiteurs.

De trois à quatre heures, la mise en bière a eu lieu dans la chambre mortuaire, en présence de M. Léris, MM. les docteurs Fieuzal et Liouville, MM. Spuller, Ranc, Waldeck-Rousseau, Sandrique, Thomson, Étienne, Marcellin Pellet, Emmanuel Arène, députés; MM. Joseph Arnaud, Dumangin, Reinach, Steenackers, Bastien-Lepage, Bordone, Strauss, et MM. Louis et Paul, serviteurs dévoués de M. Gambetta.

Le commissaire de police de Ville-d'Avray, ceint de son écharpe, assistait. Des médailles d'or, d'argent et de cuivre, aux effigies de la République, sont placées dans le cercueil de plomb, où MM. Chaplin, Antonin Proust et Déroulède déposent le médaillon en bronze de M. Gambetta et la médaille en argent de la Ligue des patriotes, où est représentée la figure de l'Alsace.

Au moment de fermer le cercueil, et devant les assistants en larmes, on place respectueusement un drapeau tricolore qui couvre toute l'étendue du corps.

A quatre heures, le cercueil a été descendu dans une des salles du rez-de-chaussée. Il était enveloppé dans le drapeau tricolore et disparaissait sous le feuillage et les fleurs. Au milieu se trouvait le médaillon de Mercié représentant l'Alsace. Près de 4.000 personnes ont défilé devant le cercueil. Le spectacle de cette foule recueillie et silencieuse, de ces républicains désolés, qui venaient pour la dernière fois saluer dans sa modeste demeure l'illustre serviteur de la démocratie, était imposant. Beaucoup versaient des larmes. Le défilé s'est terminé à six heures et demie.

Dans la soirée, les pompiers de Sèvres, ayant à leur tête un lieutenant, sont venus pour faire la garde d'honneur auprès du corps.

3 JANVIER. — Pendant toute la journée, le pèlerinage patriotique a continué aux Jardies. Plus de 4.000 personnes (parmi lesquelles les délégations de plusieurs arrondissements, de corporations, de l'École polytechnique),

ont défilé devant le cercueil qui, enveloppé de drapeaux tricolores, disparaissait complètement sous les couronnes, la verdure et les fleurs.

A deux heures et demie, M. Spuller est arrivé avec MM. Fallières, Devès, Camescasse, déjà venus la veille aux Jardies. MM. Étienne et Léris, qui avaient été à Paris régler les dernières dispositions, arrivaient également à ce moment. C'était l'heure du départ. Avant la levée du corps, tous les assistants s'étant rapprochés dans la pièce où reposait le grand citoyen, M. Spuller a remercié, au nom de la famille et des amis, le corps des sapeurs-pompiers de Sèvres qui a fourni la garde d'honneur et dont tous les officiers avaient tenu à assister à cette dernière cérémonie.

A ce moment, le maire de Sèvres qui, assisté de son adjoint, avait été présenté par les députés de la circonscription, MM. Journault et Maze, prononça d'une voix émue les adieux suivants, au nom de la municipalité :

MESSIEURS,

La Ville de Sèvres, qui s'honore d'avoir compté M. Gambetta parmi ses hôtes, vient, par ma bouche, apporter sur son cercueil l'expression de sa douleur et de son profond attachement à la mémoire du grand citoyen que la France et la République regretteront toujours.

Le cortège funèbre est arrivé à huit heures et demie du soir au Palais-Bourbon.

Le cercueil, venant de Ville-d'Avray, était accompagné de MM. Léris, Spuller, Marcellin Pellet, Étienne, Sandrique, Fallières, Devès, Camescasse, Waldeck-Rousseau, Caze, Liouville, Antonin Proust, Margue, Greppo, Joseph Arnaud, Ruiz, Gérard, Ordinaire, Charles Quentin, Vogeli, Maze, Delcassé, Cendre, Dumangin.

Le président de la Chambre des députés et Mme Brisson, accompagnés de MM. Ranc, Pierre Legrand, Madier de Montjau, Margaine, Martin, Nadaud, Isambert, Joseph Reinach, Barrère, Déroulède, Cornudet, Journault, docteur Fieuzal, Ferdinand Dreyfus, Bastien-Lepage, Rayet, Floquet, se sont rendus au-devant du cercueil. Les huissiers de la Chambre des députés, en grand uniforme, étaient rangés à droite et à gauche du passage.

Dès que les porteurs du cercueil sont entrés, une profonde émotion s'est emparée de toute l'assistance, et le cercueil à peine déposé dans le cabinet du président a été couvert de bouquets de fleurs et d'immortelles. M. Brisson a essayé alors de prononcer quelques paroles, mais les sanglots l'ont interrompu.

4 JANVIER. — Le cercueil de M. Gambetta a été transféré à midi, du cabinet du président de la Chambre, où il était resté pendant la nuit, dans la salle des Fêtes transformée en salle mortuaire et dont la décoration très noble et très imposante a été exécutée sous la direction de MM. Antonin Proust, Jules et Émile Bastien-Lepage, Charles Garnier, Bonnat, Becker, Falguière et Chaplin.

La translation a eu lieu en présence de M. et Mme Henri Brisson, MM. Spuller, Ranc, Proust, Étienne, Thomson, Madier de Montjau, Margaine, Liouville, Fabre, Reinach, Paul Déroulède, Arnaud de l'Ariège, Isambert, Hanotaux, Barrère, Damangin, Delot, etc.

Le catafalque a été couvert de couronnes et de fleurs. Les premières et principales couronnes ont été déposées par Mmes Jules Grévy, Brisson, Charras, Marcellin Pellet, Arnaud de l'Ariège, Liouville, Guichard, Dépret, par la rédaction de la *République française*, les voyageurs de commerce, notamment de Nevers, les huissiers de la Chambre, les employés du Palais-Bourbon.

Les fleurs et couronnes envoyées d'Alsace-Lorraine sont innombrables.

On remarque surtout celles qui sont venues des villes de Strasbourg, de Metz « à son député », de Colmar, etc.

Aussitôt la translation terminée, le public a été admis à entrer dans la salle mortuaire et à défiler devant le cercueil.

C'est par milliers que les amis du grand patriote se sont pressés autour de son catafalque. La foule de ceux qui attendaient se déroulait sur une longueur de plus d'un kilomètre et sur une largeur de 10 à 15 personnes. On ne peut évaluer au juste le nombre de ceux qui ont été admis et qui ont défilé devant le catafalque, dans le plus grand ordre et avec les démonstrations du plus touchant respect. M. Victor Hugo est venu vers trois heures, accompagné de M. et Mme Lockroy et de ses deux petits-enfants Jeanne et Georges. Le grand poète a salué le cercueil; il l'a désigné du doigt à ses enfants, en leur disant : « Là repose un grand citoyen. »

L'Union démocratique, la gauche radicale et l'Union républicaine se sont réunies à deux heures, dans différents bureaux de la Chambre.

Une même résolution a été adoptée par ces trois groupes à une grande majorité.

C'est celle d'accepter l'idée d'une réunion plénière pour décider quels honneurs seront rendus à M. Léon Gambetta.

La réunion de l'Union républicaine était nombreuse.

Elle décida, sans discussion, que son bureau devait immédiatement faire une démarche auprès de chacun des groupes républicains pour faire aboutir l'idée de la réunion plénière émise dans la presse, le matin même.

On agita ensuite la question de savoir si un discours serait prononcé sur la tombe au nom du groupe.

« *Nous sommes la famille*, a dit M. Lepère, et la famille ne parle pas. »

Plusieurs membres estimèrent que l'union désirée pourrait être plus facilement scellée avec cette concession d'un seul discours, concession qui devait coûter au groupe où M. Gambetta était inscrit.

Ce discours serait alors prononcé au nom de tous les députés républicains.

Sur une proposition de M. Liouville, questeur, le groupe décide qu'on proposera à la réunion plénière de se rendre tous, sans distinction de groupes, à l'issue de la séance, dans la salle mortuaire pour rendre ensemble un premier hommage au grand citoyen regretté de tous.

Après les démarches faites par le bureau de l'Union républicaine auprès des trois autres groupes républicains qui le reçurent immédiatement, la réunion plénière eut lieu à trois heures.

L'Union démocratique, la gauche radicale, l'Union républicaine, y assistèrent officiellement; les députés étaient en très grand nombre.

L'extrême gauche avait décidé que ses membres gardaient leur liberté; 14 ou 15, parmi lesquels MM. Lockroy, Georges Perin, Madier de Montjau, etc., assistaient à la réunion plénière.

Les décisions de cette assemblée, qui a été présidée par M. Lepère, assisté de M. Bastid, secrétaire, furent les suivantes :

« Assister aux obsèques en corps et avec les insignes;

« Faire à l'issue de la séance la démonstration d'honneur devant le corps de M. Gambetta;

« Demander à M. le président Brisson de prendre la parole au nom de tous les députés républicains. »

Après ce vote, M. Rane, au nom d'un grand nombre de ses amis, a prié M. Madier de Montjau de parler au nom de la majorité républicaine, en dehors du discours de la Chambre. M. Madier de Montjau a décliné cet honneur, trouvant que le choix de M. Brisson dans les circonstances actuelles lui paraissait souhaitable et qu'un seul discours suffisait.

La réunion plénière décida finalement qu'une démarche en ce sens serait faite près du président de la Chambre, pour l'inviter à prononcer au nom de ses collègues républicains l'éloge funèbre de M. Gambetta.

A quatre heures, en vertu d'une décision prise dans une réunion plénière, tous les députés républicains présents au Palais-Bourbon, au nombre d'environ 300, ont défilé devant le catafalque de M. Gambetta. Presque tous les membres du Gouvernement y ont assisté.

6 JANVIER. — Nous publions avec empressement la communication suivante :

« *A la famille et aux amis de M. Gambetta*

« L'Alsace et la Lorraine réclament l'honneur d'élever à Gambetta un monument sur sa tombe.

« Nous devons cet hommage à notre ancien représentant, au membre du gouvernement de la Défense nationale, au grand patriote qui, plus que tout autre, représente à nos yeux le dévouement sans bornes à la France.

« Il nous a appris à ne jamais désespérer de la patrie, et, dans la nouvelle épreuve que nous traversons, nous nous inspirerons de son patriotisme, de sa foi invincible dans le triomphe de la justice et du droit. Nos espérances restent attachées à sa mémoire, comme elles étaient liées à sa vie. Vous nous permettrez de rendre un suprême hommage à celui qui a tant fait pour nous défendre et qui eût tout fait pour nous délivrer.

« Les délégués des groupes alsaciens-lorrains :

> « Alfred Blech, E. de Bouteiller, L. Dusacq.
> V. Ehrsam, R. Fritsch, Prosper Germain,
> Gerschel, Edouard Heim, Kœchlin-Schwartz,
> Lachaise, Paul Leser, Charles Risler Schac-
> delin, Ad. Sée, Siegfried, L. Sick, Ed. Sie-
> becker, Alfred Staehling, docteur Thorens,
> Triponé, Verpillot, Woirhaye. »

V

COMPTE RENDU DES OBSÈQUES

(*République française* du 7 janvier 1883)

La dernière veillée du cercueil de M. Gambetta a été faite hier, au Palais-Bourbon, par les principaux délégués des villes d'Alsace-Lorraine qui avaient demandé comme une faveur de rendre ce suprême hommage au chef de la Défense nationale en province.

Jusqu'à une heure avancée de la nuit, des couronnes et des bouquets sont arrivés au Palais-Bourbon en nombre considérable. Le *Temps* d'hier évalue à 8,000 les couronnes qui ont figuré hier aux obsèques de M. Gambetta. Sur toutes ces couronnes, le nom de M. Gambetta était accompagné de ces mots : *Au patriote, Au grand patriote*.

Pendant que les 300 commissaires s'occupaient de l'organisation du cortège funèbre, MM. Jules et Émile Bastien-Lepage, Becker, Williamson et Haquette travaillaient au garde-meuble, avec le concours de M. Antonin Proust, à la décoration du sarcophage et des chars funèbres. On avait pensé d'abord, et nous regrettons que cette proposition n'ait pas été admise, à remplacer le corbillard par une prolonge d'artillerie. Le sarcophage qui a servi hier n'en a pas moins été de l'aspect le plus noble et le plus imposant.

C'était le corbillard de grande cérémonie dont la partie supérieure avait été sciée de manière à en faire une plate-forme d'où tombaient des draperies noires sur un lambrequin brodé d'argent. Sur les bords de la plate-forme, les couronnes envoyées par les villes de Metz et de Thann (la magnifique couronne de Strasbourg a été portée par les délégués d'Alsace), et les bouquets envoyés par Mme Arnaud

de l'Ariège, Mme Gérard et la rédaction de la *République*.
Sur la plate-forme, une petite estrade tendue de velours.
Sur les coins, quatre urnes d'argent voilées. Sur la plate-
forme, une petite estrade de velours violet. Sur l'estrade
un sarcophage noir, semé de larmes d'argent et tendu d'un
drapeau tricolore voilé d'un crêpe. Sur le sarcophage, trois
grandes palmes vertes, et entre ces trois palmes, accrochée
à un coin du sarcophage, une couronne d'immortelles rou-
ges envoyée par un village d'Alsace.

Toutes les autres couronnes ayant figuré autour du catafalque du Palais-Bourbon avaient été chargées sur trois
grands chars ou confiées à 80 porteurs des pompes funèbres. Quelques-unes, parmi les plus belles, avaient été
envoyées par les colonies françaises du Caire, d'Alexandrie,
de Tunis, de Constantinople et de New-York, par la plupart
des colonies étrangères, etc. Le roi de Grèce avait chargé
par dépêche son ministre à Paris, le prince Mavrocordato, de
déposer sur le cercueil de Gambetta une grande couronne.

A huit heures du matin, le cercueil qui renferme la
dépouille mortelle de M. Gambetta a été retiré une première fois du catafalque. Une plaque en argent, portant la
date de la mort du grand patriote, y a été clouée en présence des amis qui avaient fait la dernière veillée du corps.

Dès neuf heures, pendant que les délégations innombrables de Paris et des départements se massaient, avec les
délégations d'Alsace-Lorraine, sur l'esplanade des Invalides,
les invités du premier groupe entraient au Palais-Bourbon,
où ils étaient reçus par M. Léris et M. Spuller. Le corps
diplomatique, les ministres, les bureaux des deux Chambres, tous les commandants des corps d'armée convoqués
par M. le ministre de la guerre, le Conseil d'État, la Cour
des comptes, la Cour de cassation, la Cour d'appel, etc., etc.,
ont successivement pris place dans la salle mortuaire.

Jusqu'au dernier moment, les commissaires ont laissé
pénétrer les délégations qui apportaient des couronnes. Un
maire d'une commune suburbaine est arrivé avec son
bataillon scolaire au milieu d'une touchante émotion.

A dix heures précises, on a ouvert la grande grille du
Palais-Bourbon; le canon des Invalides a tonné, les tam-
bours voilés ont battu aux champs et le cercueil de
M. Gambetta a été porté au sarcophage qui l'attendait sur le

quai d'Orsay. La façade extérieure du palais législatif était
voilée de tentures noires surmontées de faisceaux de drapeaux, et un grand crêpe noir, sur la proposition de
M. Bastien-Lepage, avait été jeté en écharpe sur toute la
colonnade.

L'effet de ce grand crêpe était saisissant. On a regretté que
certains ordres l'aient fait enlever une heure après le
départ des délégations.

En tête du cortège, avant le char funèbre, les deux
comités républicains radicaux du XXᵉ arrondissement de
Paris portaient une grande palme avec le médaillon de
Gambetta, œuvre de notre ami Lebègue ; le comité républicain de Marseille, qui avait eu l'honneur, avec le comité
de Belleville, d'ouvrir la carrière politique à M. Gambetta,
et les deux rédactions, au grand complet, de la *République
française* et de la *Petite République*, avec les équipes, portant d'énormes couronnes.

Le char était traîné par six chevaux noirs, caparaçonnés
de drap noir étoilé d'argent.

Les cordons du char étant tenus à droite par :

MM. Paul Devès, ministre de justice ; Barne, sénateur des
Bouches-du-Rhône ; Gérard, maire du XXᵉ arrondissement
de Paris ; Grosjean (de Belfort) ; Gustave Isambert, rédacteur en chef de la *République française* ;

A gauche, par :

MM. le général Billot, ministre de la guerre ; Lepère, vice-
président de la Chambre ; Sirech, maire de Cahors ;
Dr Métivier, président du comité républicain du XXᵉ arrondissement, et Falateuf, bâtonnier de l'ordre des avocats.

Derrière le cercueil venaient immédiatement les deux
domestiques de M. Gambetta, les fidèles Louis et Paul, et un
ancien serviteur également dévoué, François.

Le deuil était conduit par M. Léris et le jeune Léon
Jouinot, fils du premier mariage de Mᵐᵉ Léris, accompagnés
par MM. Spuller, Rane, Challemel-Lacour, Cazot, Paul Bert,
Antonin Proust, Sandrique, Étienne, Dr Fieuzal, Dumangin,
Arnand de l'Ariège, Reinach, Cendre, Arène et Ruiz.

M. Grévy s'était fait représenter par le général Pittié,
accompagné du colonel Brugère et du commandant
Lichtenstein. Tous les ministres suivaient, à l'exception de
M. Duclerc et du vice-amiral Jauréguiberry, malades. Le

corps diplomatique était au complet, ainsi que le Conseil d'État, le conseil de l'ordre de la Légion d'honneur, la Cour de cassation, la Cour des comptes, le Conseil supérieur de l'instruction publique, les municipalités de Paris, le corps académique, etc., etc.

Il y a eu plus de 500 députés et sénateurs.

Les conseillers municipaux de Paris et les conseillers généraux de la Seine étaient fort nombreux. La délégation de l'ordre des avocats était suivie d'un certain nombre d'avocats en robe. Près de 3,000 officiers s'étaient joints aux autorités militaires déléguées. Toute l'École polytechnique a assisté aux obsèques.

Deux cent cinquante places avaient été réservées aux amis particuliers de M. Gambetta.

Tous les journaux républicains avaient envoyé de très belles couronnes.

L'aspect de la place de la Concorde était magnifique : une foule immense occupait tout le devant de la place, les avenues et rues avoisinantes, la terrasse des Tuileries, le balcon du ministère de la marine et du garde-meuble. Des centaines d'individus avaient grimpé aux candélabres de gaz, dans les arbres et sur les statues des villes de France, à l'exception de la statue de Strasbourg que les Alsaciens-Lorrains avaient, dans la nuit d'avant-hier, pieusement voilée de noir. Un majestueux recueillement planait sur toute cette foule. Les musiques jouaient la *Marseillaise*.

Il est impossible d'imaginer un spectacle plus noble ni plus touchant.

Une question grave avait été débattue depuis plusieurs jours : le cortège funèbre prendrait-il la voie des grands boulevards ou celle des rues Rivoli, Turbigo et de Charonne pour aller au Père-Lachaise ? Celle des grands boulevards avait été toujours suivie par les cortèges solennels. Mais les boulevards sont encombrés par les petites baraques élevées à l'occasion du Jour de l'an. Cet encombrement pouvait donner lieu à des accidents. Le préfet de police déclara qu'il y avait là un danger qu'il était impossible d'affronter. Il y eut quelques protestations. Il est manifeste aujourd'hui que M. Camescasse a eu parfaitement raison, d'abord parce que l'inspection attentive des boulevards a démontré que le trajet par cette voie eût été réellement dangereux; ensuite parce que le trajet d'aujourd'hui a véritablement conduit le cortège à travers quelques-uns des quartiers les plus chaleureusement patriotiques et républicains.

Le service d'ordre organisé par M. Camescasse et M. Caubet a été parfait.

A mesure que l'immense cortège se développait dans la rue de Rivoli, les milliers de spectateurs qui bondaient les fenêtres, qui se pressaient sur les trottoirs et qui étaient entassés sur les terrasses ont pu juger combien la douloureuse impression produite dans toute la France par la mort de M. Gambetta a été profonde. C'était une véritable fédération de tous les départements qui défilait dans les larges voies populeuses, émue, recueillie, absorbée dans une seule pensée de deuil patriotique. Il y avait là, comme nous l'avons dit, toute l'École polytechnique dont le passage était salué par les cris fréquents de : *Vive la République!* et chaque fois que ce cris était poussé, tous les élèves se découvraient et saluaient. Il y avait l'École de Saint-Cyr. Il y avait les innombrables délégations d'Alsace portant les plus belles couronnes, celle de Strasbourg au premier rang, et les délégations de Lorraine conduites par notre cher et vaillant ami Antoine. Puis, la jeunesse des écoles, les élèves de l'École centrale avec deux grandes couronnes de roses, les étudiants de Paris, ceux de Nancy et de Montpellier, chargés de fleurs; l'Union française de la jeunesse avec une immense couronne : « *Au grand patriote* »; l'Association polytechnique dont Gambetta était le président d'honneur, la Société amicale des professeurs, l'Association des membres de l'enseignement, l'École des hautes études commerciales, l'École normale, l'École des arts et métiers, l'École des mines, tous les lycées; le lycée Louis-le-Grand avec cette couronne : « A l'homme de la revanche », l'Union fédérale des Sociétés de gymnastique avec 23 bannières, les loges maçonniques en très grand nombre.

Nous devons forcément passer nombre de délégations également remarquables. Mais l'espace nous manque. Il faut nous contenter de leur adresser à toutes l'expression de notre reconnaissance pour leur noble manifestation.

Les départements avaient envoyé plus de 500 délégations, dont plusieurs comptaient des centaines de mem-

bres. Ces délégations, précédées par celles de l'Alsace-
Lorraine, avaient été rangées dans l'ordre le plus parfait,
grâce à l'habile et active direction de M. Strauss. Elles ont
conservé cet ordre pendant toute la journée. Leurs couronnes, leurs bouquets et leurs drapeaux attiraient l'attention de tous. La délégation de Bayonne portait une couronne de roses et de lilas traversée par deux palmes d'argent massif qui entouraient l'inscription : « La démocratie
bayonnaise à Léon Gambetta! » Ces palmes nous ont été
remises par MM. Haulon, maire, de Lavergne et Larribière,
conseillers municipaux, pour être données à la famille. Les
délégations de Lyon, du Havre, avec une vaste couronne
d'immortelles jaunes, de Dieppe, de Lille, de Douai, de
Dunkerque, de Bordeaux, de Marseille, de Roubaix, de
Cambrai, de Besançon, de Versailles, de Rennes, de Châteaudun, de Tours, de Honfleur, de Saint-Germain, de Cham-
béry, d'Aix, d'Annecy, de Toulouse, de Perpignan, etc., etc.,
ont excité également sur tout le parcours une vive émotion.
La délégation de Cahors, conduite par le préfet du Lot,
M. Graux, portait une couronne avec cette inscription :
« A M. Gambetta, ses amis d'enfance. »

L'une des couronnes les plus remarquées a été celle de
l'Algérie, que MM. Thomson, Étienne, Treille, députés;
Lesueur, conseiller général, et un grand nombre d'Algé-
riens, avaient mission de déposer sur la tombe de Gambetta
au nom des républicains de nos trois départements d'outre-
mer. Au-dessus de la couronne immense toute formée de
violettes et de camélias blancs flottait un drapeau tricolore
en fleurs naturelles; tout autour, des plantes vertes d'Algérie. Au-dessous, des cartouches portant les noms des villes
dont les adresses de regrets et de douloureuse sympathie
étaient parvenues : Oran, Constantine, Batna, Alger, Bône,
Tlemcen, Philippeville, Mostaganem, Sétif, Perregaux,
Arsew, Sidi-bel-Abbès, Aïn-Temouchent, Saint-Denis-du-
Sig, Guelma, Biskra, Souk-Ahras, Bougie, Bizot, etc. Sur
un large crêpe noir brodé d'argent se trouvaient ces mots :
« L'Algérie à Gambetta! »

C'est surtout à partir de la rue Turbigo, à travers toute
cette grande voie, à la place de la République, au boulevard Voltaire, puis dans ce XXe arrondissement dont les
délégations, au nombre de 4,000 personnes, portaient

les plus belles couronnes ; rue de Charonne et boulevard Philippe-Auguste, c'est dans tous ces quartiers si
passionnément épris pour la République et la démocratie,
que la marche du cortège a présenté un magnifique et
inoubliable spectacle. On ne saurait évaluer le concours de
la population dans ces quartiers. Tout Paris s'y était porté,
soit pour figurer dans le cortège, soit pour y voir défiler
les délégués de toute la France. Des fenêtres bondées, les
femmes et les enfants jetaient sur le cortège des pluies de
fleurs et d'immortelles. Des ouvriers, à la porte des chan-
tiers fermés, pleuraient à chaudes larmes.

Les magasins étaient clos. Le cortège officiel a été assurément le plus imposant qui ait défilé jamais dans les rues
de Paris. Mais jamais non plus manifestation de deuil
populaire n'a été égalée par celle dont nous avons été hier
les témoins émus et reconnaissants...

Les troupes formant avant-garde arrivent au cimetière
à une heure et quart.

La porte principale et l'hémicycle sont entièrement recouvertes de tentures de deuil relevées de franges d'argent.
Trois faisceaux de drapeaux décorent l'entrée et les deux
murs latéraux. Aux extrémités de l'hémicycle, sur le faîte
de la muraille, sont placés deux trépieds en bronze où
brûlent de grandes flammes projetant leurs lueurs éclatantes sur le fond gris du ciel.

Le cimetière est gardé militairement par des compagnies
de la garde municipale de Paris. L'accès en est formelle-
ment interdit au public, afin d'éviter les graves inconvénients qui résulteraient de l'encombrement.

Au moment où paraît le char funèbre, les tambours et
les clairons battent et sonnent aux champs, les troupes
échelonnées sur le boulevard présentent les armes.

Le cercueil contenant les restes de Gambetta est descendu
du catafalque et placé sur une estrade basse disposée
devant la porte d'entrée.

La famille et les amis, le représentant du président de
la République et sa maison militaire, les ministres, le Sénat
et la Chambre se rangent autour de la bière, près de laquelle a été préparée une tribune décorée de draperies
noires et argent.

M. Brisson, président de la Chambre des députés, prend

le premier la parole, et, au milieu de la plus profonde
émotion, adresse un dernier adieu dans les termes suivants
à son illustre prédécesseur :

DISCOURS DE M. BRISSON

MESSIEURS,

La majorité républicaine m'a prié de parler en son nom
sur la tombe de mon illustre prédécesseur, de celui qui
dirigea, trois années, les travaux de la Chambre des députés.

Jamais je n'ai senti plus sincèrement le poids de ma
tâche. Il est défendu, je le sais, au milieu de ce deuil
national, auquel ont pris part, avec une courtoisie dont je
les remercie, les représentants des gouvernements étrangers, il est défendu de songer à sa propre douleur. Laissez-
moi vous dire, cependant, qu'elle opprime ma pensée au
point de me rendre incapable de célébrer Gambetta comme
il le mérite.

Depuis trois jours que sa dépouille mortelle est entrée
sous le toit que j'habite, j'essaye en vain de rassembler
cette prodigieuse histoire pour vous la présenter dignement.
La France pleure un fils passionné pour sa gloire ; la tribune
est en deuil ; toute une génération, la mienne, se sent, pour
ainsi dire, frappée à la tête ; mais nous sommes plusieurs
ici qui, comme on l'a fort bien dit, mettons en quelque
sorte au tombeau ce qu'il y a eu de plus généreux, de plus
vivant, de plus vibrant, de plus jeune dans notre propre
jeunesse.

Ce n'est pas la moitié de notre âme qui s'en va, c'est
davantage encore ; des devoirs nous restent : nous tâche-
rons de les remplir ; mais ce chant héroïque qui était la
poésie de nos luttes depuis bientôt quinze ans, qui faisait
le triomphe plus joyeux et qui ennoblissait la défaite, nous
ne l'entendrons plus.

Aussi bien, ô mes amis, vous qui vous rappelez avec moi
le Gambetta d'il y a plus de vingt années, pourquoi ne
parlerions-nous pas de cette grande amitié de notre jeunesse si, dans les raisons qui nous l'ont fait former, nous
trouvons le secret de la grande puissance de Gambetta sur

les hommes? Et pourquoi me servir de ce mot de « secret »
lorsque je parle précisément de cet incomparable don de se
livrer que possédait notre ami? N'est-il pas vrai que la première fois que vous avez vu Gambetta vous avez été captivés, que vous vous êtes juré de le revoir, que vous l'avez
depuis lors invinciblement recherché? Ce n'était point
seulement à cause de cette merveilleuse éloquence qu'il
répandait sur tous les sujets, dans le particulier comme en
public, mais surtout à raison de cette cordialité chaleureuse,
de cette familiarité enchanteresse, de cette ouverture
d'esprit et de cœur qui sont les qualités les plus charmantes
de notre race et que nul n'a portées à un aussi haut degré.
Nos réunions et nos controverses étaient comme illuminées
par cette robuste bonne humeur étrangère à toute vulgarité
et qui n'était chez lui que la forme la plus haute et la plus
aimable à la fois de la vaillance du caractère. Oui, cette
nature si puissamment communicative; oui, cette large
poitrine sous laquelle on voyait battre pour ainsi dire tous
les sentiments généreux; oui, tout cela était fait pour les
grandes passions, pour les fortes amours. Ce cœur était
voué d'avance à la démocratie et à la patrie. Vienne l'occasion d'entrer en contact avec le peuple, et le peuple l'accla-
mera! Surgisse une crise nationale, et la France ira à lui
comme on va au drapeau!

Aussi, comme nous fûmes heureux lorsque nous apprîmes
que Gambetta, si bien connu de nous, apprécié déjà de
plusieurs maîtres du barreau mais ignoré du grand public,
avait enfin rencontré une cause à sa taille! Quel éclat que
cette affaire Baudin! Quel événement que cette harangue
dont quatorze années seulement nous séparent! Avec quel
enthousiasme nous l'enlevions dans nos bras de ce prétoire
dont il avait fait la plus retentissante des tribunes! Notre
ami désormais appartenait à l'histoire.

Quelle destinée brillante et tragique! De combien de
facultés diverses au point de paraître inconciliables Gambetta
n'a-t-il pas fait preuve dans cette carrière si courte et si
pleine? A peine les échos tumultueux de l'affaire Baudin
s'étaient-ils apaisés, que le grand orateur faisait au Corps
législatif ce discours sur le plébiscite, véritable chef-d'œuvre
de philosophie politique, où il exposait la théorie de la
République avec rigueur et en même temps avec la souplesse

d'élocution nécessaire pour être entendu de cette Assemblée. Et depuis, dans ses nombreux discours d'affaires que les Chambres ou les commissions ont entendus, que de précision dans l'étude, que de maturité dans les connaissances!

Son aptitude aux problèmes différents dont se compose l'art de gouverner se manifestait déjà dans sa jeunesse; lorsque nous collaborions au même recueil périodique, Gambetta se montrait passionné pour les questions militaires. Sans se croire prédestiné sans doute à l'effroyable tâche qui l'attendait bientôt, il sentait là l'un des éléments nécessaires de la grandeur nationale: il ne l'a jamais négligé.

La catastrophe approchait. Un conflit international provoqué dans de fâcheuses conditions diplomatiques, la France isolée et surprise, une guerre mal préparée, plus mal conduite; nos armées perdues ou livrées, nos forteresses tombées, Paris assiégé, toutes ces tragédies fondant sur nous en quelques semaines, voilà ce que notre génération devait voir à peine arrivée à l'âge mûr.

Douloureuse histoire et trop dure à rappeler pour qu'on y puisse insister!

Cette histoire, hélas! ceux qui, comme nous, étaient enfermés dans Paris ne l'ont même pas vécue! Le jour où vous partîtes, Gambetta et Spuller, depuis trois semaines déjà nous étions séparés de la France. Ce n'est que par de rares nouvelles, toujours écourtées, toujours incertaines, souvent tardives, que deux millions et demi de Français apprenaient ce que devenait la patrie. Avec quelle fiévreuse attente Paris, tout haletant de patriotisme et d'espoir, attendait ces dépêches! Trois semaines plus tard, la France avait une armée en marche; huit jours encore, et la fortune semblait sourire à nos armes; mais la trahison, l'infâme trahison, s'en mêlait; l'écrasement recommençait; malgré la formation de nouvelles armées et de premiers succès au Nord et à l'Est, la fatalité née des premiers revers était la plus forte. Toutes ces choses, nous ne les avons sues que plus tard, nous ne les avons apprises dans leurs détails, nous autres, que comme on apprend une histoire étrangère, hélas! Et comment les avons-nous sues tout d'abord, ô pitié! Par les accusations dirigées contre celui, contre ceux qui n'avaient pas désespéré de la France. Oui, ce sont ces

accusations qui nous ont donné la soif de savoir et l'occasion d'admirer. La France, abattue par ses malheurs,
manquait de justice envers elle-même, et ce sont des
militaires étrangers qui n'ont pas craint de dire qu'alors
elle avait fait des miracles. Soyez bénis, vous, Gambetta;
vous, Chanzy, que la mort vient de frapper presque en
même temps, comme si elle avait juré de faucher du même
coup de tranchant les héros de notre légende nationale et
militaire; vous, Faidherbe, qu'un mal impitoyable éloigne
de l'action! *Gloria victis!* N'est-ce point vous qu'emporte
vers les régions éthérées le génie de bronze enfanté par un
grand artiste? Ces funérailles le montrent assez : la France,
quoi qu'on en ait dit, n'adore pas que la victoire. Non, ce
n'est point un peuple ingrat. Vous lui avez légué et l'honneur et l'espérance; il fera valoir votre héritage.

Gambetta s'était jeté dans la fournaise avec tout ce qu'il
avait d'énergie, de volonté, de confiance et d'ardeur. Qu'il
en soit trois fois glorifié. Non, il n'est pas vrai que la
France eût jamais pu songer à céder sans avoir lutté jusqu'à
la dernière heure; la France voulait combattre, et c'est de
cette union de sentiments entre elle et le patriote qui n'a
pas voulu désespérer qu'est née la grande popularité de
Gambetta, popularité qui survécut à la défaite, que salue
aujourd'hui un peuple désolé, popularité qui survit à la
mort, et qui, demain, se nommera la gloire. Fût-il exact
cependant que la France eût un instant connu la défaillance
et que Gambetta l'eût rendue à elle-même, il faudrait l'en
glorifier davantage encore; mais non, la France et Gambetta se sont trouvés d'accord pour nous garder un drapeau,
pour nous conserver l'honneur, pour que nous puissions
regarder d'un œil ferme ces trois couleurs dont voici notre
grand mort enveloppé.   .

Comment d'ailleurs expliquer l'universelle douleur où la
France est plongée si ce grand citoyen n'avait eu, grâce à
cette faculté puissante d'entrer en communication avec
l'âme des masses, le don et la fortune de sentir et de penser
comme la nation elle-même aux heures de ses grandes
crises? Après le 24 mai, lors des élections de 1876; après
le 16 mai, tour à tour prudent et hardi, toujours résolu, se
pliant aux nécessités du jour, capable de nous entraîner
aux entreprises les plus énergiques, y réclamant pour sa

part, je puis le dire, le poste le plus périlleux ; préférant des solutions moins hasardeuses et contribuant à les assurer par son audace même, en toutes ces occasions, au milieu de tous ces périls, à travers ces difficultés, parmi ces écueils, Gambetta n'a cessé de représenter l'idée nationale du moment dans la politique intérieure comme il avait personnifié la résistance à l'étranger. Son langage et sa conduite ont été *l'expression de la conscience populaire.*

Sa conduite, ai-je dit, et, en effet, son éloquence, bien qu'il ait été le plus grand orateur de son temps et qu'il soit malaisé même de trouver qui lui soit comparable pour la variété des ressources, son éloquence n'était pas sa faculté maîtresse. Elle n'était qu'un instrument admirable, mais l'instrument assoupli d'une raison pénétrante et d'une intelligence accoutumée elle-même à poursuivre un but à travers les nécessités souvent changeantes de la politique. Même ses adversaires, même ceux qui, placés moins loin de lui, pouvaient différer d'avis sur la conception première et le taxer d'erreur, même ceux-là ne pouvaient méconnaître l'application avec laquelle il savait et discipliner sa propre action et grouper toutes les forces à sa portée pour marcher du pas qui convenait le mieux et les diriger avec sécurité vers le résultat cherché. Son activité politique et parlementaire s'est exercée sur deux périodes bien différentes en apparence, mais où le même dessein l'inspirait, où les mêmes règles le guidaient : l'une, la période toute de patience, moins connue du public, peut-être plus féconde pourtant en dangers aussi réels, moins faciles à surveiller, avec moins de forces dans la main pour les conjurer, c'est le temps de l'Assemblée nationale; l'autre, la période qu'on pourrait dire héroïque, la lutte contre le gouvernement du 16 mai, plus dramatique et plus sonore, illustrée par ce dilemme prophétique et vainqueur dont les deux termes devaient se réaliser l'un après l'autre : Se soumettre ou se démettre. Celle-ci l'a fait plus populaire, et ce sentiment est juste parce qu'il y a déployé des qualités plus éclatantes qui se font mieux voir et, parmi elles, cette qualité si française et pour laquelle encore notre nation devait tant l'adorer : le courage que rien ne fait reculer. Mais j'ai connu de nos ennemis qui pensaient que, durant la première de ces deux époques, Gambetta leur avait peut-être fait

plus de mal, avait davantage désorganisé leurs forces si
considérables alors et, dans tous les cas, constitué celles
qui devaient plus tard assurer notre triomphe et rendre
tous les assauts impuissants.

Quant à l'orateur, il était connu de tous ; ce n'est pas
seulement la tribune officielle qui l'a entendu ; il a prodigué
partout sa parole avec sa vie, hélas ! se donnant tout
entier, soit pendant ces périodes électorales où la victoire
du moins ne l'a jamais trahi, puisque les majorités crois-
santes ont sans cesse couronné les efforts des républicains,
soit durant ces heures sombres de la lutte contre la réaction,
allant du Nord au Midi, de l'Est à l'Ouest, communiquer à
tous la confiance dont il était lui-même rempli.

Quelle action il exerçait ! Comme la France, en lisant ses
harangues, se sentait vivre de la même vie, palpiter des
mêmes espérances, des mêmes résolutions ! Il l'aimait d'un
amour si profond, il la comprenait si bien, il avait l'intuition
si nette de ses aspirations à l'heure où il parlait, que son
verbe excitait partout le même applaudissement, provoquait
en tous lieux les mêmes ardeurs généreuses. C'était comme
une fédération qui se faisait sur ses pas !

Loin de moi la pensée de tenter sur cette tombe un portrait littéraire de cette éloquence ; aussi bien, tout en
parlant magnifiquement, ne parlait-il pas pour bien dire.
Il ne parlait que pour agir, pour servir la République et la
France, qu'il confondait dans une même passion. Et pourtant, comme il aimait son art ! Comme ce grand parleur
savait écouter ! Comme il goûtait un bon discours ! Comme
il jouissait des succès d'autrui ? Quel encouragement
quand son œil attentif et toute sa personne penchée en
avant venaient prouver à l'orateur que lui aussi faisait
bonne besogne ! Non, ce n'est point un trait déplacé que de
rappeler ici qu'il a été pour toute une pléiade d'hommes le
plus affectueux des conseillers et des camarades.

Semblable à tous les orateurs de race, il n'était jamais
plus éloquent que dans la familiarité ; non point que sa
conversation ne sût se plier, avec une variété et une souplesse infinies, à tous les sujets et à tous les interlocuteurs ;
il n'y a pas eu de causeur plus simple et plus charmeur ;
mais son génie traversait toujours ses entretiens.

Que de fois, dans les réunions de l'ancienne Union répu-

blicaine de l'Assemblée nationale, nous l'avons entendu,
soudainement inspiré, prononcer de ces allocutions que
personne n'a recueillies et qui égalaient ses plus grandes
manifestations oratoires. Parmi les sénateurs et les députés qui m'entourent, j'en aperçois que j'ai vus pleurer et
frémir en l'écoutant dans ces réunions où nous entrions si
souvent pleins d'angoisses ou d'incertitudes et d'où nous
sortions toujours ranimés ou raffermis par lui.

École difficile et pénible sans doute que cette Assemblée
de Versailles, mais école profitable, après tout, comme le
sont presque toujours les périls et les difficultés. Nous y
avons ressenti bien des colères, nous y avons connu bien
des heures douloureuses, mais nous y avons aussi connu le
bon et le rude combat, nous y avons appris toute la
valeur de l'union entre les républicains, de la conciliation
véritable : non pas celle qui est dans les mots, mais celle
que l'on assure soi-même en consentant et en exigeant
toutes les concessions honorables.

Ah! tenez, je vous parlais, il y a un instant, de fédération, de l'accord que Gambetta savait cimenter entre
toutes les bonnes volontés de la France républicaine; eh
bien! cette fédération, elle se retrouve ici, hélas! autour
de son cercueil. Ah! du moins que ce sublime élan de la
reconnaissance d'un peuple en larmes ne soit pas perdu!
La France est accourue ici, Messieurs; elle est représentée
par des délégués de tous les départements, de toutes les
communes, par nos frères venus de ces provinces si chères
pour saluer, entre les plis du drapeau tricolore, celui dont
elles ne cessaient d'occuper la pensée.

Oui, la France est là, toute la France telle que la chéris-
sait ce grand cœur : elle nous parle par sa seule présence,
sa voix nous dit à tous :

« Citoyens, et vous mandataires de la nation souveraine,
depuis douze ans, je n'ai qu'une pensée et eu qu'une volonté :
asseoir le gouvernement républicain, le seul que je juge capable de présider au relèvement de ma fortune obscurcie. Cette
volonté, je l'ai manifestée dans toutes les élections avec une
intensité croissante. J'ai transformé tous les pouvoirs
publics, j'ai fait dans les Chambres des majorités nombreuses, et compactes si elles le veulent.

» Il n'est pas jusqu'aux instruments disposés par les

ennemis de la République que je n'aie tournés à son profit. Je n'ai pas un instant failli.

« J'ai été fidèle à moi-même. Soyez-moi fidèles à votre tour. Je ne vous demande pas l'impossible. Je vous demande d'être unis comme vous l'avez été si longtemps. Votre rôle est précisément de dégager de mes aspirations et de mes vœux ce qui peut être successivement réalisé.

« Cet arbitrage est votre mission même. J'ai perdu le plus glorieux de mes fils, n'oubliez pas que vous êtes les dépositaires de ce qui me reste d'espérances ! »

Voilà, Messieurs, ce que nous demande la France assemblée autour de ce tombeau.

La grande figure de Gambetta disparaît. Nous ne nous en consolerons jamais, je l'ai dit ; une corde en nous s'est brisée, elle ne vibrera plus.

Une grande force est perdue, une grande force nationale. J'y consens et je le proclame : ces forces-là, ce sont les nations qui les créent, c'est le génie d'un peuple qui pense, qui veut et qui agit par ses grands serviteurs ; mais une fois qu'ils sont investis ainsi de la confiance publique, que leur physionomie s'est constituée, qu'ils ont acquis le respect et l'influence, que leur nom s'est propagé, ils rendent à la nation partie de ce qu'ils ont reçu d'elle.

L'histoire en fait foi : les noms de Washington, de Jefferson, de Lincoln ne brillent-ils pas sur la gloire de la République américaine comme les étoiles sur son étendard ? Eux aussi, à de certains moments, les uns avec plus d'éclat, les autres avec plus de modestie, ils ont été comme l'âme de la patrie.

La politique, sous ce rapport, ne diffère de l'histoire qu'en ce que nous en apercevons l'ensemble plus confusément ; mais tous ces citoyens qui nous entourent, qui sont venus de tous les points de la France, ils ont bien senti sans hésiter quelle large blessure faisait à notre flanc ce coup de Jarnac de la mort.

Lisez la presse étrangère, elle vous en apprendra peut-être davantage encore ; celle des peuples qui nous sont sympathiques comme celle des partis que nous connaissons plutôt par leurs sévérités à notre égard ; mais je ne veux parler que de nous, que de ce concert unanime de regrets. N'est-il pas vrai qu'en songeant aux années 1873, 1875,

1876, 1877. chacun de nous se dit qu'indépendamment des
bienfaits de son action quotidienne, Gambetta, par sa
virilité sans défaillances, était l'homme des grandes crises,
le guide et le porte-drapeau qui nous avait toujours
conduits à la victoire?

Ces souvenirs seuls, cette accumulation de services, ces
habitudes de confiance, cette autorité morale reconnue,
cette pénétration intime et profonde de la vie de Gambetta
et de l'existence nationale depuis 1870; oui, tout cela faisait
qu'il était pour nous, au dedans et au dehors, une de ces
forces qui ne se remplacent pas. Ah! du moins, lorsque
ces brillantes destinées s'achèvent, lorsqu'elles ont donné
tout ce que l'on pouvait attendre d'elles, les générations
qui les voient s'évanouir et qui pleurent, trouvent dans la
généralité de cette loi commune une sorte de consolation,
la douleur pèse encore sur l'imagination du peuple, mais
la fatalité semble moins lourde.

Gambetta nous est pris à 40 ans, en pleine vie, en pleine
force, soudainement, par un accident que tous, jusqu'au
dernier moment, nous avons cru sans portée.

Sommes-nous donc destinés à ne pas sortir des tragédies?

Est-ce à dire que nous puissions songer à perdre l'espérance? Non, mes amis! non, Messieurs!

Et que dirait ce grand cœur dont les battements ont
cessé, de quel exemple aurait été pour nous cet homme à
l'espoir indomptable, si notre douleur dégénérait, ne fût-ce
que pour un jour, en découragement?

« Vous pouvez, disait-il à nos adversaires en terminant
son plaidoyer dans l'affaire Baudin, vous pouvez nous frapper, vous ne pourrez jamais ni nous déshonorer ni nous
abattre! »

Écoutons et reprenons cette parole, ô mes amis, et vous,
citoyens qui m'entourez! Ni la calomnie ne pourra vous
décourager, ni la douleur ne saura vous abattre. Ce n'est
pas par des larmes, c'est par des serments et par des actes
qu'on honore de pareils morts.

Oui, les républicains sauront garder la République! Oui,
les républicains sauront imprimer une direction régulière
et suivie à un gouvernement sans cesse soumis au contrôle
du suffrage universel. Oui, pour ce faire, tous voudron

maintenir le faisceau des forces républicaines; des forces nationales.

Ce grand concours de peuple nous y invite. Unie dans une même douleur, la démocratie s'unira dans les mêmes résolutions, et, quelque jour, sur la tombe de ce mort, des générations meilleures que nous, plus éclairées, plus heureuses, fêteront la République immortelle.

Adieu, cher et vaillant ami; adieu, Gambetta!

Vive la France!

Vive la République!

DISCOURS DE M. PEYRAT, VICE-PRÉSIDENT DU SÉNAT

MESSIEURS,

C'est en l'absence de notre président empêché, et pour répondre au vif désir de notre bureau, que je prends la parole. Les républicains du Sénat ont voulu joindre publiquement leurs sentiments à tous ceux dont l'expression éclate spontanément, non seulement en France, mais en Europe, sur la tombe de Gambetta.

Et quel honneur pour l'homme de qui la mort met ainsi le même langage dans presque toutes les bouches, la même tristesse dans presque tous les cœurs!

Sur cet homme à jamais regretté, tout a été dit. Tout, sauf peut-être pour ceux qui l'ont connu dans l'intimité. Ceux-là seuls savent ce qu'il y avait chez lui d'abondance d'idées, d'élévation, de sympathique simplicité.

Mais ici ne parlons que de l'homme politique et de ce qui le distingue essentiellement.

Pour conquérir la République, Gambetta a été un révolutionnaire. La République conquise, pour la conserver et l'affermir, il a été un homme de gouvernement. Qualité rare, et qu'on a méconnu, au point de la lui reprocher.

Comme révolutionnaire, comme homme de gouvernement et surtout comme patriote qui a su imposer à nos ennemis vainqueurs le respect de la France, Gambetta nous laisse un grand exemple et une grande leçon. Il avait le tempérament et le caractère que la Révolution a toujours donnés à ceux qui l'ont bien comprise et sincèrement aimée.

Il avait la vraie tradition de ces hommes illustres à qui

nous devons les conquêtes les plus glorieuses, les plus fécondes de notre époque. Comme eux il a tout sacrifié à la cause, à la victoire de la démocratie.

Il a déjà sa récompense. Glorifié comme il l'est aujourd'hui par ses contemporains, il le sera certainement aussi par l'histoire.

DISCOURS DE M. DEVÈS, GARDE DES SCEAUX, MINISTRE DE LA JUSTICE

MESSIEURS,

Je viens, au nom du gouvernement de la République, saluer la dépouille mortelle du grand citoyen que nous pleurons, et rendre à sa mémoire un hommage que la pitié publique a déjà devancé.

C'est un deuil national que la perte d'un tel homme, et cette solennité funèbre, dans son appareil civique, avec l'immense concours du peuple qui s'y presse, apparaît à tous les yeux comme le témoignage de la douleur du pays.

Gambetta appartient tout entier à la patrie française. Elle mène aujourd'hui les funérailles de ce noble fils, qui l'a passionnément aimée et défendue.

Oui, l'amour de la France, la foi dans ses destinées, — même à l'heure où l'espérance semblait un défi jeté à la fortune, — le dessin de ne pas la laisser déchoir de son rôle séculaire, marqueront d'un trait ineffaçable la grande figure de celui que la mort nous prend, et dont notre douleur impuissante voit se fermer la carrière à moitié parcourue.

C'est ainsi surtout qu'apparaîtra, dans l'histoire, l'organisateur de la Défense nationale, dans la pleine lumière des souvenirs de 1870, sous les plis de ce drapeau tricolore qui enveloppe aujourd'hui ses restes vénérés.

Messieurs, je ne saurais m'arrêter plus longtemps sur cette page de nos annales. Avec le patriotisme, il faut encore admirer chez Gambetta la hauteur des vues politiques, ce sentiment profond des volontés du pays, la vigueur de l'éloquence; tout cet assemblage si rare de qualités supérieures qui font le succès de l'orateur et la puissance de l'homme d'État.

Dois-je évoquer ici le souvenir de ses luttes et de ses victoires ? D'autres y pourront toucher d'une main plus libre et rappeler aussi le charme de cette exquise et puissante nature. Les hommes de notre génération, — qui voient avec ce cercueil s'en aller quelque chose du meilleur de leur vie, — savent bien que cet illustre plébéien a tout donné, — de même qu'il lui devait tout, — à la démocratie républicaine : ses efforts et ses veilles et jusqu'au dernier battement de son cœur.

Il n'a pas connu, ou bien il l'a dédaigné, le ménagement de lui-même. Il s'est épuisé, prodigue de sa vie, sur tous les champs de bataille de la politique. Il a mis au service du droit son admirable éloquence et formulé souvent à l'heure décisive, dans un magnifique langage, les arrêts de la conscience publique.

La tribune était son domaine propre, car la nature l'avait comblé de ses dons, et l'effort de sa volonté ajoutait encore à sa puissance. Il gouvernait son action oratoire et la faisait servir, dans sa fougue disciplinée, à l'ordonnance même et à l'effet irrésistible de son discours.

C'est ainsi qu'il a exercé sur ses collègues et l'opinion une influence dont l'histoire des quinze dernières années portent la profonde empreinte.

Dans les moments difficiles, le souvenir de ses services, l'ascendant de sa supériorité réunissaient les républicains autour de lui, ceux-là mêmes que semblaient en éloigner les dissidences de la veille. La générosité de son caractère aidait à ces rapprochements, et la bonté lui était facile, car il n'apercevait dans la politique que ses grands aspects, dédaignant les polémiques abaissantes et les injures personnelles.

Sa vie s'est employée tout entière au service de la France et de la République, que son dévouement filial n'a jamais séparées.

Il tombe avant l'heure, enlevé aux espérances de la Patrie. Mais il laisse le pays maître de ses propres destinées, prospère et libre sous une haute magistrature, toujours respectée et justement populaire.

L'œuvre où ses mains puissantes ont eu tant de part est définitivement fondée. Ces deux grands biens dont il avait souci : l'ordre républicain à l'intérieur, la dignité pacifique de la France au dehors, sont désormais hors d'atteinte.

Ainsi liée à notre histoire nationale, la mémoire de Gambetta restera vivante au cœur de tous les patriotes, et toujours la France républicaine interrogera cette tombe pour y retrouver une chère et noble image.

Adieu, Gambetta, adieu !

DISCOURS DE M. MÉTIVIER, PRÉSIDENT DU COMITÉ ÉLECTORAL RÉPUBLICAIN RADICAL DU XXᵉ ARRONDISSEMENT

MES CHERS CONCITOYENS,

Au milieu de la douleur universelle, en face de la France stupéfaite de la soudaineté et de la profondeur du désastre, du monde étonné et ému, il ne faut rien moins que le sentiment d'un impérieux devoir pour que j'ose prendre la parole.

Mais les comités républicains du XXᵉ arrondissement m'ont dit : « Gambetta avait deux patries, la France qu'il aima d'un si puissant et si impérieux amour, et Belleville, où il est né à la vie publique. »

Nous sommes ses amis de tous les temps, ses humbles, mais constants coopérateurs. Nous sommes en quelque sorte sa famille politique et, pour ces raisons, peut-être avons-nous le droit, mais assurément nous avons le devoir de proclamer la solidarité qui nous unit à lui, d'affirmer les liens que la mort elle-même n'a pu rompre; d'apporter ici, au milieu du deuil de la Patrie, le témoignage de notre affection et de notre irrémédiable douleur.

Il était républicain, parce qu'il était juste; démocrate, parce qu'il était bon; patriote, parce qu'il étendait jusqu'à la patrie française l'amour profond qu'il portait aux siens.

Ce sentiment de la justice, cette bonté et ce patriotisme élevés jusqu'à la suprême puissance par un ensemble de facultés incomparables, ont constitué cette personnalité prodigieuse, dont la disparition trouble si profondément tous les esprits et émeut si douloureusement tous les cœurs.

Son éloquence n'avait tant d'action, elle n'avait tant d'éclat, ne remuait si profondément l'âme de ses auditeurs, que parce qu'elle était l'expression et le rayonnement de sa chaleur intérieure, l'efflorescence de sa nature intime et l'expression de son ardente passion pour la grandeur de la Patrie.

A trente ans, un discours le fait illustre; il ébranle l'Empire en agitant sous ses yeux, et vous savez avec quels accents, le spectre de Baudin.

Le XX⁰ arrondissement, pressentant l'homme d'État dans le tribun, l'envoie au Corps législatif.

Puis vient la guerre.

Nous pleurons l'Alsace et la Lorraine, mais avec quelle rougeur ne baisserions-nous pas la tête si ce patriote ne s'était trouvé là pour relever nos défaillances, nous réchauffer de sa flamme et nous aider à sauver l'honneur, puisque, hélas! la France ne devait pas rester intacte.

Il avait dépensé, sans marchander, pour la République et la France, les forces prodigieuses dont la nature l'avait comblé.

Comptant sur sa constitution robuste, il s'était, sans ménagement, abandonné à sa passion pour le bien public; il se sentait de taille à mener de front toutes les besognes.

L'œil fixé sur son double idéal : à l'intérieur, la constitution d'un État démocratique, sous la forme républicaine; à l'extérieur, la restitution à la France de sa prépondérance dans le monde, il allait, il allait, sans s'apercevoir que, si la flamme brillait toujours d'un vif éclat, si l'âme était toujours ardente et jeune, la force de résistance s'usait, et elle s'usait si bien, qu'au premier choc il succomba.

Il mourut, et, après sa mort, la majesté, la sérénité empreinte sur sa face puissante, son attitude de lion endormi témoignaient hautement de la tranquillité d'âme dans laquelle il avait été surpris par l'approche de son dernier moment.

Il avait, nous en sommes certains, pardonné à ses ennemis, si tant est que leurs traits émoussés aient réussi à émouvoir son indifférence.

Mais laissons ces malheureux à leur insondable abjection; aussi bien le mépris public les submerge déjà et l'histoire les ignorera toujours.

Nous avons d'ailleurs une tâche plus haute à accomplir.

Il nous faut, l'esprit rempli de ton souvenir, continuer ta tâche; il nous faut, marchant sur tes traces, employant ta méthode, faire appel à toutes les énergies honnêtes.

concilier toutes les intelligences dévouées, réunir, en un mot, en un faisceau compact toutes les forces républicaines ; il le faut, pour que ta mort, qui est un deuil public, ne devienne par un désastre.

L'ère des difficultés, dont tu avais prédit le commencement, ne redeviendra pas l'ère des dangers, mais à une condition, c'est que, faisant taire tous les dissentiments, les haines mesquines, les rivalités étroites, les ambitions malsaines, nous élevant jusque vers les hauteurs où tu avais placé ton idéal, nous subordonnions tout à l'intérêt supérieur de la Patrie.

DISCOURS DE M. HENRI MARTIN AU NOM DE DIVERSES SOCIÉTÉS

Je viens, au nom d'un grand nombre de sociétés patriotiques réunies, rendre un dernier hommage à celui qui animait de sa flamme tout ce qui s'efforçait de travailler au relèvement de la Patrie. Ne semble-t-il pas qu'il y ait un renversement de l'ordre de la nature, lorsque le vieillard qui a déjà un pied sur le bord de la tombe vient saluer les restes inanimés de l'homme, tout à l'heure plein de force et de jeunesse, à qui paraissaient appartenir les grands desseins et les longues espérances ! Celui qui est appelé au douloureux honneur de parler devant ce cercueil avait déjà vu se succéder plusieurs générations d'hommes d'État lorsque éclata par un coup de foudre ce jeune homme, inconnu la veille, illustre au lendemain.

... Ce qu'il a fait dans la fatale guerre, demandez-le à l'étranger, à l'ennemi. Là, on lui a rendu cette justice que beaucoup lui refusaient dans sa patrie. Il a fait plus qu'une grande chose ; il a fait une chose jugée impossible par les amis comme par les ennemis : il a improvisé des armées, et, avec ces soldats d'un jour, tenu quatre mois contre la puissance militaire la plus fortement organisée qu'il y ait au monde.

Il a sauvé l'honneur, a-t-on dit ; c'est vrai ; il eût sauvé aussi la puissance, il eût sauvé nos chères provinces, si le crime de Metz n'eût paralysé et livré cette armée si brave et si malheureuse, cette ancienne armée dont l'armée nouvelle honore la mémoire. Le cri de colère et de désespoir que la chute de Metz arracha à Gambetta retentira dans les siècles.

C'était le salut de la Patrie qu'on arrachait de ses mains.

Il n'avait pu sauver la grandeur de la France; il voulut du moins sauver la liberté, qui doit rendre un jour la grandeur. Il voulut sauver la République. On n'admirera jamais assez ce qu'il déploya dans ce rôle nouveau, de génie et de patience, d'habileté et de dévouement, d'énergie passionnée et d'esprit de conciliation.

... Pour continuer, pour achever ce qu'il avait si grandement commencé, que faut-il faire, mes chers concitoyens?

Deux choses entre toutes, achever l'éducation nationale, fortifier, développer nos institutions républicaines.

L'éducation nationale! avec quelle joie il en avait vu, il en avait excité les progrès. Ces sociétés, dont j'exprime ici les regrets, la jeune Ligue des patriotes, dont le nom dit assez le noble but, l'union des cœurs français et des bonnes volontés.

Et la Ligue de l'enseignement déjà ancienne, qui a tant fait et continue de tant faire pour l'instruction populaire; et la Société d'instruction républicaine, qui a si bien lutté dans les jours de péril pour la République, et des sociétés de tir et de gymnastique qui, de toutes parts, surgissent et nous préparent des citoyens soldats; toutes ces patriotiques associations, Gambetta leur prodiguait ses encouragements et son nom, membre des plus jeunes, président honoraire de la plus ancienne.

L'éducation civique et militaire nous prépare, disais-je, des citoyens soldats, prêts au service de la Patrie; mais il faut qu'ils trouvent devant eux cette patrie fortement organisée.

... Celui que nous pleurons à cette heure, on l'accusait de rêver la dictature parce qu'il réclamait pour son pays un gouvernement intelligent et fort, comme s'il avait eu jamais une pensée qui se rapportât à lui-même et non à la France!

Ce pouvoir national, solidement établi, appuyé sur des institutions propres à élever le niveau des assemblées et de tous les pouvoirs publics, s'il le réclamait avec passion, c'est qu'il savait que ce n'est plus là seulement pour la France une question de préférence, mais une question de

nécessité, et, depuis l'année fatale et la mutilation de la
Patrie, une question d'existence, une question de vie.

Il dépend de nous d'assurer sans retour cette existence,
cet avenir de la Patrie. Ce que ma faible voix vous dit si
imparfaitement, s'il était là, il nous le redirait avec sa
pénétrante et foudroyante éloquence. Si, comme j'en ai le
ferme espoir, là où est aujourd'hui sa grande âme, il garde,
il ressaisit la conscience de ce qui se passe sur cette terre
qu'il a tant aimée, il vous crie une fois encore :

Sursum corda! En haut les cœurs! Debout la France !

DISCOURS DE M. CHAUFFOUR, AU NOM DES ALSACIENS-LORRAINS

MESSIEURS,

Au nom des Sociétés alsaciennes-lorraines de Paris, et, je
peux le dire, au nom de tous les Alsaciens et Lorrains, de
ceux qui sont ici et de ceux qui, de loin, s'unissent à notre
deuil, j'ai le grand et douloureux honneur de déposer sur
cette tombe nos hommages et nos regrets.

D'autres vous ont dit ce que fut Gambetta dans l'histoire
contemporaine, les œuvres qu'il a accomplies, les services
incomparables qu'il a rendus dans la lutte contre l'Empire,
dans la glorieuse et funèbre tragédie de la Défense nationale, dans la fondation et l'affermissement de la République. Ma tâche à moi est plus modeste : je dois dire ce que
Gambetta a été, ce qu'il est resté jusqu'à la fin, pour les
enfants de l'Alsace et de la Lorraine.

Jamais aucun de nous n'oubliera cette grande voix qui,
au milieu des plus poignantes alarmes, après chaque désastre, s'élevait éclatante, indomptée, sonnant le ralliement et relevant tous les courages. A son appel, sous la
pression même de l'ennemi maître déjà du territoire, nos
enfants partaient, couraient à la bataille. Ils savaient que,
dans cette lutte implacable, la nationalité française elle-
même était l'enjeu. S'ils n'ont pu vaincre, ils ont du moins,
j'en atteste notre grand et cher mort, mérité les sacrifices que
la France a faits pour les conserver, et les justes réparations de l'histoire.

Pendant la guerre, Gambetta fut pour nous l'âme même
de la Patrie. Après la défaite définitive, les départements

qui devaient être la rançon de la France l'élurent pour leur député.

Là, dans l'Assemblée de Bordeaux il fut le représentant de leur détresse, de leur appel désespéré au droit, à la justice. La mutilation consommée, il resta le représentant de leur invincible espoir.

Beaucoup d'entre nous ont trouvé auprès de lui cette tendresse de cœur dont nous avions tant besoin au moment où nous quittions la terre natale. Que de fois n'avons-nous pas entendu de sa bouche ce mot qui était la consolation et la récompense de bien des douleurs :

« Ils sont deux fois Français ! »

Et l'acte suivait le mot. Si son âme patriote était passionnément attachée à tous les grands intérêts de la France, sa voix prenait un accent plus pénétrant quand il parlait de nos malheureuses provinces, de leur présent et de leur avenir. Aussi, Gambetta inspirait dans toute l'Alsace-Lorraine un sentiment tout particulier, mêlé d'admiration, de reconnaissance et de confiant espoir. Dans toutes nos villes et nos campagnes, la nouvelle de sa mort fut plus qu'un deuil public.

Chacun se sentit atteint comme par la perte d'une de ses plus chères affections. Les couronnes, les délégations qui se pressent autour de cette tombe en sont le témoignage. Tous ceux qui ont pu venir sont venus, et ceux que la maladie ou d'impérieux devoirs retiennent au pays n'en ressentent que plus profondément la douleur commune.

Devant ce coup fatal et inattendu, quelques-uns peut-être ont perdu courage. En voyant disparaître celui qui était l'espoir de leur longue attente, ils se sont demandé avec angoisse si la Patrie elle-même n'était pas touchée au cœur.

Bien des fois notre France, si éprouvée, a vu s'éteindre ainsi dans leur jeunesse ou leur forte maturité les hommes sur lesquels elle avait placé ses plus chères espérances. Mais la mort n'a pu les tuer tout entiers. Le généreux ouvrier a péri, mais son œuvre reste, celle qu'il a accomplie et celle, plus grande encore, qui était la secrète et magnanime ambition de sa vie.

Chers compatriotes, ce que nous devons à ce grand mort, ce ne sont pas des larmes stériles et des paroles de désespoir.

Non, nous devons apporter ici une douleur virile, la douleur d'hommes qui, loin de s'abîmer dans leur deuil, se redressent au contraire et retournent à leur tâche avec une nouvelle ardeur.

C'est plus spécialement notre devoir à nous qui, dans le deuil général de la France, avons notre deuil particulier.

Un grand citoyen, un grand patriote, un grand ami de l'Alsace et de la Lorraine, notre force, notre espoir, nous est enlevé ; mais la France, notre chère patrie, est là vivante, vaillante, prête à répondre aux appels de sa glorieuse destinée.

Un seul cri doit sortir de toutes nos poitrines, c'est celui que, dans les plus cruelles épreuves, Gambetta a toujours poussé, de sa puissante voix, comme le signe suprême du ralliement :

Vive la France! vive la République!

DISCOURS DE M. FALATEUF, BATONNIER DE L'ORDRE DES AVOCATS DE PARIS

MESSIEURS,

Le barreau de Paris vient rendre à l'un de ses membres un solennel hommage.

Gambetta nous appartenait depuis 1866, et, malgré les éblouissements de sa prodigieuse destinée, il était de ceux dont le cœur est trop élevé pour jamais oublier le berceau de leur première fortune.

Inconnu de tous lorsqu'il arriva parmi nous, il eut le bonheur de rencontrer l'un de nos maîtres les meilleurs et les plus illustres, Crémieux, qui, devinant sans doute la valeur de ce jeune homme, l'attachait à son cabinet presque en même temps que Laurier.

Le lendemain, nous connaissions tous Gambetta : sa physionomie, son entrain, son abandon, le charme étrange de ses entretiens, la saveur de son esprit, les élans de son amitié, tout, jusqu'à la générosité de ses emportements et l'effusion de ses retours, nous attirait vers cette nature unique qui déjà s'exerçait inconsciemment à l'art de séduire et à l'art plus difficile encore de se faire pardonner ses séductions.

Quelle eût été sa destinée, au milieu de nous? Pourquoi se le demander, puisque l'éclat retentissant d'une plaidoirie politique devait nous l'enlever presque au début de sa carrière, pour le livrer aux hasards et aux responsabilités de la vie publique.

En un jour, son éloquence s'était révélée tout entière. La tribune a pu en modifier les aspects, elle ne l'a vraiment pas transformée; n'avons-nous pas entendu, nous les premiers, les modulations ou les éclats de sa voix chaude et pénétrante, dont plus tard nul, même parmi ses adversaires, n'a pu se défendre de subir les atteintes? N'avons-nous pas, nous les premiers, connu son geste, plein d'ampleur et de domination, — sa tête renversée, — son attitude de commandement? Et sa fougue? et ses colères? et l'émotion dont il savait, au besoin, les accompagner?

Ne l'avons-nous pas vu à la barre, comme il apparut plus tard à la tribune, athlète autant qu'orateur, aimant à terrasser autant qu'à convaincre, mais sachant aussi, quand il le voulait, relever et consoler le vaincu?

Voilà Gambetta, tel que nous l'avons connu, il y a seize ans!

Si depuis cette époque sa renommée a grandi, dépassant les plus fiévreuses ambitions, disons, à sa gloire, que le cœur n'a pas changé. La douleur profonde de ses amis, cette douleur intime et absorbante dont il m'a été donné d'être le témoin, montre que, de ce côté, je puis, sans crainte de me tromper, parler encore en 1883 du Gambetta de 1866.

Pour ses confrères, n'est-il pas resté le même? Aimant notre profession, voulant conserver le droit de porter notre robe, sachant la revêtir le jour où elle peut être utile à la défense d'un ami, la reprenant aussi pour venir entendre, au pied même de la statue de Berryer, l'éloge de cet incomparable orateur et de son amour immense pour la grandeur et la gloire de la France! C'était encore et toujours Gambetta!

« Quel cadre que la vie de Berryer, disait-il à M. Nicolet en lui serrant les mains à la fin de cette harangue; mais comme vous avez su le remplir! »

Quel cadre que la vie de Gambetta, pourrions-nous dire à notre tour, si, oubliant maintenant l'avocat et l'orateur, nous voulions songer aux événements qu'il a plu à la Providence d'accumuler sur cette vie, cependant si courte, et interroger ces solennelles obsèques!

Sous un régime démocratique, de tels honneurs seraient un non-sens ou une abdication s'ils s'adressaient seulement à l'homme : aussi, dans la pensée de tous, ils tendent plus haut et plus loin.

Ils consacrent, en les solennisant, les souvenirs de la résistance à l'invasion triomphante, et confondent dans un même sentiment de reconnaissance tous ceux qui, à la voix de Gambetta, n'ont pas désespéré de la Patrie et ont succombé pour elle!

Ils sont nombreux ceux-là; et ces funérailles, pour être dignes d'eux, devaient être celles auxquelles nous assistons aujourd'hui.

Donc, que les morts qui se croient oubliés se redressent; qu'ils contemplent cette foule, ces drapeaux, cette armée, et qu'ils prennent leur part des honneurs que la nation leur rend aujourd'hui.

C'est aussi devant eux que nous nous inclinons.

Pro Patria! Tel doit être le sens de cette solennelle journée! N'est-ce pas d'ailleurs le meilleur éloge à faire de celui qui n'est plus. « Oui, tout pour la Patrie, écrivait-il un jour: tout pour la Patrie! il faut l'aimer sans rivale : il faut être prêt à lui sacrifier jusqu'à nos plus intimes préférences. — Patriote avant tout! — Je ne mets rien au-dessus de ce titre.

Voilà le dernier mot de notre adieu, Gambetta!

DISCOURS DE M. CAZOT, ANCIEN MEMBRE DE LA DÉLÉGATION DU GOUVERNEMENT DE LA DÉFENSE NATIONALE A TOURS ET A BORDEAUX

MESSIEURS,

Collaborateur de Gambetta sous le Gouvernement de la défense nationale, à Tours et à Bordeaux, témoin de ce qu'il fit alors pour la France, je suis appelé, à ce titre, à prendre la parole dans ces douloureuses circonstances.

C'est le souvenir de la Défense nationale que je dois évoquer en présence de ce cercueil.

Mais que dire qui ne soit connu de tous? et que puis-je apprendre à ceux qui m'écoutent? L'émotion du pays tout entier, la tristesse qui se lit sur tous les visages, n'indiquent-elles pas que tous se souviennent et qu'il est nécessaire de parler longuement des glorieux services gravés dans la mémoire de tous en caractères ineffaçables?

Qui pourrait avoir oublié ce que fut Gambetta dans ces jours d'épreuve d'il y a douze ans? Qui ne se rappelle, avec un attendrissement patriotique, son apparition soudaine et inattendue au milieu de la province désorganisée; — sa venue, saluée comme un augure de délivrance; — toutes les espérances qui flottaient incertaines, se ralliant autour de son nom pris pour symbole; les heureux présages un instant confirmés par un retour de la fortune à Coulmiers et à Bapaume; — ces paroles enflammées de patriotisme, qui, au milieu de nos désastres, relevaient les courages abattus, à la hauteur du péril toujours grandissant; ce génie d'organisation toujours en éveil, présent partout, ne voulant pas être trompé ni d'un jour ni d'une heure, concentrant les efforts quand ils tendaient à se disséminer, faisant surgir du sol des armées nouvelles, jusqu'au jour où le grand cœur dut céder à la destinée; emportant du moins la suprême consolation d'avoir sauvé l'honneur de son pays.

Que pourrais-je ajouter encore? Et n'aurai-je pas tout dit d'un mot qui sera celui de l'histoire, quand j'aurai rappelé que, dans cette crise nationale, Gambetta fut l'âme de la résistance, l'âme même de la Patrie?

C'est surtout pour ne pas avoir désespéré d'elle, sans parler de ses autres titres, qu'il vit et qu'il vivra éternellement au cœur de la France. Ce magnanime pays, qui a trouvé en lui sa propre conscience, qui a secondé ses héroïques efforts avec tant d'abnégation, de dévouement et de sacrifices, s'est attaché à ce vaincu comme il l'eût fait à un victorieux, rare fortune et qui n'appartient qu'aux hommes qui n'ont eu qu'une pensée, celle de confondre leur propre destinée avec celle de leur patrie.

L'histoire dira que Gambetta fut un de ces privilégiés, parce qu'il fut l'un de ces désintéressés et qu'il a toujours lié son sort à celui du pays. Voilà pourquoi, malgré la défaite, malgré nos malheurs, il est resté debout dans le cœur du peuple. Ces foules, ces délégations populaires

accourues de toutes parts, ces couronnes funéraires, ou
plutôt ces couronnes civiques, en sont l'éclatant et irrécu-
sable témoignage.

Le coup si cruel qui nous a frappés a retenti partout
comme un malheur public; partout, et jusqu'au plus humble
des foyers, est venu s'asseoir le deuil, la douleur a suscité
autour de ce cercueil le même élan national que le patriotisme avait suscité il y a douze ans, autour du drapeau, à
l'appel de Gambetta. Deux fois dans ce court espace ce
nom a eu la puissance, et dans la vie et dans la mort, de
remuer ce pays dans le dernier de ses hameaux et dans le
fond de ses entrailles.

Admirable mouvement du grand cœur de la France,
c'est vous que je salue pour la seconde fois en disant le
dernier adieu à celui que la Patrie pleure comme l'un de
ses plus nobles, de ses plus glorieux enfants!

En présence de ce deuil national, nous, les amis de Gambetta, qui avons éprouvé ce qu'il y avait de bonté, de
dévouement dans ce cœur généreux, nous laissons parler
la France et nous cherchons un refuge dans le recueillement
d'une douleur que nous sommes impuissants à exprimer.

Adieu, Gambetta, adieu!

DISCOURS DE M. LE GÉNÉRAL BILLOT, MINISTRE DE LA GUERRE

MESSIEURS,

Je viens, au nom de l'armée, rendre un dernier et solennel hommage au grand patriote et au grand citoyen que
la France et la République ont perdu.

En ce jour de deuil public, l'armée cruellement éprouvée
unit dans un même sentiment d'admiration, de respect et
de profond regret, Gambetta et Chanzy : Gambetta qui, au
milieu de nos plus grands désastres, ne désespéra pas du
salut de la Patrie et fut l'âme de la défense nationale;
Chanzy qui en fut le plus glorieux soldat.

Adieu, Gambetta!

Au nom de l'armée, que vous aimiez comme vous aimiez
la France et la République, et qui vous aimait, Gambetta,
adieu!

DISCOURS DE M. GUSTAVE ISAMBERT, RÉDACTEUR EN CHEF
DU JOURNAL « LA RÉPUBLIQUE FRANÇAISE »

Je viens essayer de remplir une mission douloureuse et
sacrée, d'apporter au mort immortel que nous pleurons
ensemble l'adieu suprême de ses amis, de ses collaborateurs, de ceux qui ont été les témoins, les confidents, qui
ont pris leur part, jour par jour, de ses espérances et de
ses mécomptes, de ses joies et de ses douleurs, où n'entra
jamais une préoccupation personnelle et qui n'étaient que
le contre-coup de la bonne et mauvaise fortune de la nation
française.

Quand, après un malheur, il chercha dans la presse un
nouveau moyen d'action, ce fut en groupant autour
de lui, non simplement des adhérents politiques, mais les
collaborateurs qui avaient traversé près de lui les jours
d'angoisse. Il s'agissait à ses yeux de reprendre, par delà
la défaite, l'œuvre de la Défense nationale, d'arracher la
Patrie blessée à des compétiteurs néfastes qui pouvaient
l'achever, de soutenir et d'animer sa foi dans l'accomplissement des destinées qui lui sont départies.

Les forces me manqueraient pour évoquer en ce jour le
souvenir des luttes soutenues près de lui. Nous sentons
que notre douleur fraternelle et intime doit se dérober et
se fondre dans ce triomphe funéraire décerné par la France
entière à un serviteur tel qu'elle n'en a pas rencontré de
plus passionné dans sa longue histoire. Nous nous croirions
infidèles à sa mémoire, indignes des leçons et de l'exemple
de l'homme qui n'a jamais désespéré de la Patrie ni de la
République, si nous nous quittions sur une parole de
découragement.

Il ne sera plus là pour relever nos courages en face des
coups du sort. Nous en avons subi plus d'un depuis les
désastres qui nous avaient frappés jusque dans l'intégrité
de notre sol; pas un n'a été aussi cruel que celui-là, car
il ne s'agit pas d'un de ces revers d'un jour que le lendemain répare, mais de la disparition d'une force en qui le
pays voyait à bon droit l'espoir et la ressource des heures
difficiles.

Mais c'est dans le pays lui-même, dans sa vitalité, dans

la sagacité supérieure dont il a donné tant de preuves, que celui qui n'est plus mettait sa foi ardente, si admirablement justifiée par l'immense et pieux concours que nous avons sous les yeux.

Après cette grande vie si courte, il reste la France maîtresse d'elle-même, retrempée par ses malheurs, que personne dans le monde ne peut se flatter d'asservir, et la République vivante. J'ai la confiance, ami, que sur cette tombe brusquement ouverte, nous verrons croître toute une floraison nouvelle du patriotisme. C'est notre seule consolation dans cette séparation déchirante.

Les discours sont terminés vers trois heures.

Le défilé des diverses délégations commence aussitôt.

Les députations d'officiers se présentent les premières dans un ordre admirable et sont chaleureusement acclamées.

Au fur et à mesure que les délégations passent, les porteurs de couronnes accompagnés des chefs des députations se détachent de leurs groupes, passent devant le cercueil et pénètrent devant le cimetière. Tous ces emblèmes patriotiques sont dirigés vers l'avenue Casimir-Perier.

Les membres des délégations jettent en passant devant les restes de Gambetta les immortelles qu'ils portaient à leurs boutonnières et le sol de l'hémicycle est bientôt recouvert d'une épaisse couche de fleurs.

Le défilé se fait d'ailleurs dans un ordre parfait, au milieu du plus profond et plus respectueux silence. Seules quelques acclamations saluent les députations de l'Alsace-Lorraine, de la Seine, des Bouches-du-Rhône, de la Gironde, du Lot, de Lyon, de l'Algérie, des colonies, de l'École polytechnique, de la Ligue des patriotes, des Sociétés de tir et de gymnastique, de l'Union de la jeunesse française, des étudiants, des élèves des Écoles, des Facultés, des lycées et des collèges, en un mot tout cet avenir qui vient rendre hommage aux dépouilles mortelles de l'illustre chef de la Défense nationale.

L'armée présente sa tête de colonne au moment où tombe le crépuscule.

Les commandants de corps d'armée se sont rangés autour du cercueil de Gambetta, ayant au milieu d'eux le ministre de la guerre.

Les tambours, les clairons, les musiques, se font entendre.

En tête, passe le général Lecointe, gouverneur militaire de Paris, avec son état-major.

Puis vient l'infanterie. Un seul cri se fait entendre quand le drapeau de chaque régiment s'incline devant les restes du grand citoyen; c'est celui de : « Vive l'armée, et vive la République! »

Au haut du cimetière retentit le canon.

A ce moment, la cérémonie présente un caractère grandiose dont aucun des assistants ne perdra jamais le souvenir.

L'artillerie au pas suit l'infanterie. Vient enfin la cavalerie qui ferme le funèbre cortège. Quand se présentent les cuirassiers qui marchent les derniers, l'obscurité est déjà presque complète, et nul pinceau ne saurait rendre le saisissant effet que produit la blancheur mate de ces casques et de ces cuirasses émergeant dans la nuit.

Après le défilé du dernier escadron, le général Lecointe vient saluer le ministre de la guerre et ses frères d'armes.

Le cercueil est ensuite porté à l'intérieur du cimetière, suivi des ministres, des députés et sénateurs, des amis et des rédacteurs de la *République française* et de la *Petite République française.*

A droite et à gauche se tient une haie de soldats de la garde républicaine, et c'est au milieu d'une double bordure de couronnes que l'on arrive au caveau de la ville de Paris, situé avenue Casimir-Perier.

Le cercueil est descendu à la lumière des falots au fond du caveau.

Sur la bière est déposé un sachet rempli de terre lorraine envoyé de Metz avec l'inscription suivante brodée de noir :

      « *Lotharingia memor, violata non domita.* »

Au moment où, la nuit venue, le cercueil fut descendu dans le caveau de la Ville de Paris, quelques amis intimes se trouvaient seuls encore auprès de lui. M. Paul Bert voulut prononcer quelques paroles : mais, vaincu par l'émotion, il dut se retirer.

Redevenu enfin plus maître de lui, il put dicter l'adieu suivant qui parut le surlendemain dans la *République française* :

    « O mon ami, dans la tombe où l'on vient de te descendre, reçois de ceux qui t'ont tant aimé et qui restent

autour de ton cercueil, le dernier, le suprême adieu. On a
célébré ta gloire tout à l'heure, on a exalté ton patriotisme, ton éloquence sans rivale, ton âme ardente et ton
infatigable pensée; l'existence de la République et l'honneur de la Patrie sauvés par ton génie; on a dit les rêves
d'avenir, tes espérances invincibles, et la plaie saignante
de la France ouverte dans ton propre cœur, et pendant ce
temps, devant ton cercueil triomphal couvert du drapeau
tricolore, les citoyens défilaient par centaines de mille.
Paris faisait silence, et la France entière pleurait.

« Mais tout cela ne peut nous suffire à nous, qui ne te
pleurons pas seulement comme républicains et comme
Français. Il faut que nous disions à notre tour ce que tu
étais pour les amis de chaque jour, et ta bonté charmante
qui n'eut point de pareille, et ton indulgence, et la grâce
séductrice, et ton inaltérable belle humeur, et l'ardeur
entraînante de tes expansions amicales ou joyeuses, et
cette exubérance de vie dont la mort s'est si cruellement
vengée. Où sont maintenant ton bon sourire, ta main
affectueuse, ton regard si doux, ton rire si franc! Comme
tu nous tenais, et tous comme nous étions heureux d'être à
toi! Pour moi, depuis douze ans, pas une pensée, pas une
action, pas une œuvre, que je ne t'aie d'abord soumise,
pour laquelle je n'aie eu recours à toi! Être approuvé de
toi, c'était ma meilleure récompense.

« Et quelle sûreté dans la critique! quelle bienveillance
dans le conseil! de quelle main délicate et redoutant de
blesser à la fois tu touchais le mal et présentais le remède!
Si, comme on l'a tant répété, ceux-là mêmes qui ne t'ont
approché qu'une fois ont été séduits et captivés, que
devions-nous sentir, nous, dont la pensée ne te quittait
point! Quel désastre de voir ainsi se creuser au milieu de
notre vie cette immense lacune! Car nul d'entre nous peut-
être n'avait mesuré la place que tu tenais dans notre existence. De quel côté nous tourner désormais, où nous ne
rencontrions le vide? Pour moi, je me sens comme un
enfant isolé.

« Sans doute le sentiment du devoir nous rendra le courage; mais la part de notre force qui venait de toi, qui
nous la fera retrouver? Quand est mort mon autre maître,
Claude Bernard, tu as dit : « La lumière qui vient de

s'éteindre ne sera pas remplacée. » Que dire de toi, de la lumière de ton esprit, de la chaleur de ton cœur? Car c'est ce cœur que nous aimions surtout. C'est par lui que tu nous dominais. Pour nous, il était grand ouvert, et nous y puisions sans mesure. Il était ouvert même pour tes ennemis, car tu n'as jamais su haïr; il était ouvert même pour ceux dont la trahison l'a brisé!

« Et ce cœur est maintenant inactif pour toujours. Hélas! nous parlons et nous pleurons sur la tombe, et tant de nous étaient fiers de penser que quand ils auraient accompli leur destin, ta voix éloquente leur dirait l'adieu suprême; un jour, avec un sourire et une larme, tu me l'avais promis. Amère dérision! Tu pars le premier, et ce qu'il y avait de meilleur en moi, de meilleur en nous, est scellé dans ta tombe.

« Que chacun sache, du moins, combien tu as été aimé et combien tu aimais. Il ne sera pas inutile pour ta gloire de dire que tu n'as pas seulement été grand. »

VI

ORDRE DU CORTÉGE ET LISTE DES COURONNES

Nous reproduisons l'ordre du cortège d'après la *République française* du 8 janvier; la liste des couronnes, qui parut dans plusieurs journaux de l'époque, est incomplète.

LE CORTÉGE

La famille et les représentants des membres de la famille absents.

LES AUTORITÉS CIVILES

Le représentant de M. le président de la République et son aide de camp; les ambassadeurs et les ministres, le grand chancelier de la Légion d'honneur et les généraux commandants de corps d'armée; le président du Sénat et le président de la Chambre; les membres des bureaux du Sénat et de la Chambre; les sénateurs et les députés; les conseillers d'État; la députation des grands-croix, des grands-officiers et du conseil de l'ordre de la Légion d'honneur; la députation de la Cour de cassation; la députation de la Cour des comptes; la députation du Conseil supérieur de l'instruction publique et de l'Institut; la députation de la Cour d'appel; la députation des secrétaires généraux, directeurs, sous-directeurs, chefs de division et administrateurs des ministères et de la Légion d'honneur; le préfet de la Seine, le secrétaire général de la préfecture et la députation du conseil de préfecture; le préfet de police et le secrétaire général de la préfecture; le conseil municipal de Paris; le conseil général de la Seine; les maires et adjoints de la ville de Paris; la députation du corps académique; le tribunal de première instance; le tribunal de commerce et la députation de la chambre de commerce de Paris; la délégation de l'ordre des avocats; la députation des juges de paix de Paris; la députation du corps des commissaires de police de Paris; les invités de la famille; la presse (syndicats et délégations de la presse étrangère, de la presse départementale et de la presse parisienne); la députation des notaires, des avoués et des huissiers.

LES AUTORITÉS MILITAIRES

L'état-major du ministre de la guerre et la députation des directeurs et sous-directeurs du ministère; la députation des comités et commissions; l'état-major du gouverneur général des Invalides; les commandants de l'École supérieure de guerre, de l'École polytechnique, de l'École spéciale, etc., etc.; l'état-major du ministre de la marine et des colonies; le conseil d'amirauté; la députation du directeur et du sous-directeur du ministère; la délégation de l'état-major du gouverneur militaire de Paris; les officiers généraux sans troupes, etc., etc.; les députations de l'armée de Paris.

PREMIER GROUPE

Les députations de l'Alsace-Lorraine, comprenant les délégations suivantes: l'Association générale d'Alsace-Lorraine; la loge d'Alsace-Lorraine; la Société de prévoyance des Alsaciens-Lorrains; la Société de gymnastique des Alsaciens-Lorrains; la chorale alsacienne; le cercle alsacien-lorrain; l'école alsacienne; la rédaction de l'*Alsacien-Lorrain*; les délégués alsaciens de Bâle, Barr, Colmar, Kaiserberg, la Boudoye, Metz, Mulhouse, Phalsbourg. Ribeauvillé, Sainte-Marie-aux-Mines, Sarrebourg, Saverne, Schlestadt, Strasbourg, Thann, Wissembourg, Lunéville, Bischwiller, du comité messin de Nancy, des défenseurs de Bitche, de la jeunesse de Strasbourg; la Ligue des patriotes sarrebourgeois.

DEUXIÈME GROUPE

Les délégations des ministères et des administrations qui en relèvent : du ministère des affaires étrangères; du ministère de la justice; du ministère de l'intérieur; du ministère des finances; du ministère de la guerre; du ministère de l'instruction publique et des beaux-arts; du ministère des travaux publics; du ministère du commerce; du ministère des postes et télégraphes; du ministère de l'agriculture.

TROISIÈME GROUPE

Députation des représentants de la Défense nationale; les représentants de la Défense nationale; les anciens délégués de la Défense nationale; la commission d'armement du gouvernement de la Défense nationale; la légion de Seine-et-Oise de

1870-1871; les volontaires de la guerre 1870-1871; les anciens combattants de la Défense nationale; les anciens volontaires de Montrouge; les officiers de la réserve de l'armée territoriale en tenue; les délégations politiques de la Seine; les comités électoraux et groupes républicains du neuvième arrondissement; comité républicain démocratique du septième arrondissement; les républicains du deuxième arrondissement; société positiviste et cercle des prolétaires positivistes de Paris; cercle républicain de la Seine, du seizième arrondissement; cercle national; comité radical du dixième arrondissement; comité républicain radical du onzième arrondissement; comité radical du troisième arrondissement; société permanente des proscrits du 2 décembre.

QUATRIÈME GROUPE

Les délégations étrangères: la société hellénique de Marseille; la société hellénique de Paris; les Anglais de Boulogne-sur-Mer; la délégation luxembourgeoise; l'union fédérale républicaine de Rio-de-Janeiro; la délégation la République argentine; la musique néerlandaise; la Cité de Londres; la colonie scandinave de Paris.

CINQUIÈME GROUPE

Les députations des départements: de l'Algérie, de Belfort, des Bouches-du-Rhône, de la Gironde, de Meurthe-et-Moselle, du Nord, de Seine-et-Oise, du Var, de la Seine (départements qui avaient été représentés par M. Gambetta), du Lot. Les autres départements sont groupés et classés dans l'ordre alphabétique. Ces délégations sont composées pour la plupart: des préfets et sous-préfets; des conseillers généraux; des conseillers d'arrondissement; des maires; des conseillers municipaux; des délégations diverses (sociétés, loges maçonniques).

SIXIÈME GROUPE

Les délégations des Colonies.

SEPTIÈME GROUPE

Les délégations des Français résidant à l'étranger: la société nationale française de Londres; la ligue nationale française de San Francisco; les délégations françaises d'Alexandrie, du Caire, de Rio-de-Janeiro, de Genève, de Barcelone, d'Odessa, de New-York, de Saint-Sébastien, de Saint-Junieps.

HUITIÈME GROUPE

Les délégations du groupe des écoles et sociétés d'instruction ; l'École polytechnique ; l'École normale supérieure ; les étudiants réunis des diverses Facultés de Paris (droit, médecine, pharmacie, sciences, lettres, théologie protestante) ; les étudiants de Montpellier et de Nancy ; les étudiants grecs et roumains ; l'École des hautes études ; le laboratoire de physiologie de la Faculté de médecine ; l'École centrale des arts et manufactures ; l'Institut agronomique ; les élèves des hautes études commerciales ; les élèves de l'école spéciale d'architecture ; la conférence Molé ; la société pour l'instruction élémentaire ; l'association polytechnique ; l'association philotechnique ; la ligue française de l'enseignement ; l'union française de la jeunesse ; l'union de la jeunesse républicaine ; l'union de la jeunesse lorraine de Nancy ; la société d'instruction républicaine ; la société d'expériences aérostatiques ; la société des anciens élèves des arts et métiers ; l'école libre de géographie ; l'école normale supérieure du travail manuel ; les artistes peintres, sculpteurs et graveurs ; la société d'anthropologie de Paris ; la manufacture de Sèvres, les lycées et colléges ; les écoles normales primaires ; les écoles primaires ; les sociétés de gymnastique ; les sociétés de tir.

NEUVIÈME GROUPE

Les sociétés diverses de Paris : la délégation des voyageurs de commerce, du banquet du 21 décembre 1879 ; l'association des voyageurs et des commis du commerce et de l'industrie ; le conseil d'administration de la société de protection des voyageurs de commerce de Paris ; l'association générale des employés de chemins de fer français ; la société des aéronautes ; les amis des arts du seizième arrondissement ; la société des agents d'assurances de Paris ; la société nationale d'encouragement à l'agriculture ; le cercle national d'agriculture ; le cercle historique ; le syndicat des bibliothèques populaires de la Seine ; la bibliothèque populaire du onzième ; la chambre syndicale des ouvriers boulangers ; les républicains du cercle commercial du Louvre ; délégations des chemins de fer de l'État ; cercle de commerçants du seizième ; cercle républicain du seizième ; cercle Franklin ; la société de secours mutuels des cuisiniers ; la compagnie sociale de l'Afrique française ; chambre syndicale de la draperie de Paris ; le groupe républicain d'études sociales du sixième ; l'ébénisterie parisienne ; la société des études maritimes et coloniales ; l'harmonie de Montmartre ; l'harmonie de la Chapelle ; l'harmonie du deuxième arrondissement, la Liberté ; les ouvriers de

l'imprimerie de la Banque de France; les jardiniers, chambre
syndicale; la libre pensée du quinzième arrondissement; l'union
nationale, société lyrique et mutuelle; l'institut maritime et
colonial; les ouvriers des manufactures de l'État; la société de
prévoyance la Paix; la société de protection des indigènes des
colonies françaises; la société de sauvetage de la Seine; la cor-
poration de la sellerie parisienne; la solidarité républicaine du
dixième arrondissement; l'union du commerce; le cercle de
l'union; le cercle républicain des Vosges; le cercle du progrès
de Fontenay-aux-Roses; la fraternité symphonique de Levallois-
Perret.

DIXIÈME GROUPE

Les sociétés diverses des départements (ces sociétés ont été
classées par départements) : Abbeville (union républicaine); Alais
(cercle national d'); Albi (la fanfare des enfants d'); Amiens
(administration de la caisse des écoles d'); Ardèche (les républicains de l'); Argenteuil (les républicains d'); Arles (cercle
républicain d'); Auch (cercle industriel d'); Avignon (cercle du
progrès et cercles républicains d'): Ajaccio (les républicains d');
Bordeaux (cercle national de); Bordeaux (cercle Voltaire de);
Bayeux (les républicains de l'arrondissement de); Bayonne (maire
et conseillers municipaux); Bayeux (comité républicain de);
Boulogne-sur-Mer (association républicaine de); Bretonne (la
légion); Biarritz (républicains de); Bastide-Rouairoux (Tarn) (la
démocratie de); Berry (cercle républicain du); Bessèges (républicains de); Bagnols (Gard) (cercle républicain de); Bourges
(union démocratique de); Bolbec (comité républicain de);
Bourges (cercle de l'union démocratique de); Brienon (les républicains de); Blaye (les sociétés républicaines de); Bourg-sur-
Gironde (les sociétés républicaines de); Beauvoisin (Pont-de-)
(Isère); Beauvoisin (Pont-de-) (Savoie); Beaulieu (comité républicain radical de); Bordeaux (républicains d'Eysines); Corde (la
démocratie de); Cognac (l'orphéon de) (cercle de); Chauny (le
cercle républicain de); Corréziens (les); Côte-d'Or (les combattants de 1870-1871); Calvados (association républicaine de);
Chaumontais (cercle républicain des); Cambrai (loge Thémis
de); Cogolin (Var) (le comité républicain de); Châteaudun (société d'instruction républicaine de); Castres et Mazamet (cercle
républicain de); Cambrai (société des écoles laïques); Caen
(voyageurs de commerce de); Cavaillon (les républicains de);
Châlons-sur-Marne (cercle républicain de); Collioure (les républicains de); Dugny (société musicale des enfants de); Drôme
(union fraternelle de la); Decazeville (cercle républicain de);
Dieppe (le comité républicain de); Elbeuf (comité de l'union
républicaine du canton d'); Evreux (orphéon d'); Espiet (les

républicains d') (Gironde); Embrun (les républicains de l'arrondissement d'); Fronton (les républicains de); Franc-Comtois
(cercle républicain des); Firminy (démocratie de); Ferté-Macé
(société de secours mutuels de La); Ferté-Macé (société colom-
bophile de La); Ferté-sous-Jouarre (comité organisateur du banquet du 14 juillet 1872); Gap (démocratie gaponaise de); Givet
(les républicains de); Gard (cercle de l'union républicaine du);
Grenoble (cercle démocratique de); Guillotière (les républicains
de la); Guingamp (comité républicain de); Havre (comité de
l'union républicaine); Haute-Marne (cercle républicain de);
Havre (le syndicat de la boucherie); Levallois-Perret (la Fraternité symphonique); Largentière (le cercle des travailleurs);
Lavaur (le comité républicain); Loudun (le cercle du progrès);
Lozérienne (l'association); Lyon (société des volontaires, sixième
arrondissement de); Lyon (l'assistance démocratique) (l'harmonie gauloise); Limoges (le comité républicain ouvrier de);
Limoges (le cercle de l'union démocratique des travailleurs de);
Limousin (cercle républicain); Lot-et-Garonne (cercle républicain); Lille (les cercles républicains de); Lille (les commis
voyageurs de); Lot (société républicaine d'appui mutuel du);
Lons-le-Saulnier (les républicains de); Lillebonne (comité républicain de); Marcillac (Aveyron) (les républicains de); Mayenne
(cercle républicain de la); Maisons-Laffitte (comité républicain
de); Marseille (comités électoraux de la première circonscription); Marseille (cercle de l'Athénée méridional); Montagnac (les
républicains de); Moissac (le cercle du travail de); Morlaix (les
républicains de); Montvilliers (le comité de); Montfort-l'Amaury
(société d'intérêt moral et civique de); Normandie (cercle républicain progressiste de); Nîmes (républicains de); Nérac (cercle
républicain de); Nevers (employés et voyageurs de commerce);
Nevers (cercle de); Narbonne (cercle de l'Union républicaine);
Nantes (union républicaine de); Nancy (le cercle du travail);
Périgueux (les républicains de); Périgueux (cercle républicain
radical); Puy-de-Dôme (les républicains du conseil général);
Pierrefonds (les républicains de); Pézenas (les démocrates de);
Pontivy (les républicains de); Provins (les républicains de);
Ruffec (démocratie de); Reims (comités démocratiques); Reims
(comité des ouvriers); Rueil (la Libre Pensée); Romilly-sur-
Seine (les républicains de); Rouen (comité républicain); Rouen
(comité de l'Union républicaine); Seine-et-Marne (les cercles
républicains de); Sèvres (Libre Pensée de); Saint-Denis (l'Union
républicaine de); Saint-Jean-de-Maurienne (cercle de); Saint-
Quentin (les républicains de l'arrondissement de); Somme (comité de l'Union républicaine de la); Saint-Girons (l'Union républicaine de); Saint-Jean d'Angely (cercle de l'Union républicaine
de); Saint-Étienne (cercle républicain et cercle démocratique de);

Saint-Symphorien (cercle républicain de); Seine-et-Oise (cercle pratique d'arboriculture); Senlis (comité républicain du canton de); Saône-et-Loire (Progrès de); Tulle (les ouvriers de la manufacture); Thiers (les républicains de); Tody (Aveyron) (le cercle républicain); Trouville (délégation); Tours (le cercle de l'Union républicaine de); Toulouse (les commis voyageurs de); Travesac (les ouvriers de); Tarbes (le cercle de l'Union républicaine); Thouarcé (la bibliothèque populaire et la société de secours mutuels de); Toulouse (les républicains de); Union républicaine des anciens officiers de terre et de mer; Uzerche (la ville d'); Versailles (les républicains de); Veyaes (Haute-Garonne) (la démocratie de); Verdun (les membres du cercle de France); Valenciennes (les républicains de); Ville de Gourdon (la délégation ouvrière de); Villefranche-de-Lauragais (les républicains de); Varay (les républicains du canton de); Yonne (le cercle républicain de l'); les républicains de l'Yonne.

ONZIÈME GROUPE

Les loges maçonniques : Solidarité fraternelle; Therpis; les Vrais frères, amis et inséparables; Paix et Union de Nantes; Amitié Discrète, Rambouillet; Écossaise; l'Espérance savoisienne; les Loges belges; la Constante amitié, d'Arras; la Jérusalem des vallées égyptiennes; le Travail, de Cognac; loge maçonnique de Sedan; les Vrais amis, d'Avignon; Libre pensée, de Clamart; loge des artistes, de Limoges; loge écossaise, de Limoges; loge du travail, de Cognac; Amitié, de Boulogne-sur-Mer; grande loge symbolique écossaise de France; Echo du Grand-Orient, de Nimes.

Loges de Paris.

Le Grand-Orient de France; la Grande loge symbolique écossaise de France; la Justice du Grand-Orient; l'Union de Belleville; les Vrais amis, de Paris; la Fraternité des peuples; Union et Persévérance, de Paris; les Maçons réunis du seizième arrondissement; le Temple des amis de l'honneur français; l'Équité, de Paris; la Fraternité, de Paris; le Progrès.

Loges départementales.

L'Espérance fraternelle d'Argenteuil; la Constante amitié, d'Arras; la Loge d'Auch; les Amis de la paix, d'Angoulême; les loges de Bordeaux; le Réveil maçonnique, de Boulogne-sur-Seine; les Vrais frères de Bergerac; les Francs-Maçons, de Caen; la Liberté de Cognac; la loge de Condom; l'Avenir, de

Châtellerault; l'Étoile, de la Charente; le Réveil, de Cognac;
l'Ami de l'arrivée, de Courpelles: la loge de Chalon-sur-Saône;
la loge de Grenoble; la loge écossaise de Limoges; la Bienfai-
sante amitié, de Lyon; Simplicité et Constance, de Lyon; la loge
de Montmorency; les Vrais fidèles, de Montpellier; Paix et
Union, de Nantes; la Nogentaise, de Nogent-sur-Marne; la Libre
Pensée, de Narbonne; l'Étoile de l'Avenir, de Neuilly-sur-Marne;
la loge de Périgueux; les Amis réunis, de Poitiers; l'Union des
peuples; la Sincérité; la Constante amitié; la loge de Rennes;
la loge de Rochefort; les Élus, de Saint-Étienne; l'Industrie, de
Saint-Étienne; les Travailleurs, de Saint-Étienne; la loge de
Sedan; la Sincérité, de Saintes; la Justice et la Vérité, de Saint-
Quentin; les loges de Toulouse; l'Intime fraternité, de Tulle.

LES COURONNES

Ville de Rennes. Loge maçonnique de Rennes, la Parfaite Union.
Les électeurs de Belleville, le Comité indépendant du XXᵉ ar-
rondissement, la *République française* et la *Petite République* en
avant du char funèbre. *Le Voltaire. Le Paris. La Réforme. La
Ville de Paris. L'Armée française.* La préfecture de la Seine.
Alsace-Lorraine. Un monceau de couronnes emblématiques.
Châteaudun. Algérie. Ligue des Patriotes. Grèce. Suède. Nor-
vège. Alexandrie. Colonie athénienne de Marseille. Londres.
Bruxelles. Les Français de Californie. Les Français de New-
York. Le barreau de Saint-Pétersbourg. La Loge Auguste Ami-
tié de Condom. Les voyageurs nancéiens. La démocratie de Pau.
Le canton d'Isigny. Un groupe de citoyens de la Grand'Combe.
La ville de Marseillan. Le cercle libéral de Villeneuve-sur-Lot.
La ville d'Hyères. Les coupeurs et ouvriers de la Belle-Jardinière
de Quimper, etc., etc. La colonie française de Moscou. Les
artistes français. L'École Polytechnique. Le IIIᵉ arrondissement.
Un Alsacien du IIIᵉ arrondissement. Groupe d'études sociales et
académiques de Paris. Les XXᵉ, XIᵉ, IVᵉ, XVIᵉ, IXᵉ et Xᵉ arrondissements. Les proscrits du 2 Décembre. Les maçons réunis
de Passy. Les voyageurs de commerce de Lyon. Les cuisiniers
de Paris. La Banque de France. Les Élèves de l'École d'Alsace-
Lorraine. Les ouvriers boulangers viennois. Le Cercle républicain de l'Yonne. Les enfants de Dugny. Cercle du travail de
Nancy. Les délégués de Condé-sur-Escaut, Caen, Bayonne, Bar-
sur-Seine, Brest, Marseille. Libre Pensée de Neuilly. Les municipalités de Douai, Versailles, Montmorency, Nantes. L'Aisne,
Saint-Quentin, l'Ardèche, Rouen, Boucherie havraise, Sotteville-
lès-Rouen, Meulan, Charolles, Givet, la Ferté-sous-Jouarre, les
républicains de Clichy. Cognac. Libre Pensée de Rueil. Provins.
Les comptables de la Seine. Les couronnes de l'Algérie. Loge de

Thémis. Les habitants de Pont-l'Évêque. A Gambetta, la ville de Dijon. A Gambetta, la démocratie de Carpentras. La Libre Pensée de Mussy-sur-Seine. La démocratie roussillonnaise. Les Français du Canada. Les Amis du grand patriote. Le Conseil municipal de Romans. Les républicains de Montluel. Les républicains de Nîmes. La ville de Luchon. Les hommes de service de la Chambre des députés. Les Marseillannais reconnaissants. La ville de Montluçon. Le département des Vosges. Les républicains chaumontais. Les républicains de Fréjus. La Ligue des patriotes de Montbéliard. La ville de Clermont-Ferrand. La loge maçonnique de Sedan. A Gambetta, la ville de Bayonne. La ville de Toulouse. Le personnel de la présidence de la Chambre. La ville de Poitiers. Le journal *le Siècle*. La ville de Salon. La ville de Douzy. Romilly-sur-Seine. La ville de Cherbourg. La colonie française. Les membres du Cercle du Pérou, Marseille. Les patriotes de Brienon (Yonne). M. Goudchaux, de Metz. Au grand patriote, le *Petit Méridional*. Le Crédit Républicain. Saint-Symphorien (Gironde). La démocratie de Lons-le-Saunier. Ses amis de Moret (Jura). *Le Progrès de l'Ain*. La démocratie dôlaise (Jura). Le comité de surveillance du port de Cherbourg.

Pompiers de Sèvres. Le département de Seine-et-Oise. Neuilly-sur-Marne. Argenteuil. Rambouillet. Saint-Arnaud. Chevreuse. Honfleur. Ruffec. Narbonne. Villefranche (Aveyron). Biarritz. Saint-Jean-de-Luz. La Corrèze. Le Mans. Seine-et-Marne. Une petite couronne ravissante envoyée par la ville de Saint-Jean-de-Luz. Les employés du ministère des finances. Fanfare des ateliers. Colonie d'Alexandrie. *Colonie hellénique de Londres. De Liverpool. De Paris. Des chemins de fer de Thessalie. Les étudiants hellènes. L'Olympe. Une couronne portait : A Gambetta, les Français de la Bourse. L'association des voyageurs de commerce. L'association commerciale du Louvre. Mutualité commerciale. Voyageurs de commerce. Nîmes. Montpellier. Les typographes de Paris. Cercle de l'Industrie. L'Alsace. Les Alsaciens-Lorrains de Paris. La Ligue des patriotes. Les Sociétés de gymnastique. Les Alsaciens-Lorrains de New-York, La Lyre de Montmartre. Cahors. Les étudiants de Paris. Les lycées Charlemagne, Louis-le-Grand, Chaptal. Le Petit Méridional. Les commis voyageurs de Nevers. Les Péruviens résidant à Marseille. Le cercle de l'Athénée de Marseille. Les démocrates de Dôle. La loge maçonnique de Thémis-d'Or, de Caen. L'Union républicaine de Compiègne. Les francs-maçons de France. Le département de l'Oise. Les républicains de Mourez. Les patriotes de Brienon. *Emilio Castelar y los republicanos historicos.* Janina et Épire. Colonie hellénique de Constantinople. Sylloque commercial industriel d'Athènes. Des amis de Luxembourg. Le service ambulant des postes, le bureau central des postes. L'atelier des télégraphes, un groupe d'amis du XIe arrondissement. Solidarité républicaine du Xe arrondissement. Les télégraphistes de Marseille. Bibliothèque du XIe. Strasbourg, Mulhouse, Metz. Orphéon alsacien-lorrain. Société de secours mutuels des Alsaciens-Lorrains. Les électeurs d'Alsace-Lorraine à leur représentant. La Chorale alsacienne. Loge d'Alsace-Lorraine. Les Volontaires de 1870-1871. Les républicains de Boulogne-sur-Mer. Le conseil municipal de Boulogne-sur-Mer. La démocratie du sixième arrondissement de Lyon. Le comité central des républicains radicaux de Lyon. Comité républicain de Dieppe et la ville de Dieppe. La ville du Cateau. Les travailleurs de Largentière. Le cercle républicain d'Esquermes-Lille. Le Progrès du Nord. Tourcoing. Les pompiers de Laon. Les positivistes. A la mémoire du grand patriote, la Société française de Londres. Mulhouse-Belfort. Chaumont. La population d'Albertville. Les Français résidant à Bruxelles. Le Havre et ses arrondissements. Société positiviste du Havre. Colonie française du Brésil. Le Sénégal. Les républicains de Bessèges. La Banque de France. Flers. Société du 14 juillet. La Ferté-Macé. Les voyageurs de Toulouse. Démocratie de Granville. Thionville. Cette. Philadelphie. Romilly-sur-Seine. Fanfare « La jeune France ». République de San Salvador. Saint-Girons. Cercle du Perou, à Marseille. Caisse des écoles d'Amiens. La ville de Vierzon. Ville d'Arles. Cherbourg. Les dames d'Alsace-Lorraine. Maine-et-Loire. Conseil municipal de Tours. Union démocratique de Marseille. Les enfants de Craponne, à Salon. Cercle républicain de Marseille. La loge maçonnique de Nîmes. Montréal. Comité radical indépendant du Père-Lachaise. Le personnel de la Chambre des députés. Les volontaires de Lyon. La ville de Blois. Les républicains de Laigle. Union démocratique de Bourges. Démocrates de Douarnenez. Loge de Sedan. Beaumont-le-Royer. La ville de Belfort. Le Libéral de l'Est, de Belfort. L'Union républicaine, de Rennes. La Dépêche, de Toulouse, et ses souscripteurs. Les instituteurs de Saint-Pourçain. Le prince Georges Bibesco. La ville de Guéret. La démocratie d'Olonzac. Le culte des Intimes d'Avignon. Les écoles de Nîmes. La ville d'Angoulême. La Société Gambrinus, de Nîmes. Ville de Bordeaux. La démocratie de Lagnier. Les dames grecques de Constantinople. Le Progrès de Lyon. L'École préparatoire de Sainte-Barbe. La ville de Saint-Omer. La ville de Vic-en-Bigorre. Les patriotes de Romilly-sur-Seine. La Libre Pensée et les républicains de Mussy-sur-Seine. La commune de Chambre (Savoie). La démocratie d'Aiguebelle (Savoie). Albi. Comité d'assistance démocratique de Lyon. La ville de Toulon. La presse départementale. Cercle de l'Orangerie de Nevers. La ville de Sarlat. Les ou-

vriers du chemin de fer du Midi. Le conseil municipal de Jarnac.
Les Alsaciens de Lunéville. Le conseil municipal d'Avignon. La
ville de Neuilly-sur-Seine. Cercle de l'Avenir. La colonie française de Saint-Sébastien. Cercle de l'Égalité d'Avignon. Communes de Thann et Bischwiller. La ville de Compiègne. Les
coupeurs ouvriers de la Belle-Jardinière. Les conseillers municipaux de Troyes. Le conseil municipal et le Sou des écoles
de Romans. La loge maçonnique de Bergerac. Les Alsaciens-
Lorrains de Bordeaux. La commune de Castel-Sarrazin. Les
républicains de Florensac. La loge maçonnique de Sedan. Les
condisciples du lycée de Cahors. Les originaires du Lot à Paris.
La démocratie de Miribel. La ville de Vannes. L'*Indépendant
des Pyrénées-Orientales*. Beaurepaire. Vierzon. Orange. Pézenas.
Les instituteurs de Béziers. Le ministre des États-Unis. Le
général Meredith Read. Les républicains de Cavaillon, le 17 février 1876. Saint-Amand (Cher). Hyères. Auch. La loge maçonnique d'Auch. Le cercle d'industrie d'Auch. La démocratie
d'Estignac. Les amis de Charleville. La ville de Foix. La démocratie vosgienne. Épinal. Saint-Denis. Bar-le-Duc. Pont-de-
Beauvoisin. Les opportunistes de Sainte-Livrade. Saint-Gaudens.
Aurillac. Mende. Les républicains de Milan. Le *Petit Bourgui-
gnon*. Condom. Anduze. L'Union des travailleurs de Montluçon.
L'Union démocratique de Bourges. Les démocrates de Quimper.
Les voyageurs de Lyon. Les voyageurs de commerce de Lille.
La ville de Roanne. La loge écossaise de Roanne. Fleury
(Rhône). Les Amis de l'ordre. Orient (Nord). Le cercle du com-
merce de Niort. Le journal *le Progrès* de Nantes. Le cercle de
Franklin de Nantes. Le journal *le Siècle*. La Tremblade. Royan
(Charente-Inférieure). Beaumont-le-Roger (Eure). Montereau
(Seine-et-Marne). Les Hellènes de l'Asie Mineure, etc., etc.

VII

OBSÈQUES A NICE

(Notes et compte rendu de la *République française*)

---

12 JANVIER. — M. Gambetta père, dans le dernier rendez-vous qu'il avait assigné hier, 11 janvier, aux amis de son fils venus de Paris (MM. Léris, Charles Quentin, qui était porteur d'une lettre de Victor Hugo, Étienne et Blech, de Sainte-Marie-aux-Mines), a déclaré s'en tenir à sa résolution de faire revenir le corps à Nice ; il a été décidé que la translation aurait lieu immédiatement.

13 JANVIER. — Le corps de M. Gambetta a été transporté hier matin, avant l'aube, du Père-Lachaise à la gare de Lyon où un train spécial avait été préparé pour Nice.

De nombreux amis, une députation de l'Union républicaine, des délégations, notamment celle de l'Alsace-Lorraine, s'étaient rendus à la gare pour donner un suprême adieu.

Le train, parti à 9 h. 10, dut arriver à Nice le 14 au matin.

14 JANVIER. — Les derniers honneurs funèbres ont été rendus à M. Gambetta par la ville de Nice, les troupes de la garnison et les compagnies d'embarquement de la flotte cuirassée. Le train spécial, dont tous les arrêts avaient été marqués, et particulièrement à Marseille, par des manifestations et des hommages patriotiques, est arrivé à Nice à 7 h. 30. Le préfet, le conseil général, le maire, les membres du conseil municipal et les délégations attendaient à la gare. Les plombs qui scellaient le wagon ayant été brisés et le procès-verbal d'usage dressé, le cercueil a été transporté à bras par les pompiers dans une salle de la gare, transformée en chambre ardente.

Cette salle est tendue de draperies de deuil, coupées de tentures d'argent, de faisceaux de drapeaux et d'arbrisseaux odorants. Des brûle-parfums sont allumés autour du catafalque.

M. Gambetta père et les autres membres de la famille n'étaient pas à la gare lorsque le train spécial est arrivé.

La levée du corps a lieu à midi trente. Le service est fait par la gendarmerie, le 111e de ligne, le 21e chasseurs, les douaniers et les sapeurs-pompiers.

Les cordons du poêle sont tenus par MM. le vice-amiral Peyron, le général Carré de Bellemare, le préfet Lagrange de Langres, le vice-président du conseil général et le président du tribunal de commerce.

La vieille servante de la famille Gambetta, la fidèle Miette, marchait immédiatement derrière le cercueil.

Venaient ensuite, le père de M. Gambetta, son oncle Michel Gambetta, son beau-frère Léris et ses deux cousins Larroque.

Aux côtés des parents et dans le nombreux cortège, MM. Spuller, Cazot, le général Campenon, Quentin, Rouvier, Raynal, Sandrique, Marcellin Pellet, Etienne, Thomson, Léon Renault, Gougeard, Liouville, Joseph Reinach, Arnaud de l'Ariège, Blandin, J.-J. Weiss, Germain, Cléry, Noël Parfait, Arène, Dusollier, Margue, Lelièvre, Récipon, Hecht, Blech, Hervé-Mangon, Bischoffsheim, Cornudet, Duvignier, Cayrade, Bastid, Lecherbonnier, Henry Aron, les sous-préfets du département, les officiers de l'état-major de la flotte et de la garnison, etc.

Viennent ensuite les délégations des Alsaciens-Lorrains, de la Légion d'honneur, du barreau, de la presse parisienne : *République française, Petite République, Voltaire, Ville de Paris, Paris, Réforme*, les loges maçonniques, sociétés de tir, élèves des lycées, volontaires de l'armée des Vosges, sociétés agricoles de la Corse, des Bouches-du-Rhône, du Var ; tous les conseils municipaux des départements environnants, les sociétés de secours mutuels, des chevaliers sauveteurs, des syndicats professionnels.

Sur tout le parcours, les fenêtres sont couvertes de voiles noirs et de drapeaux ornés de crêpe. Les équipages du *Marengo* et du *Redoutable* sont descendus à terre pour rendre les derniers honneurs à celui qui eut tant à cœur les intérêts de notre armée. Une foule nombreuse assiste aux funérailles.

Le cortège arrive au cimetière par une pluie froide, qui ajoute encore à la tristesse du lieu et jette un voile de brume sur le merveilleux panorama qui se déroule devant la terrasse supérieure de la nécropole.

On se réunit autour d'un dais fait de tentures noires, blanches et violettes, et orné de quatre écussons aux armes de Paris, Marseille, Nice et Cahors, sous lequel le cercueil est déposé.

Trois discours sont alors prononcés, par le général Carré de Bellemare, le préfet des Alpes-Maritimes et le maire de Nice.

DISCOURS DU GÉNÉRAL CARRÉ DE BELLEMARE

MESSIEURS,

Après les touchantes et patriotiques paroles qui ont été prononcées à Paris, au nom de l'armée, par le ministre de la guerre, paroles qui ont eu un si grand retentissement dans toute la France, il ne me reste plus qu'à adresser un suprême adieu à l'illustre mort sur qui les portes du tombeau vont se fermer.

Adieu à Gambetta, adieu au grand patriote !

DISCOURS DE M. LAGRANGE DE LANGRES, PRÉFET DES ALPES-MARITIMES

MESSIEURS,

Dans quelques instants, le tombeau va se refermer sur Gambetta, sur Gambetta en qui la France et la démocratie mettaient tant d'espérances, sur Gambetta à qui la patrie en deuil vient de faire des funérailles si grandes, mais si douloureuses.

Je ne me sens ni la force ni le talent nécessaires pour vous retracer la vie de l'homme que vous pleurez. Une voix plus autorisée que la mienne, celle de M. le ministre de la justice, l'a fait à Paris, au nom du gouvernement, à Paris, où la France tout entière a dit adieu à Gambetta. Je me permettrai seulement d'évoquer devant vous un souvenir personnel.

Pendant la guerre de 1870, j'occupais des fonctions qui me mirent en rapports fréquents avec Gambetta, et qui me donnèrent ainsi le moyen d'apprécier à sa juste valeur le patriotisme dont il était animé.

Je ne puis, aujourd'hui encore, me rappeler sans émotion les instructions verbales qu'il voulut me donner lui-même, lorsque je quittai Tours pour aller organiser le service qu'il m'avait confié dans l'armée auxiliaire.

Il me semble l'entendre encore, cherchant à faire passer en moi la fièvre patriotique qui le consumait. Oui! il me semble voir Gambetta, il me semble l'entendre me répéter de sa voix vibrante, éteinte à jamais, ces paroles qui sont gravées dans ma mémoire :

« Ne vous inquiétez, me disait-il, que de ce qui peut servir utilement le pays, faites appel au dévouement de tous, pour le salut de la Patrie; en un mot, songez à la France, toujours à la France, et rien qu'à la France!... »

Ah! Messieurs, s'il m'était possible d'évoquer devant vous, non mes souvenirs personnels, mais le grand patriote couché dans le cercueil, quels accents trouverait Gambetta pour vous crier, pour nous crier à tous : « Faites que ma mort elle-même serve la cause à laquelle j'avais voué ma vie! Oubliez les compétitions stériles qui peuvent faire courir de si grands dangers à la France et à la République! En un mot, songez à la France, toujours à la France, et rien qu'à la France! »

Et nous, Messieurs, unis par le même sentiment de douleur que nous cause la mort de ce grand citoyen, honorons la mémoire de Gambetta, en confondant nos cœurs dans un même et ardent amour pour la France et la République!

Après le discours du maire de Nice, M. Larroque, cousin de M. Gambetta, exprime au nom de la famille le désir qu'il n'y en eût pas d'autres, et le père de M. Gambetta prononce alors d'une voix émue ces quelques paroles :

« Je ne puis vous dire que ce que mon fils disait à tous ceux qui l'obligeaient : Merci, Messieurs, merci! »

Lorsque les funérailles faites par la ville de Nice à Gambetta furent terminées et les personnages officiels partis, les amis s'inquiétèrent de l'ensevelissement. Le cercueil, placé sous un catafalque qu'ébranle la tempête, en est retiré et porté à bras au tombeau où reposent déjà la mère et la tante de Gambetta.

Ce tombeau se compose d'un cénotaphe en marbre blanc et d'une stèle surmontée d'une urne funéraire.

Au milieu de la stèle est un médaillon en bronze représentant Mme Gambetta. Une simple inscription : « Famille Gambetta », est gravée sur le marbre.

Une brèche ayant été pratiquée au pied du monument, le

cercueil est mis à la place qui lui était destinée, et M. Spuller, en proie à la douleur la plus poignante, s'écrie : « Adieu, ami, adieu! » Puis, pendant que les ouvriers muraient l'ouverture, la nuit tombant, les derniers amis s'éloignèrent.

TROISIÈME PARTIE

GAMBETTA ORATEUR

––––

LECTURE FAITE A L'ASSOCIATION AMICALE DES ANCIENS SECRÉTAIRES DE LA CONFÉRENCE DES AVOCATS [1]

SOUS LA PRÉSIDENCE DE M. ÉDOUARD ALLOU, ANCIEN BATONNIER

LE 7 JANVIER 1884

PAR M. JOSEPH REINACH

––––

Je veux d'abord remercier notre président qui m'a désigné pour vous entretenir de Gambetta. Très proche lui-même de ce noble cœur, il savait par quelle affection, qui a été la force et la joie de ma jeunesse, Gambetta avait répondu à mon admiration. C'est à ces liens cruellement brisés que M. Allou a pensé en me choisissant. Je lui en exprime ma profonde reconnaissance.

C'est l'image de Gambetta orateur que je voudrais évoquer devant vous, d'abord parce que, dans le cadre étroit de cette notice, il serait impossible de reprendre dans son entier une existence qui fut pendant douze

––––
1. M. Gambetta avait été secrétaire de la Conférence des avocats pendant l'année judiciaire 1862-1863, avec le numéro 3, sous le bâtonnat de M. Dufaure.

années l'histoire même de la France et de la République; ensuite, parce qu'une éloquence comme celle-là vaut la peine d'être étudiée séparément. Chez Gambetta, l'orateur assurément n'était pas tout l'homme. Mais la parole était sa véritable puissance et son arme principale, arme magnifique et redoutable entre toutes. L'histoire, dans son impartiale et sereine justice, dira un jour quels ont été les combats qui en ont éprouvé la trempe. Nous pouvons examiner dès aujourd'hui quelle fut l'arme et comment elle fut forgée.

Gambetta était né orateur. Fils de cette robuste terre du Quercy qui joint à la généreuse Gironde, patrie de Guadet et de Gensonné, la brûlante Provence qui donna au monde Mirabeau, il mêlait dans ses veines au sang riche et substantiel des vieux légistes qu'il avait reçu de sa mère le feu des improvisateurs italiens. Aussi, au contraire de la plupart des hommes dont le jugement est faible quand les passions sont fortes, il était fort par le jugement autant que par la passion. Il a la fougue du Midi, et sa parole qui jaillit de source, comme une lave abondante, paraît souvent impatiente de rompre les digues et de déborder. Mais sa raison, haute et sereine, fortifiée et comme cuirassée par l'étude du droit et de la philosophie, oppose un barrage à cette inondation et donne aux flots de son éloquence, sans rien diminuer de leur élan, la régularité puissante des grands fleuves. Il a le goût très prononcé des controverses juridiques, même des discussions de texte et de simple procédure; et les finesses subtiles de l'ancien barreau n'ont rien qui déplaise à la souplesse de son talent. Mais son cœur chaleureux se lasse bientôt de cette chicane, un coup d'aile le soulève, et son éloquence apparaît comme le talent de passionner la raison.

Être né avec le don généreux de la parole suffit à beaucoup de jeunes hommes : pour agir « par une sorte d'impression purement mécanique[1] » sur un peuple éternellement amoureux du cliquetis des mots, est-ce que la véhémence oratoire n'est pas assez? Est-ce qu'un verbe abondant n'est pas tout le bagage, toute l'armure que réclame la politique? « Le corps parle au corps[2] », c'est assez. Un grand nombre de jeunes républicains pensaient ainsi vers la seconde moitié de l'Empire; Gambetta eut le bonheur d'avoir la conscience plus exigeante. Précisément parce qu'il se sentait capable de mériter un jour de la reconnaissance publique, il était affamé de toute espèce de connaissances et il n'éprouvait aucune hâte de se jeter dans la mêlée avant l'heure et sans un arsenal bien fourni. Dès le premier jour, le dehors, le jeu, le coup de théâtre, « l'appareil sonore », ne lui semblèrent que le moyen et non le but. Avec le ton, les gestes et le fracas des paroles il voulut encore les choses, les pensées et les raisons. Le mot *orateur*, dans notre langue, n'exprime que la facilité de la parole. Mais Gambetta le traduisit comme on le comprenait à Rome, au beau temps de la République : *orator*, citoyen instruit dans toutes les matières de l'État et ayant pénétré toutes les affaires du gouvernement. De là cette première qualité de son éloquence : elle n'est pas un vain manteau de pourpre qui cache la faiblesse ou même l'absence des idées. Elle entoure un corps robuste, des muscles bien nourris, elle n'est que la forme extérieure d'un système politique et social qui est lui-même le résultat d'un emmagasinement extraordinaire de pensées et d'une vaste succession d'études.

Cependant il n'avait point abandonné son génie oratoire aux hasards d'un développement sans règle, et, comme la politique, il étudia l'éloquence. Le

---

1. Buffon, *Discours sur le style*.
2. Même discours.

travail fut analogue : assouplir les qualités qu'il avait
reçues de la nature, les discipliner, les orienter vers
l'ordre, la mesure et l'harmonie. D'autres, depuis Démosthène jusqu'à Jules Favre, avaient commencé par
lutter contre les difficultés d'une élocution pénible :
Gambetta dut commencer par livrer bataille à une facilité, à une exubérance périlleuses. S'il plaida très
peu pendant les huit années qu'il passa au barreau
avant d'entrer au Corps législatif, ce fut pour cette
cause. Ses débuts, qui avaient excité une vive attention, l'avaient effrayé au lieu de l'éblouir. Il reconnut
que la pente était glissante, et ce jeune homme enthousiaste, cet homme de grande et forte vie s'arrêta,
se cramponna, résista à des sollicitations nombreuses.

Étudier les maîtres de son art fut dès lors une de
ses principales occupations, d'abord ceux qui régnaient à la tribune et à la barre, Thiers, Jules Favre,
Crémieux, Lachaud, et celui qu'avec raison il admi-
rait comme le plus grand de tous, Berryer; puis, surtout, les anciens, les orateurs de la Révolution et ceux
de la monarchie parlementaire, qu'il lut et relut au
Moniteur de la première à la dernière ligne, les prédi-
cateurs de la chaire, et enfin, dans le texte original,
Cicéron et Démosthène. Il se nourrit ainsi, pendant
plusieurs années, « du lait pur et substantiel de la
sainte antiquité [1] ». Seulement, de temps à autre, il
s'échappait, et dans quelque harangue éclatante, à la
cour d'assises, dans les conférences du stage, à la conférence Molé, dans les réunions publiques, il ouvrait
une écluse aux pensées qui bouillonnaient en lui; ces
manifestations d'une force oratoire impétueuse et
déjà invincible remplissaient ses auditeurs d'étonnement; mais elles ne marquaient pour lui que l'étiage
de son progrès.

Des études superficielles conduisent à l'imitation

---

1. Expression de D'Alembert.

des modèles qu'on a eus sous les yeux ; des études profondes ramènent à l'originalité, à la nature, mais elles y ramènent le talent avec une sève clarifiée et fécondée. Ce fut le cas de Gambetta. Préparé par cette remarquable éducation, il innove dans l'éloquence de la même manière à peu près que dans la politique. En politique, il se dégage des théories absolues et des conceptions nébuleuses qui depuis un demi-siècle arrêtaient la marche de son parti ; il apparaît tout de suite, bien qu'au banc le plus élevé de l'opposition irréconciliable, comme un homme de gouvernement. Orateur, il dépouille l'éloquence républicaine des oripeaux et des lieux communs qui lui venaient de Jean-Jacques, et, « secouant jusqu'au despotisme de la langue [1] », réclame une forme simple et vigoureuse pour des idées pratiques et saines. Ce n'est pas qu'il ne soit capable, lui aussi, de dérouler en d'amples et sonores tirades la rhétorique romaine. Lisez seulement, dans le plaidoyer pour Delescluze, « l'appel à la conscience humaine qui est impuissante à réagir, malgré le défilé sublime des Socrate, des Thraséas, des Cicéron, des Caton, des penseurs et des martyrs qui protestent au nom de la religion immolée, de la morale blessée, du droit écrasé sous la botte d'un soldat ». Mais c'est l'exception, et voici la marque habituelle et particulière de son éloquence. Après une merveilleuse série d'orateurs qui s'inspirent à l'étranger, Berryer et Jules Favre à Athènes, Dupin et Ledru à Rome, Guizot à Londres, lui, parlant fort et ferme, il apparaît comme le verbe vivant du vieux terroir national, et après les éloquences romaine, grecque, italienne, anglaise, c'est l'éloquence gauloise qui éclate en lui. Oui, gauloise. La langue du xviiie siècle claire et vive comme l'eau de roche avec Voltaire, majestueuse et chargée

---

1. Expression de Mirabeau dans la Correspondance avec Lamarck.

de métaphores avec Rousseau, d'une nerveuse et pré-
gnante brièveté avec Montesquieu, ce n'est pas la
sienne. La sienne est celle du xvie, le parler large
et plein qui puise les mots dans le riche et robuste
lexique du peuple, les pousse en avant, drus et nombreux, sans autre méthode que celle qui est nécessaire
à marquer le progrès des idées, étale les images, sur-
abonde de belle humeur et appelle toutes les choses
par leur nom. L'expression énergique et pittoresque
est souvent un peu grosse ; le flux des paroles est parfois tumultueux ; les images sont parfois banales. Mais
les images qui sont usées chez l'écrivain se rajeunis-
sent à l'éclair rapide qui jaillit de la tribune, la sûreté de la pensée remet dans le désordre des mots
une harmonie supérieure, et les mots eux-mêmes, les
plus vulgaires et les plus rudes, emplissent la bouche
et éveillent les échos.

Que cette haute graisse d'éloquence, si l'on peut
ainsi traduire l'*oratoria ubertas* des Latins, ne soit pas
souvent compatible avec la correction académique ou
même grammaticale, ceci n'a rien qui doive surprendre. Même dans les deux dernières années de sa vie,
bien que son style se fût beaucoup allégé et que sa
phrase, sans rien perdre de son ampleur, se dégageât
dans une construction tous les jours plus régulière,
Gambetta l'avouait en riant : « Je ne travaille point,
disait-il, pour le *Courrier* de Vaugelas. » Et sa phrase
en effet, était la plus imprévue, la plus audacieuse,
qu'on eût entendue depuis les orateurs populaires de
la Révolution. Il a pris possession de la tribune, le
front haut, le geste plein d'empire et de commandement, tantôt emporté par la colère, dans une attitude
de fougue tribunitienne, tantôt avec ce don terrible
de la familiarité, modulant sa voix chaude et vibrante
pour émouvoir ou pour convaincre ; et les périodes
succédant aux périodes, roulant comme de grandes
nappes d'eau où se reflète le soleil, font naître dans

l'esprit de l'auditeur enchaîné des images d'une rayonnante clarté. Mais Gambetta a cessé de parler, il s'agit maintenant de transcrire les paroles saisies au vol, de fixer cette lave sur le papier, et c'est une suite de problèmes inextricables qui commence. Les mots sont là, les substantifs les plus précis, les adjectifs les plus appropriés. Mais où est le verbe? où est le sujet? où est le complément? Voici, dans une masse compacte, vingt lambeaux de phrase, chacun isolément irréprochable, et tous ayant formé, à l'audition, un ensemble d'un majestueux équilibre. Mais il n'y a pas de phrase, et ponctuer ce flux de paroles est impossible. Il faut se résigner à prodiguer les *tirets* et les *trois points*[1].

Ainsi, chez Gambetta, point de correction grammaticale, point d'ossature régulière dans le discours, et cela par deux raisons : d'abord parce que sa parole est toujours soudaine, toujours improvisée; ensuite, parce que la trame serrée et savante du discours est

---

1. Je choisis un exemple entre mille, dans le discours sur l'amnistie, le passage où l'orateur expliqua l'élection de Trinquet par un quartier de Paris : « Eh bien, je vous le dis, l'élection de Trinquet, c'est la dernière manœuvre d'un parti dans la main duquel on va briser l'arme nécessaire et unique; l'élection de Trinquet, de Trinquet qui, heureusement, a été gracié; de Trinquet qui a payé pour beaucoup d'autres; de Trinquet qu'on appelait tout à l'heure le galérien; de Trinquet, — je peux bien le dire avec le sentiment de ce que vaut ici un pareil témoignage, — de Trinquet qu'on eût dû faire revenir plus tôt, car il était de ces galériens qui sont allés au bagne, non pas pour les crimes qu'ils avaient commis, mais pour la solidarité qu'ils avaient acceptée et que d'autres, plus heureux, plus habiles, avaient déclinée par la fuite... » Il y eut, quand Gambetta prononça ces paroles, un frémissement dans l'Assemblée. Mais essayez de construire la phrase et vous ne trouverez qu'un sujet (*l'élection de Trinquet*) qu'aucun verbe ne suit. Le nom de ce vaincu, prononcé avec un certain accent, a éveillé chez l'orateur le souvenir du passé. Quel est cet homme? Voilà ce qu'il faut dire. *Il a payé pour beaucoup d'autres.* Comment? Pourquoi? *Car il était de ces galériens...* Et les autres? *Ils ont décliné par la fuite...* Et le mouvement oratoire s'interrompt à mi-route, mais aucun passage de ce discours n'a mieux établi la raison profonde de politique et de justice qui rendait l'amnistie nécessaire.

une sujétion dont son libre génie ne veut pas s'accommoder. Comme Mirabeau, il pense et parle à tire-d'aile. Comme lui, s'il donne sa phrase oratoire de toute l'haleine de sa vaste poitrine, il est incapable de résister à l'appel séduisant des idées multiples que le choc des interruptions ou le hasard de sa propre parole a fait surgir devant lui. Dès qu'une image a éveillé une autre image, il faut qu'il l'exprime aussitôt, parfois dans une longue incidente et parfois dans un développement tout nouveau. Un discours de Gambetta est un enchaînement continuel de parenthèses.

Mais si la correction de la phrase fait défaut, il en est autrement de la propriété des mots et des termes. La passion a beau précipiter la marche de sa pensée : l'abondance désordonnée des idées n'en exclut point la justesse, et ses conceptions sont trop claires pour n'être pas exprimées clairement. La clarté est en effet son grand souci et il entend l'obtenir à tout prix, sans plus reculer devant les redites que devant les néologismes. Plutôt que de laisser à sa pensée une forme qui ne la traduise pas avec une fidélité parfaite, il revient deux et trois fois sur l'expression, l'atténuant ou la fortifiant, mais la rendant toujours plus adéquate à son idée, à l'impression qu'il veut produire. Il lui importe peu qu'il en résulte quelque lourdeur et quelque grave défaut d'harmonie. Ce qu'il veut, c'est être compris, c'est gagner la bataille, c'est réussir dans l'œuvre de conviction qui est la cause finale de l'éloquence, c'est s'acquitter de sa fonction « d'un dictateur de la persuasion ». Aussi, la lumière diffuse ne lui suffit-elle pas; il faut qu'une lumière maîtresse vienne de temps à autre éclairer l'idée maîtresse du discours et détacher dans cette accumulation formidable de mots ce qui est or pur. Alors, une formule, frappée comme une médaille antique, résume toute une harangue, toute une bataille, tout l'effort d'un parti et, dans une consonance qui marque encore la vigueur de la pensée, devient le cri de guerre qui conduira l'armée républicaine à la victoire.

A moins qu'il n'ait été provoqué par quelque interpellation qui l'ait ébranlé dans les fibres profondes de son être, soit que la République, soit que la Patrie aient été outragées, il ne commence aucun discours sans embarras. La tribune est son élément, et pourtant le préambule de chacune de ses harangues est marqué par quelque chose de vague, d'obscur et d'hésitant; il n'est pas jusqu'à l'empâtement d'un débit sourd qui ne semble obliger les auditeurs à participer à l'affranchissement difficile de sa pensée. Comme un de ces vastes oiseaux de mer qui, s'étant reposé sur le rivage, ne réussit pas du premier coup à s'élever de nouveau dans les airs, se bat les flancs d'une aile pesante et ne commence à voler d'une course rapide et sûre qu'après avoir atteint les hautes régions du plein ciel, lui aussi il se dégage lourdement de son sujet, et sa parole reste maladroite et gauche aussi longtemps qu'il n'a pas pris tout son essor. Mais alors, quand il s'est emparé de la tribune et qu'il étreint son sujet, nul ne lui est comparable pour l'ampleur de la parole, pour la fierté de l'attitude, le son pénétrant de la voix, la force des gestes, pour la beauté des colères et la science de la dialectique. Mirabeau, Berryer, Gambetta, voilà bien la grande trilogie de l'éloquence française. Il improvise, mais il sait d'où il part et où il va; dès le seuil de son discours il voit comme un sommet élevé le but où il tend, et chacun le devine avec lui. Subjuguer l'Assemblée, forcer l'âme de l'auditeur à répondre à la sienne, c'est son but, il ne le cache point; mais pour l'atteindre, les artifices oratoires, les réticences, les ruses, les habiletés de second ordre sont des procédés qu'il dédaigne.

Après qu'il a fait une première revue de ses preuves et les a disposées pour l'attaque en ordre de bataille,

il s'en va tout droit devant lui, au pas militaire, sonnant la charge, soulevé à chaque pas par le mouvement
des intelligences qui gronde, acclamation ou protestation, autour de lui. S'adressant dans l'espace de quelques minutes à la raison et à la passion, il apparaît,
comme dans une succession d'éclairs, familier et véhé-
ment, emporté et railleur, plein d'arguments saisissants
et de traits superbes, pressant et dominateur, ardent
et logique, toujours plein de puissance et comme un
despote de la tribune, enthousiaste, suivant le sens
propre de l'expression grecque, sentant toujours une
divinité en lui. Il est tant varié, qu'on le dirait multi-
ple, un Protée de l'éloquence. Tantôt il plaide, et le
mot de Napoléon revient à toutes les mémoires : « Je
suis lion, mais je sais être renard ; » il argumente avec
une justesse et une finesse qui captivent ; il tire d'une
cause, d'un simple texte, d'un mot imprudent, tout ce
qu'on peut y trouver à la fois de spécieux et de solide ;
sa vaste et fidèle mémoire alimente son discours de
textes et d'exemples ; il est logique, nerveux et perfide
comme Sheridan ou Démosthène lui-même. Tantôt
allant et venant à la tribune, secouant ses cheveux,
balayant le marbre de sa large main, il s'abandonne
au seul génie de l'éloquence, et le frisson du sublime
court dans toutes les veines. Quand il raille, son ironie est terrible. Elle est massue, mais massue héris-
sée de pointes, qui assomme et déchire du même
coup. Quand il supplie, sa voix mâle prend un accent
pathétique et tendre, celui de la Patrie elle-même qui
implore ; et les émotions de son âme, quand l'image
du territoire démembré ou des armées trahies surgit
devant lui, arrachent des larmes aux yeux les plus
arides. Quand la colère le saisit, c'est un géant qui
tonne, et malheur à celui sur qui s'abat cette tempête
de foudres ! Mais, chose admirable, il n'est jamais le
jouet des orages qu'il a déchaînés ; la colère l'embrase
dans tout son être physique, et pourtant il ne raisonne

jamais mieux que dans l'emportement : l'irritation dégage chez lui comme une logique supérieure à celle de la raison calme, et Gambetta en colère c'est deux fois Gambetta.

L'inspiration oratoire, celle qui consiste à évoquer les grands souvenirs et les grands hommes de l'histoire, est rare dans ses discours ; mais les images, tour à tour éblouissantes et familières, empruntées souvent au domaine de la science, sont très fréquentes. Ses ripostes sont cruelles et promptes, et il met souvent autant de choses dans un mot que dans un discours. Dépositaire de l'autorité de la Chambre, nul ne l'a jamais égalé pour la dignité dans les occasions solennelles, la ferme bienveillance dans l'ordinaire des séances, le dédain quand l'insulté n'est pas le président de la Chambre, mais lui-même. Ministre des affaires étrangères ou chef du grand parti qu'il avait fondé, lorsque le sujet est de ceux qui exigent une réserve très sévère de langage, un diplomate qui serait orateur, Talleyrand parlant comme il savait écrire, ne serait pas plus souple, plus délicat ni plus ingénieux. Il reste toujours lui-même, et cependant il sait accommoder son éloquence à toutes les conditions du milieu. Parfois il s'amuse à réaliser de véritables tours de force. Ici, dans une réunion populaire où toute une armée d'ouvriers et de paysans se presse pour l'entendre, ce qu'il développe c'est une théorie de la plus haute philosophie politique, et cette théorie, approfondie, creusée, retournée dans tous ses problèmes, pénètre en ces cerveaux à peine dégrossis comme dans l'étoffe la plus souple. Là, dans une Assemblée législative grave et souvent prévenue contre lui, c'est la passion qu'il fait éclater et qui arrache les applaudissements aux plus hostiles, parfois le vote aux plus rebelles.

Ainsi, présenter Gambetta comme un orateur tout d'extérieur, une espèce de monstre, grand sur-

tout par sa voix, sa tête de lion, sa crinière, son
sourcil, ses grands gestes, ce serait commettre un
ridicule contresens. Assurément, il n'a pas remporté
ses plus éclatants triomphes comme métaphysicien
politique, et ses grandes victoires oratoires, celles
qui résonnaient d'un bout à l'autre du territoire de
la République et jusqu'aux confins les plus reculés
du monde, c'est dans l'attaque et l'assaut contre les
puissants du jour, alors qu'il forgeait et mélangeait
dans sa parole sa passion personnelle et celle de ses
amis, avec toutes les marques brûlantes de l'éloquence tribunitienne, flamme, élan, audace, mais
aussi avec les défauts ordinaires de cette éloquence,
je ne sais quoi d'exagéré, d'injuste et de banal. Les
harangues indignées contre le régime de Décembre,
depuis le coup de tonnerre du procès Baudin jusqu'à
l'effroyable malédiction contre la trahison de Metz ;
les réquisitoires contre les chefs des réactions roya-
listes et cléricales, contre ceux qui détestent la cause
de la Révolution et contre ceux qui la comprome-
tent, voilà certes ses plus illustres triomphes, ses
Austerlitz et ses Iéna. Mais ces pages embrasées ne
sont pas tout son œuvre. Des discours, en effet, où
la passion prend la première place, il en est comme
des abeilles qui meurent de leur victoire. Qu'en
reste-t-il quand la bataille est gagnée, quand l'ennemi a disparu ? « Voilà bien le mot, mais où est le
geste ? Voilà le cri ; où est l'accent ? Voilà la parole ;
où est le regard ? Voilà le discours ; où est la comédie
du discours ? [1] » C'est à peine si, dans l'histoire
de l'éloquence, quelques grands cris font exception
à cette règle, — l'évocation des guerriers morts à
Marathon, le serment du consul romain : « Je jure
que j'ai sauvé la patrie ! », la nuit, la nuit effroyable
où Madame est morte, la réponse de Mirabeau au

1. Victor Hugo, *Sur Mirabeau*.

marquis de Dreux-Brézé, le défi de Danton : « De
l'audace! toujours de l'audace! », l'anathème de
Berryer : « On ne parle pas ainsi de la France! »
Mais d'ordinaire plus l'éloquence est retentissante,
moins son écho est durable. La seule éloquence qui
vive et qui défie le temps et l'occasion, c'est celle de
la raison. Celle-là est éternelle comme la raison
même. C'est cette éloquence qui a donné la durée
aux plaidoyers de Démosthène comme aux sermons
de Bossuet. C'est elle qui transmettra à la postérité
la plus lointaine les discours de Gambetta pour l'éducation politique du peuple.

En effet, c'est là qu'il excelle, qu'il est vraiment
original et le premier dans un genre nouveau.
D'autres ont manié comme lui, et même mieux que
lui, l'invective et la prière, la menace et l'ironie, la
pitié et la colère. Nul ne l'a égalé dans la prédication
de la Révolution française. Tout ce qu'il y a de meilleur en lui, l'ensemble et le concert de ses étonnantes
facultés, l'immensité de ses études et de ses connaissances, l'élévation et la largeur de ses vues, la solidité de sa raison, sa connaissance des affaires, la
profondeur de ses théories, tout cela Gambetta l'a
fondu dans l'éloquence spéciale qu'il a mise au service direct de la démocratie pour l'éducation de la
nation émancipée. Ayant composé une politique de
gouvernement dont les principes de 89 étaient le
point d'appui, les nouvelles couches sociales le levier
et la reconstitution de la grandeur française le but,
il s'agissait de faire pénétrer cette doctrine au cœur
même de la nation. Or, aucun moyen n'était plus
efficace que la propagande par la parole : où passe
l'article de journal, le discours marque une empreinte profonde, et c'est à l'éloquence qu'il a
recours, tantôt dans les banquets populaires qui
réunissent des centaines de convives, tantôt dans les
conférences. Là, sans entraves, sans gêne d'aucune

sorte, le tribun républicain peut devenir prédicateur
et exposer sous toutes ses faces toutes les parties de
sa doctrine. Là, il est éloquent parce qu'il est simple,
et vraiment grand orateur parce qu'il ne cherche pas
à l'être. Il démontre et il enseigne ; et pour démontrer, pour enseigner, il rejette tout le fatras des épi-
thètes sonores, il n'accumule plus les énumérations
comme des ornements, mais comme des preuves ; il
ne cherche pas l'harmonie des mots, mais seulement
l'enchaînement des idées. Dans ces discours, le caractère de son éloquence c'est la justesse et non l'audace, et la majesté de l'expression n'est plus que la
marque de la sûreté du bon sens. Hier, quand il
s'agissait de renverser les derniers vestiges de l'ancien régime, c'était la bataille, et il valait mieux
frapper fort que juste ; c'était l'heure de l'éloquence
révolutionnaire. Aujourd'hui, il s'agit de fonder le
gouvernement républicain sur ces bases inébran-
lables : la recherche continue et patiente du progrès
dans les lois, et dans les mœurs le respect de la
légalité, — et c'est à la raison et au bon sens qu'il
s'adresse, sans une heure d'impatience, résolu à
reprendre et à recommencer ses démonstrations jusqu'à ce que l'œuvre de lumière soit parfaite. C'est,
véritablement éparse dans cinquante discours prononcés aux quatre coins de la France, toute la
Charte du monde nouveau. Ni la sobriété savante d'un
Montesquieu, ni l'austère dogmatisme d'un Sieyès,
ni la métaphysique élégante d'un Condorcet n'eussent convenu à cette propagande. Plus cette philosophie gouvernementale est nouvelle pour le peuple
tumultueux des villes et le peuple encore ignorant
des campagnes, plus il importe de la rendre familière
par la forme et acceptable à tous, vraiment démocratique. « L'orateur doit être personnel, avait-il dit
dans un essai de jeunesse, il doit suivre la nature et
fuir la convention, se creuser lui-même. Avec la

nature, la parole perd quelques atours, mais gagne en virilité, en véhémence. Tacite a raison : il vaut mieux revêtir l'orateur d'une étoffe même grossière que lui donner le fard et les ajustements d'une courtisane. »

Certes, on parle souvent avec raison de la correction irréprochable de Démosthène qui prononçait, lui aussi, ses discours sur l'Agora devant le peuple tout entier; du plaisir très vif que les Athéniens prenaient moins encore à ses pensées qu'à l'agencement rythmique de ses phrases où jamais plus de deux syllabes brèves ne se sont succédé sans raison. Mais quel était ce peuple? Soixante mille citoyens tout au plus dont l'éloquence était l'occupation quotidienne, et à qui l'institution de l'esclavage donnait des loisirs sans fin, sous le ciel bleu de la Grèce, pour la culture raffinée de l'esprit. Ici, le peuple c'est dix millions d'hommes, ouvriers, paysans, petits bourgeois, artisans, dont toute l'existence est absorbée par les soucis de la vie matérielle. Est-ce qu'à ce peuple, aux rudes ouvriers de Belleville, aux marins du Havre et de Honfleur, aux filateurs et aux tisserands de Lyon et de Lille, aux âpres montagnards du Dauphiné et de la Savoie, aux paysans de l'Yonne et de la Nièvre courbés sur la glèbe, on peut parler utilement le même langage qu'aux plébéiens aristocratiques de la cité de Minerve? Non, vraiment, ce serait perdre ses peines, ce serait lâcher le triomphe de l'idée pour la gloire vaine des académies. Ici, il importe peu que le discours perde quelque chose en sobriété et en convenance, s'il gagne autant et plus en sincérité, en énergie et en puissance de persuasion, si l'idée surtout se dégage lumineuse et forte.

Et telle elle se dégage, en effet, dans cette incomparable série de promenades oratoires où, vraiment, sous la parole de Gambetta, naquit une démocratie nouvelle. Du nord au sud et de l'est à l'ouest, chaque

fois que les vacances parlementaires lui en donnaient
le loisir, il allait répandre, sans une heure de lassi-
tude, ses fortes doctrines, les principes et les règles
d'une conduite politique très sage, et toujours le
principe le plus important à comprendre, la règle la
plus utile à pratiquer à l'heure où il parlait, recom-
mander la patience et le courage, démontrer la nécessité et l'excellence de la République, semer la confiance à pleines mains. A Bordeaux : « Que pour tout
le monde il soit bien entendu que, lorsqu'en France
un citoyen est né, il est né un soldat. » A Saint-
Quentin : « Ne parlons jamais de l'étranger; mais
que l'on comprenne que nous y pensons toujours. »
Au Havre : « Il n'y a pas de remède social, parce
qu'il n'y a pas *une* question sociale. » A Grenoble :
« Le pays, après avoir essayé bien des formes de
gouvernement, veut s'adresser à une autre couche
sociale pour expérimenter la forme républicaine. » A
Lille : « Ce qui constitue la vraie démocratie, ce
n'est pas de reconnaître les égaux, c'est d'en faire. »
A Belleville : « Le Sénat sera le grand conseil des
communes de France, l'ancre de salut de la République. » A Lyon : « Nous ne sommes pas une République fermée, nous n'exigeons que la loyauté dans
le concours et la sincérité dans les actes... » A
Paris : « Je me sens assez libre pour être à la fois le
dévot de Jeanne la Lorraine et l'admirateur et le
disciple de Voltaire. » A Versailles : « C'est parce
que l'armée est la représentation exacte et complète de la France qu'il importe plus que jamais
qu'elle ne délibère pas sous les armes, que sa discipline soit immuable et inflexible. » A Romans : « La
démocratie doit être un parti d'ordre et de consolida-
tion, parce qu'elle est le seul parti en état de régéné-
rer la France. » A Cherbourg : « Les grandes réparations peuvent sortir du droit. » A Cahors : « Ne criez
pas : *Vive Gambetta !* criez : *Vive la République !* car il

faut que les têtes jeunes se pénètrent de cette idée,
que les hommes ne sont rien et que les principes
sont tout ... » Et l'espérance, à ces paroles, renais-
sait dans les cœurs, de longs lendemains apparais-
saient à nos yeux, nul ne se doutait que cette vie
serait aussi courte que glorieuse, qu'elle passerait
au ciel sombre de notre histoire contemporaine
comme un météore. Quinze ans à peine! 1868,
le plaidoyer pour Delescluze, l'explosion de la conscience publique qui fut le signal du réveil définitif
de la France; — 1870, le discours contre le plébiscite,
cet exposé de la politique tirée du suffrage universel
qui produisit sur Guizot une telle impression, qu'a-
près l'avoir lu, tout à coup, comme le vieil Entelle
ramassant une dernière fois ses cestes, ce vétéran
rompit un silence de vingt années, et lui qui avait été
le rival de Thiers, de Lamartine et de Ledru, prononça pour lui seul et son fils, qui l'écoutait, son
dernier discours en réponse à Gambetta; — 1882, le
discours sur les affaires d'Égypte, le chant du cygne
qui est une si merveilleuse vision de l'avenir et où
furent prononcées ces paroles, véritable testament
du patriote qui allait mourir : «Dans un grand gouvernement comme le gouvernement de la République
française, il y a un devoir étroit qui s'impose à ceux
qui ont l'honneur d'être les dépositaires du pouvoir,
c'est de ne pas laisser amoindrir dans leurs mains le
patrimoine de la France; et c'est justement parce
que ce patrimoine est ancien qu'il n'en est que plus
sacré! »

Aussi bien, voilà dans ces dernières paroles la
pensée dominante de Gambetta, celle qui illumine
vraiment toute sa vie et qui continuera l'écho de ses
accents à travers les siècles. C'est pour maintenir
d'abord, c'est ensuite pour reconstituer l'intégrité du
patrimoine sacré de la France, qu'il a lutté et souffert. C'est dans cette préoccupation de toutes les

heures qu'il a trouvé ses accents les plus éloquents,
enseignant à ses amis la patience et l'obstination
indomptable, prêchant l'union de tous les républicains et de tous les Français, ce qu'il appelait d'une
expression admirable l'*Édit de Nantes des partis*, ré-
pétant sans cesse que le patriotisme est la première
des vertus civiques et celle qui les résume toutes,
faisant pénétrer au plus profond des cœurs, naguère
encore défiants, le culte passionné de l'armée nationale, « espoir suprême et suprême pensée ».

Un jour, — car comment ne pas rappeler encore
ce discours ? — un jour, dans un banquet sur la frontière de la Suisse, un convive qui lui portait un toast
avait prononcé cette phrase : « Mais si, à la suite
d'événements improbables, on était disposé à essayer
de nouveau d'un régime monarchique, oh ! alors,
nous nous souviendrions que près de nous se trouve
un petit pays qui a su conquérir de grandes libertés
et qui veut le maintien des institutions républicaines ;
là où se trouve la liberté doit exister une patrie. » Et
Gambetta répondit : « Ah ! oui, la France glorieuse
et replacée, sous l'égide de la République, à la tête
du monde, groupant sous ses ailes tous ses enfants
désormais unis pour la défendre au nom d'un seul
principe et présentant au monde ses légions d'artistes,
d'ouvriers, de bourgeois et de paysans ; ah ! oui, il
est bon de faire partie d'une France pareille, et il
n'est pas un homme qui, alors, ne se glorifiât pas de
dire, à son tour : Je suis citoyen français ! Mais il n'y
a pas que cette France, que cette France glorieuse,
que cette France révolutionnaire, que cette France
émancipatrice et initiatrice du genre humain, que
cette France d'une activité merveilleuse et, comme
on l'a dit, cette France nourrice des idées générales
du monde : il y a une autre France que je n'aime pas
moins, une autre France qui m'est encore plus chère,
c'est la France misérable, c'est la France vaincue et

humiliée, c'est la France qui est accablée; c'est la
France qui traîne son boulet depuis quatorze siècles;
la France qui crie, suppliante, vers la justice et vers
la liberté; la France que les despotes poussent constamment sur les champs de bataille, sous prétexte
de liberté, pour lui faire verser son sang par toutes
les artères et par toutes les veines; la France que
dans sa défaite on calomnie, que l'on outrage; oh!
cette France-là, je l'aime comme on aime une mère;
c'est à celle-là qu'il faut faire le sacrifice de sa vie,
de son amour-propre et de ses jouissances égoïstes;
c'est de celle-là qu'il faut dire : Là où est la France,
là est la patrie. »

Lorsqu'un homme a prononcé de pareilles paroles
et qu'à travers les luttes politiques les plus ardentes,
il n'a pas été infidèle une heure à un pareil amour
de son pays, on peut attendre en toute tranquillité
le jugement qui sera porté par la postérité sur sa
mémoire. Que d'autres, dans la révolution ou dans le
gouvernement, dans le maniement des hommes et
dans la triture des idées, aient déployé des qualités
supérieures aux siennes, c'est une question sur laquelle la discussion sera sans doute ouverte pendant
très longtemps. Mais jamais la France n'a été plus
adorée que par lui, et nul n'a proclamé ce culte dans
un plus poignant et plus généreux langage. Je vous
ai donné lecture d'un court fragment du discours
prononcé à Thonon. Vous lirez vous-mêmes ou vous
relirez les circulaires et proclamations de la Défense
nationale, les dépêches à Jules Favre et au général
Trochu. Il n'est pas besoin de commentaires pour de
telles pages, et l'on ne peut porter sur elles qu'un
seul jugement : Comme Rouget de l'Isle qui n'a pas
composé la *Marseillaise*, mais qui l'a *trouvée*, selon le
fameux récit de Michelet, dans la foule émue, dans
l'atmosphère brûlante, dans les bataillons de volontaires accourus à Strasbourg, dans les prières des

femmes, les pleurs des cloches, le tonnerre lointain des canons. — Gambetta, dans les appels aux armes et les *Sursum corda !* de l'année terrible, a été la voix même de la patrie : Gambetta était alors plus grand que Gambetta.

Aussi, tant qu'il y aura une France sur la carte du monde, les discours de la Défense nationale seront jeunes et glorieux dans la mémoire des hommes. Car ces discours ont ranimé l'âme découragée de la nation. Car ils ont dressé contre l'invasion du Nord les dix armées héroïques par qui l'honneur, à défaut de la fortune, a été sauvé. Car dans les autres discours de Gambetta, on peut apprendre à aimer la liberté, la démocratie, la justice, la sagesse, la République ; mais dans ceux-ci, on apprend mieux : on apprend « à aimer la Patrie jusqu'à la mort[1] ».

JOSEPH REINACH.

1. Discours du 21 février 1881, à la Chambre des députés.

INDEX ALPHABÉTIQUE

INDEX ALPHABÉTIQUE

―――

S

TABLE DES MATIÈRES

APPENDICE

PREMIÈRE PARTIE. — ARTICLES DE REVUE

Paris. — Typ. G. Chamerol, 19, rue des Saints-Pères — 1886

www.ingramcontent.com/pod-product-compliance
Lightning Source LLC
Chambersburg PA
CBHW071634270326
41928CB00010B/1914